全国幼儿园园本课程系列

QUANGUO YOUERYUAN YUANBEN KECHENG XILIE

幼儿园、家庭、社区 协同共育

主　编　吴冬梅

副主编　韩凤梅　李冬梅

编　委　龚艳艳　陈凤娇　曾梦霏　叶　林　吴佩璇　李雨桐
　　　　施晓莉　孙燕芳　朱细宝　吴冰冰　周洁莹　莫妮怡
　　　　邓美丽　陈诗敏　李帼英　邹　晶　陈立勋　陈　旺

复旦大學 出版社

序

构建整体环境　培养完整儿童

　　无论是美国当代心理学家布朗芬布伦纳(Urie Bronfenbrenner)的生态系统理论,还是我国现代教育家陈鹤琴先生的"活教育"思想,都强调儿童发展的整体性。儿童发展的整体性,不仅体现在教育目标上要注重培养德、智、体、美、劳各方面均衡发展的完整儿童(Whole Child),而且更为重要的是,在教育过程中要为儿童的成长营造积极的整体环境。所谓"整体环境"(Whole Environment,简称WE),就是指影响儿童发展的各种教育元素的整合。在这些元素中,幼儿园、家庭和社区是最为核心的教育资源和力量。华南师范大学附属幼儿园(以下简称华师附幼)在"协同共育"方面进行了多年的实践,旨在探索出一条为儿童成长营造有效"整体环境"的道路。

　　华师附幼位于华南师范大学校园内。大学校园不仅有优美的自然环境,还有丰富的人文环境,包括院系资源、社团资源和多元文化资源等。然而,这些环境本身并不自然构成幼儿园教育的资源。吴冬梅园长带领的华师附幼教研群体,经过数年孜孜不倦的摸索,在"协同共育"的实践中总结了以下三方面的经验。

Ⅰ. 资源需要发现与发掘

　　"教育生活化,生活教育化"是指导当今学前教育具体过程的基本思想,换言之,幼儿园教育的课程内容,要与幼儿的生活经验尽可能密切结合。家庭和社区是幼儿生活经验的基本来源,因此,发现和发掘家庭与社区的资源,是幼儿园教育与儿童生活经验实现有效对接最有效的途径。无论资源再好,不用就只是摆设,没有多少实际的意义。华师附幼的团队不满足于已有的成绩,主动出击,积极联系各学院和机构,充分发现和发掘大学社区中潜在的各种教育资源,做到"为我所用"。例如,幼儿园与华师人民武装部联系,携手共建了"小小兵"国防教育系列活动,在活动的人力资源上,由人民武装部国防教育专家、国防教育协会、国旗护卫队组成国防教育知识普及、国防教育体验指导的专家团队。此外,幼儿园还与生命科学学院联手打造"虫虫总动员"科学体验系列活动,不仅引进了昆虫研究所的博士团队和科创团队等人力资源,而且将昆虫实验室、社区湿地等物力资源也进行了综合的运用,为幼儿提供了直接感知、亲身体验、实际操作的系列活动。

　　或许,有些园长或老师会认为"大学有这么好的资源,我们只有羡慕的份"。其实,任何一所幼儿园,无论在城市还是乡村,无论是公办还是民营,只要用心,都会发现独特的资源。

正如法国著名雕塑家罗丹所说："世界上并不缺少美，缺少的是发现美的眼睛。"一草一木皆世界，一砖一瓦有乾坤。无论是田间地头的一束稻草，抑或是房前屋后的一只蜗牛，无论是庙堂之上的饱学之士，抑或村边路旁的荷锄农夫，都是幼儿园教育潜在的"宝藏"。这一切，都需要靠幼儿园园长和老师们的慧眼去发现和发掘。

2. 资源需要转化和整合

资源本身只是原材料，还不是可以直接用于幼儿学习的课程。材料转化为课程，既需要充分考虑幼儿的年龄特点和学习能力，也要与游戏活动有机结合起来。一根稻草，如果不善于应用，充其量也就是一个让孩子在手里把玩的玩具。而如果善于应用，一根稻草可以变为孩子认识物体长度的教具，也可以化作孩子练习编织的材料，还能当成建构游戏的装饰品。物质资源如此，人力资源也一样。即便是一位满腹经纶的家长，也不等于是一位合格的幼儿教师。幼儿园需要对有心的家长提供必要的指导和培训，才能让他们完成从"家长"到"教师"的华丽蜕变。

"资源"二字可谓无所不包，但幼儿园在构建"整体环境"的过程中，并非"胡子眉毛一把抓"，将各种资源简单叠加，而是应该"择其善者而善用之"，这就是"整合"的功夫。整合包括两个方面的内容，其一是遵循发展适宜性实践的原则选择优质资源；其二是将幼儿园、家庭和社区的优质资源进行有机组合，以求达到最好的教育效果。目前，我国幼儿园的课程体系以"健康、语言、社会、科学和艺术"五大领域为基本建构框架，每一项资源最适合用在哪个领域，如何与其他各个领域相关联，这些都是在整合家庭和社区资源的过程中需要侧重考虑的问题。为此，华师附幼构建了"社区＋"这一独特的教育模式，为幼儿园教育提供一个开放的思路，冀图通过资源的融合来建构一个良好的教育生态系统。例如，为了构建促进幼儿语言发展的"整体环境"，华师附幼选择了与华南师范大学图书馆合作，幼儿园老师将不同年龄段幼儿的发展目标与学校图书馆的参观学习活动有机结合起来：基于小班幼儿的主要任务是建立一日活动常规的目标，在参观图书馆期间，教师侧重引导小班幼儿了解和遵守图书馆的借阅规则；中班是人际交往能力发展的重要阶段，因此，教师侧重引导中班幼儿以班级和家庭的形式，自愿去图书馆捐赠图书，鼓励孩子与他人进行图书的分享与推荐，并学习使用图书馆的查询系统，了解自己捐赠的图书的借阅情况；大班幼儿即将升入小学，学习能力的培养是这一阶段的重点，因此，教师引导幼儿在图书馆中进行访谈互动和实践操作，并逐步养成良好的阅读习惯。只有整合，才能实现各种资源的优势互补，进而促进幼儿的整体发展。

3. 幼儿园要成为领头雁

虽说幼儿教育不等于幼儿园教育，幼儿园教育只是幼儿教育的一个组成部分，但是，在为幼儿成长构建"整体环境"的过程中，幼儿园应该主动走在家庭和社区的前面，在树立科学的儿童观和教育观方面发挥引领作用，只有这样，幼儿园、家庭和社区才能形成共识，幼儿教育的"三驾马车"才能形成合力。

2018 年 9 月 10 日,习近平总书记在全国教育大会的讲话中指出,家庭是人生的第一所学校,家长是孩子的第一任老师,要给孩子讲好"人生第一课",帮助扣好人生第一粒扣子。一方面,我们要强调家庭教育在儿童发展过程中不可替代的作用,另一方面,我们也要清醒地认识到,绝大多数的家长自身并非专业的幼儿教育工作者,很多家长对幼儿学习与发展的规律还存在误解。正因为如此,教育部在《幼儿园工作规程》中明确指出,幼儿园的重要任务之一,是要"面向幼儿家长提供科学育儿指导"。

然而,要做好家长工作,协调社区参与,并不是一件容易的事情,尤其是华师附幼的园长和老师们面对的是一群头顶"博士帽"的家长群体。因此,华师附幼自始至终都极为重视家园沟通工作。一方面,幼儿园始终将教师的专业能力的提升和专业精神的培养放在首位,所谓"打铁还要自身硬",只有树立了一份专业自信,才能发挥对家长和社区的引领作用;另一方面,幼儿园通过家长会、亲子活动、家长助教等活动,让家长切身感受到幼儿园的教育过程,不仅帮助家长树立了科学的育儿观念,而且提升了家长教育孩子的能力。渐渐地,家长们对幼儿的学习与发展有了更多确切的了解和认识,不少家长不仅在家里注意为孩子营造一个良好的家庭成长氛围,而且还逐渐参与到幼儿园的活动中来,成为幼儿园的亲密伙伴。

正如我国著名幼儿教育家陈鹤琴先生所言:"幼稚教育是一件很复杂的事情,不是家庭一方面可以单独胜任的,也不是幼稚园一方面可以单独胜任的,必定要两方面共同合作方能得到充分的功效。"家园共育是基础,社区参与是方向。希望华师附幼辛勤耕耘结出的硕果,能滋养更多的老师、家长和儿童。

以上陋见,是拜读和学习《幼儿园、家庭、社区协同共育》一书时的由衷感悟。

是为序!

郑福明

华南师范大学教育科学学院副教授

2020 年 5 月 25 日于华南师大

前　言

　　正如陶行知所言,学校教育的范围不在书本,而应扩大到大自然、大社会和群众生活中去,要让社会的每一个角落、每一个地方、每一个生活单位都担负起学校的职能,把整个社会作为一个大学校。同时,学校必须突破围墙之限,要与整个社会联系起来。

　　每所幼儿园都有自己所依托的社区,幼儿园教育主体往往来自周边社区,社区的地域特点、经济发展、文化传统、生活方式都赋予教育主体不同的面貌,同时也为幼儿园带来独特、丰富、多元的社区教育资源,更为幼儿的社会交往、职业认识、归属感、安全教育、自然探究类课程提供了直接感知、亲身体验、实际操作的实践资源与场所。《幼儿园工作规程》提出:"幼儿园应当充分利用家庭和社区的有利条件,丰富和拓展幼儿园的教育资源。"陈鹤琴先生的"活教育"理念强调"大自然、大社会都是活教材;要让儿童直接向大自然、大社会去学习"。在这样的背景下,华南师范大学附属幼儿园(以下简称华师附幼)"幼儿园、家庭、社区协同共育"的探索应运而生。

　　华师附幼是一所扎根大学社区、服务大学教工子弟的幼儿园。"幼儿园、家庭、社区协同共育"的探索源于老一辈附幼教职工与社区共生的教育实践,是一种基于华师附幼半个世纪的教育探索积淀下来的独特教育经验,具有鲜明的文化特色。建园初期,园内场地不足,设施设备有限,难以满足幼儿的活动需求,从70年代开始,华师附幼教师基于大学社区资源稳定、丰富、安全的特点,带领幼儿走进社区开展教育活动,形成了"打破围墙到大自然、大社会中学习"的特色活动模式。2009—2015年,依托8项课题研究,华师附幼迈出了从"社区活动"向"幼儿园、家庭、社区共育课程"的重要一步,并建立了社区教育资源库及15个社区教育实践基地,以支持社区课程的开展。2015年至今,华师附幼从教育生态学视角提出"幼儿园社区协同共育"概念,并探索了"幼儿园社区协同共育"机制,凝练了系列研究成果。

　　在"幼儿园社区协同共育"的探索过程中,华师附幼社区教育基地共建机制、社区资源开发与利用模式、家园社区协同共育形式受到了广大幼教同行,特别是各附属幼儿园的关注。为了更好地梳理半个世纪以来实践探索的经验,同时将有价值的经验提炼出来,向有需要的同行分享,华师附幼开启了本书的编写之旅。

　　本书共分为三个篇章:引领篇、思考篇、实践篇。

　　第一部分引领篇为理论研究,包含两章内容。第一章立足国内外,梳理已有的理论基础和发展历程,为协同共育的探索奠定基石。第二章以多年的教育实践为基础,厘清协同共育的内涵,拓展协同共育的理念,梳理协同共育的探索历程,凝练协同共育模式和路径,检验协同共育的实施效果。

　　第二部分思考篇共三章,阐述了教师在协同共育探索过程中所碰撞出的教育智慧。第三章从整体着手,阐明社区教育资源开发与利用的价值、原则和路径;以五大领域为视角,进一步创新社区教育资源开发与利用的策略。第四章从家园协同共育价值出发,探索出畅通家园沟通渠道、提升家长育儿素养和优化家长助教活动的实践路径和策略。第五章阐述在"社区＋"发展理念的引领下,不断拓展"社区＋"的发展模式,幼儿园与社区的互动逐步深入的过程。

第三部分实践篇包含了丰富的家园协同、园社协同和综合协同的共育案例。以案例做示范和指引,展现幼儿园、家长和社区三者之间协同共育的具体做法,体现华师附幼在家庭资源及社区资源开发与利用上的广度和深度。

本书引领篇由吴冬梅、龚艳艳、李冬梅撰写;思考篇由李冬梅、韩凤梅、曾梦霏、叶林执笔;实践篇由陈凤娇、吴佩璇、曾梦霏、叶林及我园部分教师供稿,由龚艳艳、李雨桐修改润色;全书由吴冬梅、韩凤梅进行修改统稿。由于编著水平有限,敬请读者批评指正。

最后,感谢在本书编撰与出版过程中给予帮助的所有人,在你们的支持下,本书得以顺利完成。

感谢华南师范大学教育科学学院郑福明副教授、张博副教授、蔡黎曼副教授,广东省教育研究院刘景容研究员。在教育实践中,他们不定期下园深入指导,并持续地给予幼儿园专业引领,激励华师附幼在幼儿园、家庭、社区协同共育的道路上稳步前行。

感谢华南师范大学校领导的支持,感谢华南师范大学人民武装部、后勤管理处、教育科学学院、心理学院、教育信息技术学院、地理科学学院、计算机学院、生命科学学院、美术学院、国际文化学院、体育科学学院、音乐学院、图书馆、校医院、附属小学 15 个单位领导对社区教育实践基地工作的重视。在他们的大力支持下,华师附幼的孩子才有机会走进动物标本馆、岩石标本馆、实验室、天文台、机器人中心、育苗室、昆虫研究所、气象站……进行亲身体验的实践活动,才有机会和国旗护卫队员、大学生社团、社区医务人员、后勤保障工作者、院系教授、退休老人等社区人员进行深入互动,获得真实的社会经验和全面的成长。

感谢华师附幼的家长。他们积极参与幼儿园教育,充分发挥自身的专业优势和资源优势,凝心聚力,建言献策,共同为提升幼儿教育质量做出巨大的努力。

感谢华师附幼的教师。他们在教育过程中始终坚持以幼儿发展为核心目标,积极发挥自身的教育智慧和教育力量,精心设计、组织和实施了多样化的家、园、社区协同共育的教育活动,用心呵护每一颗稚嫩的童心。

感谢美丽的华师社区。1952 年,华师附幼在这里诞生,家长和孩子在这里生活,在这里成长,华师社区就是我们共同的家园。我们有责任带领孩子走进她、认识她、了解她、热爱她、建设她。

感谢出版社编辑,为本书编排和校正付出的努力与辛劳。

本书是广东省教育科研"十三五"规划 2018 年度重点课题"幼儿园与社区教育实践基地协同发展的实践研究"(编号:2018ZQJK060)以及广东省吴冬梅名园长工作室的研究成果之一,可供幼儿园园长和教师、幼教机构工作者参考使用,也可供学前教育专业学生阅读。

吴冬梅

2020 年 11 月

目　录

引领篇

理论研究

第一章

理论基础与研究现状

人类社会有三大教育系统：家庭教育系统、学校教育系统和社会教育系统。三大教育系统既是相对独立的，同时也是相互联系与相互作用的。自"协同"理论被引入教育领域以来，其理论发展和实践均得到了教育界的广泛关注和重视。

第一节　理论基础

一、协同理论

协同一词最早源于希腊文，意思为"一个系统的各个部分协同工作"，是开放系统中大量亚系统间相互作用的、整体的、集体的或合作的内在表现。

协同学是 20 世纪 70 年代以来不断建立起来的一种以多学科研究为基础的处理非平衡相变的理论和方法，最早由德国物理学家赫尔曼·哈肯（Hermann Haken）创立。哈肯认为"协同学"本身就是"协调合作之学"，强调协同是一个系统的整体性和相关性的内在表征，并将协同定义为"系统的各部分之间互相协作，使整个系统形成单个层次所没有的新质的结构和特征"。协同理论是哈肯创立协同学这一学科时提出的经典理论，该理论以系统理论为逻辑起点，从系统论的角度出发，认为无论是自然界还是社会生活皆存在大量千差万别的复杂或简单系统，这些系统内部存在着各种子系统，子系统又由各要素组成，各系统之间、系统内的子系统之间、子系统的各要素之间都存在着相互竞争、相互协作的关系。协同理论研究的核心内容是如何通过系统之间、子系统之间、子系统各要素之间的相互协作，使各个系统之间从混沌的无序状态走向稳定的有序状态。简而言之，就是研究复杂系统内各子系统如何通过相互竞争——合作——协调来实现系统结构的稳定或更新。协同理论主要内容包括协同效应、伺服原理和自组织原理。[1]

1. 协同效应

协同效应是指系统与系统之间、系统与子系统之间、子系统与子系统之间相互竞争、相

---

[1] ［德］赫尔曼·哈肯. 协同学——大自然构成的奥秘［M］. 凌复华，译. 上海：上海译文出版社，2013：131.

互协作而产生的某种有序和谐的状态,呈现为大规模的整体效应,实现"1＋1＞2"的效果。无论是在自然界还是社会生活的动态开放系统中,协同效应始终存在。协同效应揭示的是系统通过物质、信息或能量交换而不断发展变化的演变机制,呈现的是相互竞争又相互协同的动态过程以及因此所带来的结果,即通过系统的协调发展,在促进他人发展的同时实现自我发展。

幼儿园与社区共建教育实践基地是协同发展的体现,社区为幼儿园提供教育资源,幼儿园为社区提供教育服务,两者在共同构成的系统中协作,不仅有效促进各自的发展,也能优化整个系统的内在关系。

实现协同效应的重要前提是共享,共享的资源种类越多、范围越广,协同度就越高,协同效应也就越明显。协同度是指系统从无序走向有序的过程中,各子系统之间有序、和谐一致的程度,也是反映协同效应发展的程度。系统内子系统间、子系统内部的各要素之间联系、交互、协作越密集,相互作用方式越多样,互动越频繁,协同度则越高。因此,拓展共享资源种类、范围以及深化共享模式是幼儿园与社区共建教育实践基地的一项重要举措,彼此的协同度越高,协同效应也越明显。

2. 伺服原理

伺服原理指的是快变量服从慢变量,序变量支配子系统。其中序变量是指系统内部各子系统、子系统内各要素相互竞争、相互协作产生一种能影响整个系统运作的控制变量。序变量是在系统中起主导作用的关键变量,具有直接促进系统发展变化的巨大影响力。伺服原理所揭示的是系统运作过程中占据主导地位的序变量支配着其他子系统和要素,又被子系统和要素支持,以维持自身的支配地位。简单系统中通常仅有一个序变量,而复杂系统中往往不止一个,大多是由多个序变量相互竞争、相互协同共同支配着其他子系统,从而主导整个系统的变化发展。

学前教育是一个开放的复杂系统,其发展需要多方力量的共同支持。幼儿的发展不单单是幼儿园的事情,更是家庭和社区的事情。幼儿园、家庭和社区都是学前教育复杂系统当中起支配作用的序变量。其中,幼儿园是学前教育的主导力量,家庭是学前教育的关键力量,社区是学前教育的依托力量,三者对学前教育的发展起重要作用。三方协同教育的过程是三方合力、各尽其责、各尽所能、助力发展的过程,追求并实现"1＋1＋1＞3"的实践效果。协同共育坚持以"幼儿园为主导,家庭为主体,社区为依托",在幼儿园的倡导、引领和组织下,充分发挥家庭和社区的力量与作用。

3. 自组织原理

自组织原理的实质就是系统自发的协同运动形成了某种新的有序结构。自组织指的是系统在没有外部指令的条件下,其内部子系统能够按照某种规则自动形成一定的结构或功能。家园社区协同共育坚持在平等、自由、自主的基础上汇聚三方力量,为了最大限度地实现共建共享、协同发展的目标,需要一定的管理结构和规则去协助和保障。

二、人类发展生态学理论

布朗芬布伦纳(Urie Bronfenbrenner)在1979年正式出版的《人类发展生态学》一书标志着人类生态学理论的诞生。该理论将人的研究纳入到生态网络中,恢复人所生活的自然状态。人类发展生态学理论是发展心理学和生态学的交叉学科,因其具有深厚的理论基础和开阔的视野,所以表现出较强的开放性和包容性。随着历史的变迁和社会的发展,其理论内涵越来越受人们的认可和青睐,并将其作为各方面研究和具体实践的理论基础,尤其是在教育方面得到了广泛的应用,学前教育也不例外。

布朗芬布伦纳将生态环境分为层级交叉和嵌套的五大系统,五大系统分别是微观系统、中观系统、外部系统、宏观系统和时代系统。[①] 微观系统指的是在一个特定的环境中,发展的个体与周边环境相互影响及作用的行为、角色和内部关系模式。对于学前儿童来说,其生活的场所及其周边环境是家庭、幼儿园、学校和社区,这些都会影响其角色定位、行为方式、人际关系等。中观系统是处于微观系统中的两个事物之间的关系或联系,包括发生在两个环境之间的关系和发展过程,在这个过程中有发展着的个体参与其中。对于发展中的学前儿童来说,幼儿园与家庭、幼儿园与社区、家庭与社区之间的关系或联系,为其发展提供良好的环境支持。外部系统指的是两个或两个以上环境之间的关系和发展过程,其中至少有一个环境不包括发展着的个体,但依旧能够间接影响个体。换而言之,就是个体并未直接参与却能对个体有影响的环境。对于学前儿童来说,这些外部系统例如父母工作场所、家长的人际网络、各种视听媒介等都会对其成长与发展产生间接影响,这些影响会从儿童与成人、儿童与环境的相互作用中渗透进去。宏观系统指的是所处的社会文化背景,是微观系统、中观系统和外部系统的联合建构,包括价值取向、行为规范、社会准则、风俗习惯、法律政策等。时代系统指的是具体的生活时代以及所发生的社会历史事件,它可以包括因时间的变化而导致的个体特征及其生存环境的变化,如居住地的变化、父母职业的变化及社会经济地位的变化等。

人无法孤立而单一地存在,而是被包围在各种社会物体、媒介和关系中,与多个方面息息相关,与周围的环境和人在相互作用、相互影响中存在并发展。学前儿童的发展与周围的生态环境紧密相关,其发展深受其周围生态环境及人的制约与影响。幼儿园、家庭以及社区是三个与幼儿直接作用且紧密相关的微观系统,且微观系统间的关系进一步组成了中观系统,也拓展了外部系统和宏观系统。在认识三大微观系统的作用下,重视幼儿园和家庭与社区的密切联系,以形成正向的互动关系,从而进一步促进儿童的发展。总而言之,幼儿园、家庭、社区协同共育是打造良好教育生态环境的重要举措,也是提升教育质量的重要途径。

三、 多元智能理论

美国心理学家霍华德·加德纳(Howard Gardner)在1983年《智能的结构》一书中提到一种建立在生理与神经基础上的多元智能理论。多元智能理论认为每个人身上都同时拥有八种智能,且智能在不同的个体身上的表现程度不同。加德纳将智力定义为"在一种文化环境中个体处理信息的生理和心理潜能,这种潜能可以被文化环境激活以解决实际问题和创造该文化所珍视的产品"。认为智力作为一种潜能,是生物潜能与环境相互作用的产物,环境和教育对智力的发展起着至关重要的作用,如果给予适当的鼓励与支持,提供丰富

---

① 宋睿. 家、园、社区合作共育的实践研究[D].南京师范大学,2008.

的环境与指导,每个人都能将任何一种智能发展到某种令人满意的水平。[①] 同时,智能之间通常以复杂的方式共同起作用。

加德纳的多元智能理论为协同共育的研究提供了重要的理论基础。家庭和社区共同参与到幼儿园的教育中,打破了教育的围墙和界限,形成教育的合力,从而为幼儿的发展挖掘出更加丰富的资源,创设出更加良好的环境,提供了更大力度的支持。

第二节　研究现状

一、国外协同共育的借鉴

(一) 协同共育政策的研究

美国在 1974 年颁布的《公法 93—380》法案中明确规定,只要是美国政府提供资金帮助的学校,都要建立由少量教师、学校管理者以及大量家长组成的"咨询委员会",协助学校进行课程教学、学生管理、发展决策等事项的讨论与决策。1994 年提出的法案《目标 2000 年的美国教育法》中,规定了家长的职责,也规定了教育机构与家长建立伙伴关系。2002 年颁布的《不让一个儿童落后法》规定了家校合作的各项条款,进一步明确家长参与幼儿教育的责任和义务,以及学校主动接受家长教育资源的要求。《家长法案》为家长参与学校工作提供法律依据,且进一步明确家长参与学校教育决策与实施的权利和义务。

20 世纪 80 年代,英国开始实行"教学辅助计划",从家长中聘用一些工作人员,对其进行短期培训,在掌握一些教学技能的前提下,作为课堂教学的辅助人员。1997 年的"确保开端计划"是政府为教育公平和教育质量而颁发的一项政策,旨在通过政府投入大量人力和物力、扩大与家庭和社区合作、保教一体化、咨询等手段让所有的儿童生命有一个良好的开端。

西方国家通过颁布政策来确定协同共育过程中各自的教育责任和义务,分工明确,便于执行和操作,同时关注家长的教育需求,提供相关教育力量成长的途径,这都值得中国幼教人借鉴。

(二) 协同共育模式的研究

美国注重政策引导的家长合作模式,家、园合作的形式有三种,分别是家长参与决策、家长助理和"家长-教师"联合会。合作的目的在于强化幼儿园与家庭之间的连接。

英国注重家长监督的形式,首先是推行开放式教学,家长既可以观摩,也可以辅助教学并评价课程。其次是家长的参与具有层次性。

日本通过推行一体化的家长教育模式来提高家长的参与度,通过两种方式加强家长的教育工作,一是学校教育,建立全方位为家长提供帮助的教育委员会;二是组织培训。

瑞吉欧采用社区式的管理模式,家长、社区都是教育中强大的力量,其中,咨询委员会代表来自社区的教育力量。

---

① 张小培. 农村父母参与幼儿园教育的现状研究[D]. 华中师范大学,2014.

国外协同共育的模式给予的重要借鉴有两方面:一是正确认识参与者所蕴藏的教育力量,二是以有利的措施激发参与者的参与度。

二、国内协同共育的研究

(一) 我国协同共育的发展过程

改革开放后家园社区协同共育在我国经历了服务性联结关系阶段(1978—1988 年)、协同共育意识萌芽阶段(1989—1995 年)、协同共育意识成熟阶段(1996—2005 年)和协同共育初步发展阶段(2006 年至今)。

在服务性联结关系阶段,教育遵循为生产服务的政策导向。在以经济建设为核心任务的时期,幼儿园教育也责无旁贷担负起为生产服务、为社会发展服务的职责,这一时期保育是幼儿园的主要任务,缺乏幼儿园、家庭和社区协同共育的意识。

在意识萌芽阶段,政策的教育导向逐渐增强,家园共育受到重视,共育策略也更具体化、多样化。其中,1989 年《幼儿园工作规程》针对服务对象、联系内容、教育方面和生活方面提出了详细要求,这在较大程度上推动了家园共育的落实。"幼儿园-家庭-社区"的联结模式初步产生,社区的资源优势得到关注。同时,相关研究中也首次出现了幼儿园、家庭及社区三方协同发展的想法,并明确指出以幼儿园为中心,在发挥榜样作用的同时,吸取家庭和社区的有效育儿经验。

在意识成熟阶段,社区的价值和作用进一步得到彰显,幼儿园、家庭和社区协同共育的理念在教育政策中有更加明确的体现。同时也突出强调幼儿园、社区共同指导家庭教育,提高家长参与的自主性和主动性。总的来说,协同共育的重要性得到普遍的认可,且共育的意识已经能够明确体现,但是研究较多聚焦于家园共育,而缺乏幼儿园和家庭对社区的开发和利用。

在初步发展阶段,幼儿园在协同共育中的主导作用进一步凸显,协同共育的措施进一步明确和具体化。这主要体现在学前教育的研究者和实践者已经意识到协同共育的重要性,并开始进行一系列的实践探索。

总而言之,协同共育发展过程始终是有规律可循的,并呈现出相对稳定的特点:首先,幼儿园、家庭、社区三方的关系与所处的时代背景相关,与社会发展相关。其次,协同共育的逐步发展受政策的教育导向影响较大。最后,幼儿园在协同共育中始终占据主导地位。

(二) 协同共育的价值

协同共育包括不同的模式,既有双方协同共育的模式,也有三方协同共育的模式,且不同的研究者研究模式和侧重点不一样,然而研究者在分析不同协同共育模式价值的角度具有一致性,以下将从协同共育的不同主体去阐述其价值。

1. 发展幼儿

研究者在讨论协同共育价值时首先着眼于幼儿的发展。协同共育的出发点和落脚点都是促进儿童的成长与发展。

(1) 提高幼儿的认知水平

协同共育拓宽了教育资源的范畴,丰富了教育的内容和方式,延伸了教育的时空,使幼儿有更多的机会接触更多的事物,有更多的可能去探索、发现。家庭和社区资源都是幼儿生活经验的素材,这为教育活动走进家庭和社区奠定了良好的基础。

（2）促进幼儿的社会化

生命较少以自然的安排为基础,而是以在文化中被塑造的形式和惯例为基础。[①] 人虽无法离开自然基础,但更重要的是社会和文化的生命形态。幼儿的社会化强调的是其个体精神和社会意义上的成长。协同共育形成的教育合力更有利于促进儿童的社会化,家庭是个体社会化的起点,幼儿园拓展社会化的内涵,社区延伸社会化的范畴。孙芳龄、雷雪梅等人从家园共育合力的效果来说明协同共育的重要性,认为家园共育可以将原生家庭的情感要素及幼儿园教育专业因素结合起来形成教育合力,以促进儿童的社会化。[②] 李晓巍通过对 110 名幼儿的追踪进一步发现,家长参与可以正向预测幼儿的社会能力。[③]

（3）养成良好的行为习惯

行为习惯对幼儿的成长至关重要,良好的行为习惯是人一生的财富。行为习惯是在长期的实践活动中经过不断重复而逐渐积淀下来的、自然而然的行为方式。学前期是幼儿良好行为习惯养成的关键期。协同共育形成的教育合力强调理念、目标的一致性,这更利于良好习惯的养成。苏婷认为幼儿园与家庭的通力合作和默契配合能够有利于幼儿良好习惯的养成和健康幸福成长。[④] 江晖通过调查的方式了解家园共育视野下幼儿各类习惯养成的现状,并发现相应问题,提出以教师为桥梁更新家长理念、提高教师家园共育的专业能力等措施。[⑤]

2. 滋养家庭

家庭是孩子的第一所学校,父母是孩子的第一任教师。《幼儿园工作规程》中明确提出"幼儿园应主动与幼儿家庭沟通合作,为家长提供科学育儿宣传指导,帮助家长创设良好的家庭教育环境,共同担负教育幼儿的任务"。

（1）增强家长参与协同共育的意识

父母在幼儿的教育当中占据重要地位,发挥重要作用。协同共育中在幼儿园的组织协调下,家长可以参与到幼儿园的教育当中,为教育献计献策、增光添彩。高丽萍从家长的地位、作用及优势三个方面肯定家园共育的价值,认为家长是子女的人生导师,家长能够成为幼儿园开展教育活动的最佳伙伴,家长拥有丰富的社会资源。[⑥]

（2）提高家长科学育儿的能力

协同共育中,各方力量相互汇聚,各方智慧相互碰撞。在相互教育、交互作用的过程中,家长不断更新自己的教育理念,学习新的教育技能,提升科学育儿的能力。黄少霞认为构建幼儿园、家庭、社区三方面结合的全方位、一体化的学前教育网络有利于提高家长的教育素质和教育能力,具体表现为幼儿园在幼儿教育中有丰富的保教经验,熟知幼儿各阶段的发展特点及规律,在家园沟通的过程中,逐步与家长达成共识,使其认同幼儿园科学的教

① [德]兰德曼.哲学人类学[M].阎嘉译.贵州:贵州人民出版社,1988.

② 孙芳龄,雷雪梅等.家园共育的实践意义与开展策略[J].学前教育研究,2018(07):70-72.

③ 李晓巍.父母参与的现状及其对幼儿社会能力的预测[J].学前教育研究,2015(6):40-47.

④ 苏婷.不同家园合作形式下家长参与的实践研究[D].上海师范大学,2017.

⑤ 江晖.家园共育视域下幼儿习惯养成教育现状的研究[D].湖北师范大学,2018.

⑥ 高丽萍.浅谈幼儿园家园共育的重要性[J].学周刊,2019(16):167.

育理念,从而提升教育素质与能力。[①]

3. 建设幼儿园

协同共育坚持以幼儿园为主导,家庭为主体,社区为依托,使幼儿园能够调动各方力量和资源满足自身的发展需求。协同共育对幼儿园教育的价值主要体现在课程建设、教师专业发展、家园社区关系及教育质量等方面。

(1) 开发园本课程

园本课程作为自主开发的个性课程,是实现教育目标和促进幼儿发展的中介,涵盖了幼儿的学习和生活,是幼儿园的"主要课程"。[②] 园本课程的建设着眼于幼儿园的实际问题和客观条件,协同共育扩大了幼儿园教育可利用的资源,为园本课程的开发提供更多的素材和内容。刘慧认为家长与学校的配合有助于学校挖掘和利用家长资源,对校本课程开发具有重要价值。[③] 李培蓉认为本土文化具有鲜明的地方特色,是幼儿接触最多的文化,蕴含着无穷的教育资源,主张在充分尊重幼儿的身心发展和认知规律的基础上,立足本园、本地区的实际情况,从儿童的生活经验入手,充分挖掘本土文化资源,努力营造一个与幼儿有直接交互作用的教育环境,建设符合幼儿发展需求和身心发展水平的优质园本课程。[④]

(2) 提升教师综合素养

协同共育中幼儿园占据主导地位,而作为幼儿园教育的直接实践者,幼儿教师的专业水平影响教育的质量和水平。协同共育对幼儿教师来说既是机遇,又是挑战。协同共育给予幼儿教师更多锻炼的机会,包括资源的开发与利用、各方的组织与协调、活动的设计与实施等。吴诗佳在其文章中表明家长的参与情况会影响教师的职业认同。[⑤] 武文斯在其文章中谈到教师角色应该是资源价值的认识者、资源类别的发现者、资源整合的设计者、资源开发的邀请者、资源利用的行动者、资源展示的参与者以及资源效能的评价者。[⑥]

(3) 建构和谐的家、园、社区关系

和谐关系的建立要以认识与理解为基础,以彼此的尊重与认可为前提。协同共育以共同的目标凝聚在一起,共育的过程中各教育力量彼此尊重、增进交流、资源共享,建立良好和谐的互利共赢关系。冯晓霞和王冬梅认为家园共育给教师和家长提供一个交流的机会,彼此可以互相认识理解,也能够互相分享。[⑦]

(4) 提高幼儿园教育质量

教育的原点是育人。培育什么样的人,用什么样的方式培养人,这都是衡量教育质量的重要标准。幼儿教育作为基础教育的基础阶段,为人的一生发展奠基,它的教育质量更需要去严格把控。协同共育凝聚教育力量,将教育资源化零为整,通过不断提升教师素质和不断优化教育活动来提高幼儿园的教育质量。

---

① 黄少霞. 构建幼儿园家庭社区三结合的学前教育网络[J]. 教育导刊. 幼儿教育,2002(11):50-52.
② 李培蓉. 本土文化视域下幼儿园园本课程建设研究[D]. 西华师范大学,2018.
③ 刘慧. 校本课程开发中家长资源运用的个案研究——以南京 L 小学为例[D]南京南京师范大学,2014.
④ 李培蓉. 本土文化视域下幼儿园园本课程建设研究[D]. 西华师范大学,2018.
⑤ 吴诗佳. 家长的非理性参与对幼儿教师职业认同影响的调查研究[J]. 新校园,2016(6):67.
⑥ 武文斯. 幼儿园主题活动中社区资源的选择与利用研究[D]. 广西师范大学,2015.
⑦ 冯晓霞,王冬梅. 让家长成为教师的合作伙伴[J]. 学前教育,2000(2):4-5.

4. 回馈社区

幼儿园依托于社区,是社区的重要部分,受益于社区,服务于社区。协同共育不仅能促进幼儿园的发展,也为社区带来了便利。幼儿园对社区的回馈主要体现在三个方面:提高社区资源的利用率,促使社区分散资源整合成新的资源;与社区共办活动,丰富社区的活动类型;密切社区间的关系,构建和谐稳定社区。

(三) 协同共育研究的不足

协同共育作为一种新型教育方式,因其鲜明的教育特点和可观的教育效果,在教育的各阶段都受到研究者的关注,学前教育也不例外。以"家园社区协同共育"或"家园社区合作共育"为线索进行检索时,文献的数量较少,且文献多集中在近些年,这说明协同共育的价值逐渐得到认可,协同教育的方式逐渐被应用于实践,且参与的主体意识有所提升。以"家园共育""幼儿园与社区合作共育"为线索进行检索时,文献数量稍多。这说明家园共育和园社共育这两种协同教育模式被关注的较多,且研究的内容以现状调查、问题思考和解决对策为主。总之,研究结果表明当前协同共育存在可喜之处,但仍存在较多的问题,具体表现在以下六个方面:

1. 理念层面

理念是行动的指挥棒,正确的理念能够指引前行的道路。近年来,协同教育越来越受研究者的青睐,并将之作为一种新的教育趋势。但是实践中,仍有许多人对协同教育的认识不足,协同共育的理念不到位。这种认识的不足主要集中在以下两个方面:一是未能将家、园、社区三者有机联系起来,只是停留在家园合作、幼儿园与社区合作的层面。二是家庭和社区缺乏对自身在教育中重要作用的认识,对于协同共育中角色认识不够,责任不明确。[①]

2. 制度层面

从宏观层面来看,在教育发展的过程中,始终坚持以政策为根本依据和指引。国家的制度和政策能够为协同共育提供强有力的支持。正所谓"仁圣之本,在乎制度而已"。当前,提及幼儿园、家庭和社区的关系的相关文件和政策的数量虽有所增加,但是政策文件中并没有明确规定三方的关系、协同共育的内容和形式等,更没有相应的评价考核及监督体系,这也是当前政策文件难以落地、协同共育质量不高的重要原因。

从微观层面来看,推动协同教育需要参与主体建立相应的组织,制定相关的一致的规则和制度。然而,实践中却存在组织和制度形式化、虚无化的问题,这也影响着协同共育的顺利进行。陈昭调查的两所高校附属幼儿园虽建立了组织和制度,但只是形式上存在,制度缺乏依据实际情况的进一步细化以及制度的公开化程度不高。[②]

3. 资源利用层面

资源是家、园、社区协同共育的核心。资源的共享为协同共育提供了前提和可能,幼儿园自身的教育资源是有限的,只有充分挖掘家庭与社区的资源,实现资源的优化整合,才能构建"共享共赢"的局面。

① 孙剑. 幼儿园、家庭、社区协同教育模式探究[J]. 产业与科技论坛,2012,11(02):137-138.
② 陈昭. 高校附属幼儿园与家庭、社区协同教育问题研究[D]. 黑龙江大学,2018.

（1）对资源认识不全面

资源利用要以资源的挖掘为前提，而资源的挖掘又以资源的认识为基础。已有的研究表明：协同共育当中，幼儿园对家庭和社区的资源认识不充分，对资源的功能认识不全面。刘爱云在调查中发现，一些幼儿园园长对社区及社区的教育资源情况了解得不够充分，尤其是对社区的历史文化资源关注不够。[①]

（2）对资源运用不充分

对资源运用不充分主要体现在运用资源的深度有待进一步提升。资源从无到有，从有到优需要经历一个漫长的过程。资源的成功运用需要包括认识、分类、整合、开发、利用、展示和评价这些步骤，只有将每一个步骤都做得恰到好处，资源的价值才会充分彰显。当前，在协同共育的实践中，资源运用缺乏深度主要表现在以下五个方面：资源的整合出现简单叠加现象，资源的开发没有挖掘到其核心价值，资源的利用缺乏新意，资源的展示比较单一，资源的评价比较匮乏。

4. 沟通协作层面

（1）协作者地位不平等

协同共育中为保证沟通协作的顺畅，需要在平等尊重的基础上，坚持"以幼儿园为主导，家庭为主体，社区为依托"，但实践中依旧存在地位不平等的状况。王镨璇谈到受传统思想的影响以及教育专业性的影响，在家园共育过程中，教师常处于权威地位，沟通过程中过于强势，使两者的地位出现不平等状态。[②] 王秋霞提到，我国的幼儿教育深受以幼儿园教育为主理念的影响，家长、社会及幼儿园均认为幼儿教育应以幼儿园为主来开展，这种思想观念加剧教育主体地位的失衡。[③]

（2）沟通协作实效性不强

当前，随着网络信息技术的发展与运用，幼儿园与家庭、社区的沟通协作的方式和形式呈现多样化，包括面谈、《家园联系手册》、家访、家长园地、家长会、开放日、电话交谈、微信交流等，沟通和交流变得越来越便利。然而，实践中却发现沟通的时效性不强，高层次、高质量的交流比较少。协同共育中沟通实效性不强主要包括沟通不及时、沟通频率不均以及沟通浮于表面。

5. 实践效果层面

（1）协同共育实践指导匮乏

协同共育的实施需要专业的人员保障，专业的人员应该包括教育专家、相关部门的重要人员、社区代表、家长代表、教师等。协同教育的实践指导若是匮乏，即使幼儿园、家庭、社区协同教育得以开展，也没有统一、有序和有计划的步骤，协同教育的效率将很难达到预期目标。[④]

（2）协同共育实施路径不清晰

一直以来，协同共育的实施路径都不清晰、明朗，主要的原因有两个方面：一是协同共

① 刘爱云. H 省 A 市幼儿园利用家庭、社区教育资源的研究[D]. 华东师范大学, 2007.
② 王镨璇. 家园共育过程中存在的问题及策略[J]. 甘肃教育, 2019(10)：43.
③ 王秋霞. 家、园、社区协同教育的现状、影响因素与发展路径[J]. 学前教育研究, 2014(05)：64-66.
④ 同③。

育的经验少,可借鉴的经验不多。二是幼儿园的协同共育都是"摸着石头过河",在实践的过程中不断探索发现、提炼总结属于自己的实施路径。

（3）协同共育效果不理想

家、园、社区协同共育是一个相互影响和交互作用的过程,是一个多主体、多形式、多内容的合作体系。然而在当前的三方协同共育中,合作程度比较浅显,合作行为比较表面化。家、园、社区的协同共育缺乏计划性和系统性,流于形式,家庭和社区处于边缘化地位,共同组织和参与活动的次数较少,且对于参与活动的目标、内容等缺乏了解,家、园、社区三者之间的联系不密切。

6. 研究层面

研究层面的问题主要是关于协同共育的理论研究和实证研究亟待加强。从现有的研究中可以发现,研究者虽越来越关注这一话题,但无论是在理论研究还是在实证研究中,以幼儿园、家庭、社区协同共育为主题的研究尚不丰富,质量有待提升。首先,在理论研究层面,关于家、园、社区协同共育的内涵、理念、内容、途径等尚不明晰。其次,在实证研究层面,研究采用的方法较为单一,研究者多以文献法、经验总结法或调查法为主;研究内容较浅显,多是探讨个别幼儿园的家、园、社区协同共育的现状、影响因素,并提出解决策略,研究结果的代表性和推广性较为局限。

（四）构建协同共育的措施

已有研究提出构建协同共育的措施主要包括:完善政策、更新观念、搭建平台、规范管理、建立监督、提高各方素质等。

南国农主张从树立全新观念、搭建先进平台、探索有效方法和实施规范管理这四个方面实施协同共育。[1]

李晓巍认为实施协同共育可以从以下三个方面着手:完善教育政策、建立监督评价体系,注重理论与实践相结合,多种方式扭转实践中的"不协同"现象。[2]

孙剑注重构建家、园、社相结合的教育模式及互动机制。主要是:幼儿园、家庭、社区应重视并发挥自身的作用,通过合理的沟通与相互理解形成三方教育合力,通过学习与实践完善三方协同教育体系。[3]

陈昭从管理运行和参与的主体角度提出协同共育的建议,分别为:建立协同教育的管理与运行机制,提高幼儿园教师的综合素质,提高家长的整体素质以及合理利用高校社区资源。[4]

[1] 南国农. 成功协同教育的四大支柱[J]. 开放教育研究,2006(05):9－10.

[2] 李晓巍,刘倩倩,郭媛芳. 改革开放 40 年我国幼儿园、家庭、社区协同共育的发展与展望[J]. 学前教育研究,2019(02):12－20.

[3] 孙剑. 幼儿园、家庭、社区协同教育模式探究[J]. 产业与科技论坛,2012,11(02):137－138.

[4] 陈昭. 高校附属幼儿园与家庭、社区协同教育问题研究[D]. 黑龙江大学,2018:40－44.

第二章

协同共育的探索与实践

幼儿园、家庭、社区的合作是当今教育改革的一个世界性趋势。在华南师范大学附属幼儿园(以下简称华师附幼)半个世纪的协同共育发展历程中,幼儿园、家庭、社区三方关系的发展离不开相关政策、理论研究、课程实践的引领与支持,它们共同架起了幼儿园和家庭、社区之间合作共育的桥梁,促进了三者关系的协同发展。

第一节　协同共育的内涵与理念

一、协同共育的内涵

(一) 协同

所谓协同,就是系统中诸多子系统的相互协调、合作或同步的联合作用与集体行为,协同是系统整体性、相关性的内在表现。

(二) 共育

"共育"在《现代汉语词典》中的释义为"为了共同的目的在一起工作或共同完成某项任务"。"共育"概念突出强调的是目标的一致性,这也是共育的前提条件。

(三) 协同共育

李晓巍等人认为,家、园、社区协同共育是指在一定的社会背景下,由幼儿园及教师、幼儿家庭及家长、社区及社区服务人员在幼儿成长的过程中,三方都能尽其所责、尽其所能形成教育合力,共同促进幼儿的健康发展。这其中包括两两之间的双方协同共育模式,也包括三方之间的多方协同共育模式。[①]

南国农从目的和方式着手进行定义,将协同教育定义为以改善教育效果、提高教育效率和优化教育效益为目的,是一种将影响学生发展的学校、家庭和社区三个方面的力量联

---

① 李晓巍,刘倩倩,郭媛芳.改革开放 40 年我国幼儿园、家庭、社区协同共育的发展与展望[J].学前教育研究,2019(02):12-20.

合起来的新的合作型教育方式。[①]

陈昭进一步看到协同共育的外在影响因素和最终结果，认为协同教育是学校、家庭和社会三大人类社会相对独立的教育系统，在一定媒介的介入下，此系统要素融入彼系统，并与该系统要素彼此作用后产生的协同效应以及影响该系统功能的一种征象。[②]

幼儿园实践"家-园-社区协同共育"的模式，是一种积极的探索。幼儿园、家庭和社区中各机构、单位、人员在"共建共享、幼儿发展"目标的引领下，利用自身优势在幼儿成长过程中各尽其责、各尽所能、各施所长，形成教育合力，共同促进幼儿身心健康发展。它以"育幼儿"为根本目标，以"育家庭、育社区"为重要功能，幼儿园、家庭和社区三方形成教育联合体。协同共育的特征主要表现在以下五个方面：

第一，多元化。多元化指的是参与主体的多元化。教育的力量是社会化的，充分发挥教育的作用，需要多方力量的共同汇聚。协同共育中参与的主体既包括幼儿园，也包括家庭和社区，也就是说"教育者"是多元化的，幼儿教师、家长、社会中的人员都可以担任幼儿教育的重要力量。这些"教育者"因共同的目标而汇集、凝聚在一起。

第二，协同性。协同性指的是教育过程的协同性，这是协同教育的本质要求。教育过程的协同是为了确保协同教育目标的最终实现。实现教育过程的协同需要顺畅的沟通机制和灵活的协调机制以确保信息、资源等即时共建、共商与共享，从而建立平等、信任、积极参与的氛围与环境，使协同教育向好的方向发展。

第三，多向性。多向性指的是教育影响的多向性。协同教育中既有一对一的双向教育，又有多对一的多向教育。例如，双向教育可以是家长对幼儿、社区对幼儿、教师对家长、社区对教师等；多向教育可以是家长与教师对幼儿，家、园、社区协同对幼儿等。这种多层次多维度的多向互动是一个相互影响和交互作用的过程，在彼此的影响中形成一个协同型、成长型和学习型的共同体，以逐步实现"育幼儿、育家庭、育社区"的目标。

第四，开放性。开放性指的是协同内容和范围具有开放性。协同共育强调幼儿园要坚持"请进来"和"走出去"的战略原则，以开放和包容的心态去深度挖掘和整合家庭与社区中的资源，为资源的优化使用奠定基础，从而拓展幼儿的学习场域、学习内容和学习条件，为幼儿的真情、真感、真知与实操式学习提供更多的可能性。

第五，规范性。规范性指的是协同共育管理和实施的规范性。协同共育是一个复杂的系统，为保障协同目标的实现，需要有一定的规范去引导、管理和约束协同的过程。规范的建立是为了协同教育和协同过程的实施更加可行，因而相应的规范需要得到各参与主体的一致认可。只有这样才能为各司其职、各尽其责提供可能。

二、协同共育的理念

(一) 凝聚协同共育的目标共识

"协"是方法，"同"是目的，"共"是方式，"育"是目标。协同共育指在平等和谐、互相尊重的状态下，幼儿园、家庭和社区通过"协"与"共"的方式、方法，最终实现"同"和"育"的目

---

① 南国农. 成功协同教育的四大支柱[J]. 开放教育研究，2006(05)：9-10.
② 陈昭. 高校附属幼儿园与家庭、社区协同教育问题研究[D]. 黑龙江大学，2018.

的、目标。幼儿园、家庭、社区都因幼儿而联结,幼儿园作为协同共育的核心明确提出将"共建共享、幼儿发展"作为共育的目标,并与协同单位达成共识,为协同共育工作的开展打下坚实的基础。

(二)重构协同共育的主体关系

打破教育的围墙,走出教育的孤岛,倡导协同共育,幼儿园首先要建立"教育自信和专业自信",并从理念上重构协同共育网络中个体间的关系,即幼儿园与家庭、幼儿园与社区单位不是单向的领导和依附的关系,而应保持各自的独立性和平等性。同时秉承"各司共职"的观念,保持协同单位间的异质性,发挥各自不可替代的教育功能,并在此基础上开展交流、对话、支持和协同。

(三)拓展协同共育的实践范围

协同共育不仅让幼儿受益,同时家长、社区人员在观念、行为、知识和能力上都会有所收获。因此,协同共育不仅是"育幼儿",更包含了"育社区、育家庭"的功能。从教育生态的视角看,"育社区、育家庭"即"育幼儿"。

第二节　协同共育的探索历程

一、历史足迹

(一)社区活动的萌芽

华师附幼成立于1952年,是一所扎根在大学社区、服务大学教工子弟的幼儿园。由于园内场地不足,设施设备有限,难以满足幼儿的活动需求,从70年代开始,附幼老师[1]们基于大学社区的稳定性和安全性,考虑到幼儿生长于社区,对社区的人、事、物都非常熟悉,自发地带着幼儿走进社区,到社区的草地、公共器械区等地方进行游戏。那时,大学周围还有很多农田,老师们经常会和幼儿们徜徉在田野间,感受田野四季的变化。萌芽时期,走进社区主要是为了解决孩子对活动场所的需求,但是"走进社区"这颗种子已经被种下,并且开始生根发芽。

(二)社区资源的拓展

经过半个世纪的探索,"在社区中活动"作为一种富有特色的活动模式被确立下来。伴随着高校的快速发展,大批人才引进也为幼儿园课程的建设带来了新契机。附幼老师开始将幼儿园课程与大学院系的学科结合在一起,借助自身能联系到的资源以及幼儿家长的资源,在社区的生命科学学院、美术学院、图书馆等场地进行幼儿的科学活动、美术活动、语言活动等。资源的开发和利用,包括单纯的场地资源、自然资源的利用到各单位院系,有更多的专业资源融入幼儿教育,极大地丰富了幼儿园的教育资源。到社区中活动,不仅使孩子得到了更多探索和实践的空间,而且也让社区中的人感受到孩子带来的阳光与快乐,幼儿园与社区呈现出和谐的状态。在这个阶段,幼儿园与社区的合作更多是以班级为基础,由

---

[1]　此处及以下"附幼老师"均特指"华南师范大学附属幼儿园的老师"。

家长来牵线,而当孩子毕业后,这样的资源就会断层,幼儿园对社区专业资源的利用缺乏稳定的平台。

(三) 社区资源库的探索

自 2006 年起,华师附幼期待寻找新的突破口,召集家长代表、教师代表和社区相关院系代表进行深入的访谈与调研,最终达成初步的共识,提出"家园社区一体化网络"的发展思路。华师附幼充分发挥高校附属幼儿园的科研能力,借助"幼儿园家长资源的开发与利用""幼儿园家长助教活动的实践与研究"和"高校附属幼儿园社区资源的开发与利用"等系列课题,系统地探索了家长资源和社区资源的开发及利用形式。在这一探索过程中,幼儿园对社区、社区资源的内涵认识越来越清晰,同时也产生了一批在实践中得到检验与更新的优秀社区教育活动案例。

家长资源和社区资源虽在探索中不断积淀与丰富,但缺乏系统性。于是,幼儿园邀请学前教育专家以及学前教育专业的研究生、本科生共同参与到社区资源库建设的研讨中。经过挖掘、研讨、设计、整改后,幼儿园目前形成了涵盖三大类、六小类的社区教育资源库,共计 40 多种教育资源。幼儿园的教育资源在类型、数量、空间等方面都得到了最大限度的延伸,幼儿的学习与发展也呈现出了更大的可能性。

二、 时代新发展

在半个世纪的探索中,幼儿园和家庭、社区的关系越来越密切,家庭资源、社区资源的开发和利用在种类和形式上也越来越多样化,积累了丰硕的成果,为新的发展奠定了基础。

在我国大力发展学前教育的时代背景下,基于良好的前期基础,幼儿园开始思索如何建立一个协同共育的教育生态环境。在此之前,对资源的开发和利用更多是由幼儿园主动发起,社区和家庭处于相对被动的状态,即幼儿园需要什么,社区和家庭提供什么,而不是社区和家庭自发地、主动地思考为了更好的幼儿教育,自身可以做什么。新时期下,幼儿园希望打破原来的"被动"僵局,实现"协同"的良好状态。协同,是家庭、社区和幼儿园在关系网络中有着共同的愿景,呈现出平等的关系,而非领导与被领导的关系,是发自内心的主动参与,主动承担起共育的责任。

新时代有新的设想与措施,具体体现在以下三个方面:

(一) 开放认同——设立社区教育实践基地

在新的发展阶段,需要攻克的是家庭、社区与幼儿园之间的壁垒。于是,幼儿园设计了系列开放活动。面向家长,开设了主题家长会、家长开放日、家长助教、家长教育沙龙等,通过参与式的活动,让家长感受到幼儿园教育的理念,了解幼儿园教育的模式,体验幼儿园教育活动的过程,从而真正获知幼儿在园发展的路径和效果;面向社区,采取"走出去"和"引进来"两种模式,"走出去"是为社区中的人送去孩子的关爱,"引进来"则能让社区中的人了解幼儿园教育的情况。在开放的基础上,因为彼此了解而相互认同。

因此,在不断的努力下,经由主管部门牵头,社区中 15 家单位秉持着平等友好的原则,与幼儿园正式签约,成为幼儿园的社区教育实践基地,幼儿园与社区的协同共育平台得以稳固,协同共育进入了全新的局面。在社区教育实践基地,园方和社区单位组建共育小组,建立共育机制,幼儿教育与其他专业之间彼此融合,为协同共育提供了持续的能量。

(二)求同存异——打造基地特色项目

协同需要有共同的愿景,因此"求同"的基础是幼儿的发展,共同愿景是为幼儿创造最佳的成长环境,幼儿是将三者紧密联系在一起的核心。但是,不管是幼儿园、家庭还是社区,都是以不同的客体存在,各自有着职责与作用,彼此之间的异质性使得三者是不能相互替代的,各自做着擅长的事情。因此,在协同中,要学会"存异",即在相互尊重的基础上,了解彼此的差异,发挥彼此的优势。

社区资源不仅仅是地理空间上的资源,还包括自然、人文、精神、人际关系等。幼儿园组建共育小组对各个社区教育实践基地所特有的资源展开全面评估,定位各基地独有场域及其特质,如美术学院的艺术场域、生命科学学院的科学场域等,激发其内含的教育力量。同时,还对资源的适宜性进行评估、分析,结合幼儿的年龄特点及发展需求,筛选出适宜的资源。在与基地共建的前期,幼儿园以试点单位为重点探索对象,综合幼教专业和基地专业,立体打造教育网,建构具有示范性的精品项目,形成共建的经验和模式,进而以点带面,推出一系列与不同社区教育实践基地共同建设的特色项目。

(三)共育美好——实现多层次共享

协同共育体现相互尊重、彼此关怀的原则,不仅重视幼儿的学习与成长,而且关注教师、家长、社区人员的共同发展,呈现出共享的特点。只有系统中各因素都发展起来,整个协同共育的系统才能有效地实现可持续发展,才能实现真正意义上的协同。因此在协同的教育生态下,幼儿园开设了社区教育和劳动教育特色课程,为幼儿提供广阔的园内外探索天地,鼓励幼儿自主、个性化探索;同时建设"菜单式"教育课程,供教师、家长、社区人群选择继续教育内容的平台,实现深度的协同共育。

第三节　协同共育的模式和路径

一、协同共育模式

协同共育涉及社区内的多个部门和单位,如何将不同机构、单位、人群、资源进行有效整合,在"共建共享、幼儿发展"目标的引领下,利用自身优势发挥各自的教育功能,达成协同共育 1+1+1＞3 的教育效果,是幼儿园探索过程中必须要解决的问题。历经多年的实践,华师附幼摸索出了政府牵头、专家引领、社区支持的协同共育模式。

(一)政府牵头,打造联动的协同共育机制

党和政府对社区内的各部门和单位具有行政约束力,教育主管部门和行政部门的支持可以帮助幼儿园梳理社会关系、制定协同方案、健全保障机制,它不仅是社区协同共育的重要保障,还将支持社区协同共育向规范化、制度化、深入化、持久化方向发展。在半个世纪社区协同共育的探索中,华师附幼在省内率先打出了"协同共育,政府牵头"的第一张牌,即由所在社区(华南师范大学)行政部门党委、校办牵头,向社区内 15 个与幼儿教育相关部门和单位发函,要求支持幼儿园课程建设和发展,共建教育实践基地(见图 2-3-1),并召开幼儿园协同共育办公会。在党委、校办的大力支持和推进下,协同共育工作得到了各相关部门和单位的高度重视,形成了各单位主管领导主抓、专人对接的协同共育工作机制。

序号	单位
1	华南师范大学人民武装部
2	华南师范大学后勤管理处
3	华南师范大学教育科学学院
4	华南师范大学心理学院
5	华南师范大学教育信息技术学院
6	华南师范大学地理科学学院
7	华南师范大学计算机学院
8	华南师范大学生命科学学院
9	华南师范大学美术学院
10	华南师范大学国际文化学院
11	华南师范大学体育科学学院
12	华南师范大学音乐学院
13	华南师范大学图书馆
14	华南师范大学校医院
15	华南师范大学附属小学

图 2-3-1 社区教育实践基地名单

图 2-3-2 社区教育实践基地授牌仪式(2017 年)

(二)专家引领,搭建专业的协同共育框架

政府牵头为社区协同共育打下了基础,专家引领则架起了桥梁,整合了资源。首先,整合社区内的专家资源,利用高校社区教育科学学院的资源优势,聘请社区内高等教育专家、基础教育专家、学前教育专家、教育主管部门领导担任幼儿园社区协同共育专家顾问。其次,专家顾问及其团队对社区协同共育模式进行了调研、把脉、论证,并在研究立项、成果展示、检验论证等重要节点给予深度支持。最后,引领幼儿园逐步完成社区内教育资源的整合和优化,建立稳定的协同机制与和谐的教育生态。

(三)社区支持,建构温情的协同共育环境

政府主导的社区协同共育是一种自上而下的模式。丰富立体的教育资源网络虽离不开政府、政策、制度的支持,但和谐共育的教育生态却是因"爱与责任"而存在。因此,在协同共育的实践探索中,在政府主导的基础上,幼儿园积极与协同单位开展"开放日""成果展示""新年团拜""节日共庆""社区宣传"等活动,让协同单位、社区人群在深度参与中感受到幼儿教育的温度和爱的力量,形成有爱的教育共同体。正如华南师范大学教育科学学院郑福明副院长所描述的"对孩子的爱和责任感让我们联结,社区是我们共同的家园,孩子是我们共同的孩子,办好幼儿园就是我们自己家的事儿"。

二、 协同共育路径

历经多年的探索与实践,立足生情、园情、区情,华师附幼归纳梳理了资源开发、科研引领、基地共建、项目落地四条行之有效的协同共育路径。

(一)资源开发路径

幼儿园作为一个独立体,自身拥有的教育资源十分有限。《幼儿园教育指导纲要(试

行)》提出"要充分利用自然环境和社区的教育资源,扩展幼儿生活和学习空间"。华师附幼在协同共育的理念下进行了社区资源开发与利用的实践,提出了"社区教育资源"的概念,并总结出了扩展资源开发主体,优先开发家长资源,关注事件性和情境性社区资源,打通信息获取渠道,注重社区资源的纵向挖掘,打造社区教育资源基地,对社区资源进行评估的 7 项策略[①]。

资源开发中,在深入分析所在社区教育资源优势的基础上,幼儿园建立了社区教育资源库,并提出了依托园所教师、家长群体、社区单位的资源库建设路径。资源的开发极大地丰富了教育的资源,极大地拓展了幼儿的学习内容、学习场域、学习时空,为幼儿在真生活、真实践中的体验式学习、操作式学习带来了契机。协同共育不是资源的叠加,更强调资源整合与优化。

(二) 科研引领路径

科研引领是协同共育的重要路径。2012 年教育部颁布了《3—6 岁儿童学习与发展指南》(以下简称《指南》),华师附幼成为广东首批基础教育课程改革指南实验园,以"社区教育资源开发与利用"为内容开展实验园项目的研究,并先后依托广东省教育研究院教育研究课题"幼儿园家长资源的开发与利用"和广东省教科研"十三五"规划重点课题"幼儿园与社区教育实践基地协同发展的实践研究"等项目开展科学、规范的教育实践探索。

(三) 基地共建路径

社区教育实践基地是指幼儿园对社区教育资源进行评估与整合,并与优质教育资源所在机构和单位建立稳定的合作关系,集中开展教育实践活动,为幼儿园提供教育资源支持的基地。2014 年,在政府的支持下,华师附幼率先在社区内建立了第一批共计 15 个社区教育实践基地(见图 2-3-2)。2017 年,在社区教育实践基地的基础上,又建立了 3 个社区协同教育示范基地,从而打破"等、靠、要"的局面,将社区协同共育推向稳定化与制度化。

(四) 项目落地路径

以社区教育实践基地为依托,在专家的引领下,幼儿园对基地资源进行整合与优化,建构了教育管理、幼儿成长、家庭浸润、社区受益四个模块,共计 19 个协同项目(见图 2-3-3)。其中"小小兵国防教育活动"(见图 2-3-4)得到了家长、社区、社会的高度评价,《南方都市报》网络版以《走进全民国防教育日,体验一次小小兵》为题进行了报道。

教育的生命力在于"活动",协同共育离不开具体"活动"的支撑。19 个项目打造了幼儿园社区协同共育的扎实局面,形成了"人人谈教育、处处有教育"的爱、乐、学的良好的教育生态。

[①] 韩凤梅. 高校附属幼儿园社区资源开发的实践研究[J]. 幼儿教育(教育科学),2014:20-23.

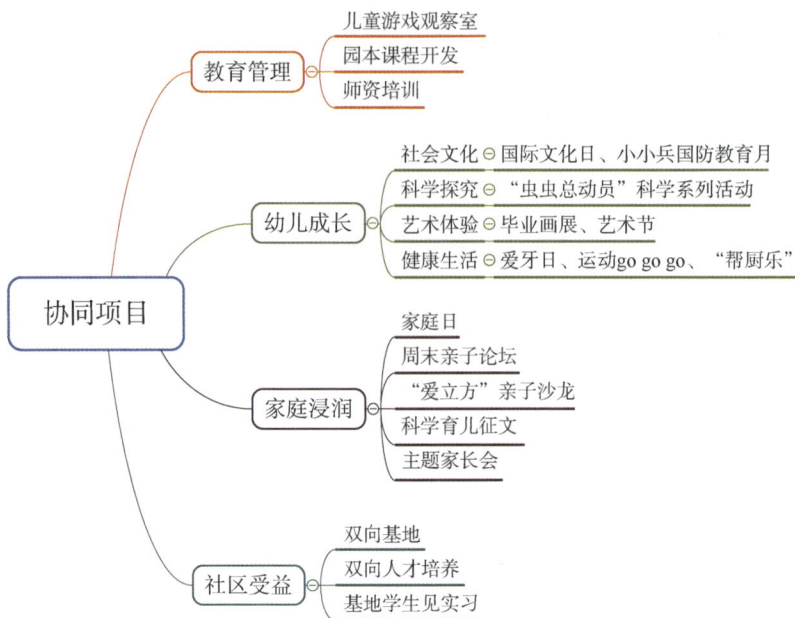

图 2-3-3　协同项目框架

图 2-3-4　华南师范大学朱孔军书记参加"小小兵
国防体验营"开营仪式(2018 年)

第四节　协同共育的实施效果

一、幼儿在协同共育中全面成长

　　创新的协同共育课程极大地拓展了幼儿成长的空间和场域,打造了开放多元的教育环境,丰富了幼儿的学习路径,提供了直接感知、亲身体验、真实操作的学习契机,为幼儿整体性、差异性发展提供了新思路和新模式。

协同共育打造了一个良好的教育生态环境,让教育蕴含在社区的每个角落,形成了一个协同型、成长型、学习型的教育共同体。在深度卷入的协同共育过程中,教师、家长、园所携手同行,互相支持,用实际行动为幼儿示范着"协同与合作"的语言、方法、态度;潜移默化地传递着合作共赢、协同发展的理念;为幼儿良好学习品质的培养奠定基础。

在华师附幼半个世纪的实践探索中,协同共育的理念和成果惠及了 3 000 多名幼儿。"社区活动""参观调查""家长助教"被评为幼儿最喜欢的活动形式;"虫虫总动员""小小兵""艺术节"等特色共育项目让幼儿在探索中快乐成长,并得到了家长的一致好评。历年来家长对幼儿园教育满意率为 100%,在 2015 年幼儿园教育调研中,家长们普遍认为附幼孩子"开朗乐观、知行有爱,运动能力强、动手能力强,想象力丰富,创新能力强"。

协同共育有效地促进幼儿的全面成长,幼儿成长模块的 8 个教育项目受到幼儿和家长的一致肯定,但目前共建项目数量有限,有待从数量和内容上进一步拓展。同时协同共育课程体系还略显薄弱,在接下来的探索中需提高课程建设意识,重视课程评价。

二、 社区在协同共育中互惠共赢

协同共育既强调协同单位高质量的交流与互动,又强调个体单位在协同中的成长与发展,进而形成一个良性运转、向上发展的教育生态环境。幼儿园作为协同的核心不再是协同共育唯一的受益者,通过设施共建、课程共建、资源共享的协同策略和"菜单式"社区培训课程让幼儿园反哺社区,实现了园所与社区在协同共育中的互惠共赢。

近年来,以设施共建的形式,由华南师范大学教育科学学院学前教育系出资,园所提供场地,采取共建、共管、共享的模式建设了三个教育实训室(儿童行为观察室、建构实训室、环创工作室),为 120 多名本科生、研究生提供了见、实习平台(见图 2-4-1);以课程共建的形式,幼儿园参与社区幼儿教育院系"本科生、研究生"培养方案的制定,合作开发了美术学院工业设计系、教育科学学院学前教育系的教育实践课程。资源共享是协同共育中重要的一环,在这一理念引领下,幼儿园阅览室等场地向社区开放,园长作为广东省名园长、特级教师担任社区教育顾问、大学院系兼职讲师、研究生兼职导师。通过对社区相关单位、幼儿园家长进行调查,基于两者对幼儿教育知识的共性需求,对社区教育资源进行整合与优化,创立了家长学校、亲子周末讲堂、社区开放日三个培训平台,建立了"菜单式"双育培训课程,共计开展了 50 多场教育培训,科学育儿的理念影响了 2 000多个家庭,有力地推动了文明社区、学习型社区的建设。

目前,协同共育中幼儿园对社区的反哺功能还处于单打独斗阶段,在下阶段的探索中幼儿园应当整合社区中早教机构、居委会等相关教育资源形成"幼儿教育宣传联盟",以协同的

图 2-4-1 华师附幼成为华南师范大学
教育实践基地

理论促进共育中互惠共赢。

🌞 三、 园所在协同共育中深度发展

协同共育的探索与实践极大地推动了华师附幼的教育改革，提高了幼儿园的办园水平。华师附幼先后通过广东省一级幼儿园评估、广东省一级幼儿园复评，获得天河区保教质量检查优秀、"家长最受欢迎幼儿园"称号，成为"国家重点学科幼儿心理研究室""儿童发展与儿童智力开发研究中心实验园""华南师范大学教育硕士联合培养基地"，并且成为华南师范大学、广州大学、广东第二师范学院、广州幼儿师范学校、江门幼儿师范学校、广州市广播电视大学、广东省外语艺术职业学院七所院校的教育实践基地和国培、省培基地（见图2-4-2）。

图2-4-2　园所荣誉

图2-4-3　广东省吴冬梅名园长工作室

在此基础上幼儿园涌现出一批专家型教师，形成了骨干教师工作室、明师团队①、新教师成长营的学习共同体；现拥有正高级教师1人，广东省特支计划教学名师1人，广东省特级教师2人，广东省五一劳动奖章获得者1人，南粤优秀教育工作者1人，广东省名园长工作室主持人1人（见图2-4-3）。在实践探索中，幼儿园共有9项科研课题及研究项目成功立项，共有7篇论文发表于专业期刊及核心期刊，1项成果入选华南师范大学校级培育项目。同时，幼儿园特色建设方案"点亮社区，守望至真"在广东省幼儿园特色建设方案评比中获得一等奖，"基于教育生态学在幼儿园社区协同共育的探索与实践"获得2019年广东省教育教学成果奖（基础教育）一等奖。

🌞 四、 经验在幼儿教育中广泛适用

经过半个世纪的实践与检验，协同共育的成果趋于成熟，其共育理念创新、共育模式联动、共育路径扎实、共育课程完善，在推广与运用中具有较强的示范性和操作性。

---

① 明师团队不是以培养"有名"之师为目的，而是希望培养明白之师、明辨之师，明白幼教之道，明辨幼教之理。

　　近年来,华师附幼协同共育的教育经验连续三届在中国幼教年会、全国园长大会、全国幼教论坛、中国学前教育研究会家庭与社区教育分会等全国性的研讨会上进行专题经验分享,受众超过 4 000 人。在第三届全国学前教育专业教育教学培训大会上成果主持人作为一线幼儿代表向来自全国各地的 200 多位高校教师分享幼儿园、社区协同培养学前教育人才的经验。同时依托广东省名园长工作室、七家院校的教育实践基地向广东省内各级学生和来自全国各地的跟岗骨干教师、园长共计 70 余批近 3 000 人次进行经验的介绍和推广。实践检验和推广期间,幼儿园每学年面向省内外同行举办社区协同共育项目开放日,迄今为止已举办三届开放日活动,共计 30 多名专家、500 多名幼教工作者走进幼儿园协同共育的现场观摩活动、聆听经验、共同研讨,得到了专家及同行的高度评价。

023

图 2 - 4 - 4　天河区人大调研

图 2 - 4 - 5　德国哈勒市马丁路德大学
专家学者来访

　　此外华师附幼代表广东省幼儿园接受了首都师范大学、天河区人民代表大会学前教育三年行动规划制定的调研工作(见图 2 - 4 - 4),并作为中国学前教育的窗口向土耳其教育工作者、德国哈勒市马丁路德大学、美国堪萨斯州立大学的专家学者展示、分享了幼儿园、社区协同共育的经验,得到了国际同行的高度认可(见图 2 - 4 - 5)。

　　正如陶行知先生所描述的那样,“学校教育的范围不在书本,而应扩大到大自然、大社会和群众生活中去,要让社会的每一个角落、每一个地方、每一个生活单位都担负起学校的职能,把整个社会作为一个大学校。同时,学校必须突破围墙之限,要与整个社会联系起来。”幼儿园、社区协同共育的实践探索打通了孩子们社会生态系统中的层层壁垒,实现了各微系统之间高质量的互动,形成了“爱、乐、学”的良好教育生态环境。

教育智慧

第三章

协同共育中社区教育资源的开发与利用

家庭、社区都蕴含着丰富的教育契机和学习资源。华师附幼作为高校附属幼儿园，身处高校的大社区里，得天独厚的高校社区资源是幼儿园的一大优势，是在社区持续开展教育教学活动的有力保障。依据幼儿的发展特点和需求，综合考虑幼儿园、家庭、社区三者的实际情况和需要，幼儿园对资源进行了有针对性的开发与利用。

第一节　社区教育资源开发与利用的概况[①]

幼儿最早接触的环境是家庭，随着年龄的增长，他们的交往范围慢慢扩展到邻居、同伴、幼儿园、社区。从人类发展生态学的视角来看，家庭、幼儿园、社区三者是幼儿最常接触的环境，是对幼儿影响最为深远的三个微观系统，这三者的关系构成了幼儿成长的中观系统，这个中观系统中各微观系统之间的互动质量越高，对幼儿发展的促进作用就越大。人类发展生态学带来了一个审视幼儿园教育的新视角，即幼儿园教育不是一个独立、封闭的系统，幼儿园教育必须要向家庭、社区开放，与家庭、社区进行有质量的互动。

幼儿的发展需要逐步社会化，需要在成长的过程中习得生存和发展的能力。如果幼儿教育只是局限在幼儿园围墙内，那么幼儿接触和获得的必然是有限的。协同共育需要打破教育的围墙，将幼儿园、家庭和社区有机地结合起来。因此在资源开发的过程中，协同共育需要将三者的资源进行综合的考虑。本节从协同开发资源的意义、不足、原则及路径四方面进行介绍。

一、协同开发资源的意义

（一）能充分调动各方资源的积极性

协同开发资源的意义是多方面的，对资源供给者、资源受益者以及资源本身都有重要的价值。协同开发资源能够充分发挥资源主体的积极性、最大限度地挖掘资源、最充分地

---

① 本节内容曾发表于《幼儿教育：教育科学》(ISSN 1004 - 4604)，2014 年 7 - 8 月，20 - 23 页，2014 年 12 月中国人民大学书报中心全文转载.

利用资源,为幼儿发展提供多种可能和多样途径。

幼儿是将家庭、幼儿园、社区联系起来的纽带。协同共育强调家庭、幼儿园、社区在相互深度交流的基础上共享育儿情况与资讯,增进彼此之间理念的互通与教育行为的互动。因此,在协同的理念下,家庭、幼儿园、社区能共同挖掘有价值的教育资源,以实现幼儿全面、和谐、可持续发展。

(二)能极大满足幼儿的个别化发展

个体发展既有共性,也存在着个性。每一个幼儿都有着独特的发展需求和速度。协同开发资源是将幼儿园学习活动与家庭连接,并延伸至社区,不仅能够将社会、自然、人文等资源渗透到教育中,丰富学习内容,而且拓展了学习的渠道和方式,能够为幼儿提供多样化的探索途径,满足幼儿的个性化发展需求。

(三)能让教育资源实现最大的价值

幼儿教育是幼儿园、家庭和社区的共同事业,三方面都要承担起责任。三方协同,能够将单一的幼儿园功能、家庭功能和社区功能调动起来,并且能实现三方教育资源的最大价值,因为在一定的协同条件和机制下,三者能够合作、互补,产生协同效应,发挥教育的合力。

二、 家、园、社区互动及资源开发的不足

造成资源开发不足的原因是多样的,以下将从资源开发主体、资源开发系统和资源开发平台三个方面阐述。

(一)主体单一,主动性不强

随着教育改革的发展,越来越多的幼儿园意识到不能关起门来搞教育,开始关注到家庭、社区人员参与教育的重要性,并以开放日、大型节庆活动的形式对家庭和社区开放,从而加强家庭和社区人员对幼儿园教育理念的认识。但这样的形式更多是以幼儿园为主导,单向支配,渠道相对单一,家庭和社区处于被动的状态,缺乏主动性,容易导致家庭和社区产生负面、消极的情绪,这样的状态看似有参与,实际没有形成一种内在的凝聚力,难以实现高质量的互动。

(二)系统性较差,松散度较高

幼儿园在开发家庭和社区资源的过程中,大部分是立足于当下班级或者幼儿园所拥有的资源,即目前班级(或幼儿园)有什么资源则利用什么资源。幼儿园在顶层设计上缺少对共育资源整体的、科学的、长远的规划,容易导致资源流失的情况频繁出现,各类有价值的教育资源无法更好地被挖掘出来,难以形成系统的架构。

(三)协同发展不理想,共育平台不稳定

协同发展是指协同的各方均能在互动中获得各自的发展所需,而不只是某一方的发展。目前,幼儿园能够通过开发利用家庭和社区资源促进幼儿、教师、园所的发展。但是家庭和社区在协同共育中所能获得的东西比较模糊,幼儿园对家庭、社区的教育作用不突出。当家庭和社区难以从幼儿园获取发展所需时,则难以形成和谐的协同共育状态,出现协同发展不理想的情况。同时,幼儿园、家庭和社区之间更多是随机的合作,管理和监督不到位,协同共育机制不完善,共育平台不稳定。

三、 协同开发资源的原则

协同开发资源包括五大原则：平等性原则、异质性原则、互惠性原则、稳定性原则和安全性原则。

(一) 平等性原则

在教育资源的开发和利用中,参与资源开发的各方都是相对独立存在的主体,具有平等的地位,这是开展长期合作的关键。只有彼此之间相对独立平等,才能形成平等的对话模式,从而更好地激发各个主体的积极性,实现深度的沟通。

(二) 异质性原则

幼儿园、家庭和社区具有不同的功能,各自都有着不可替代性,因此,平等不代表各方需要高度一致、毫无差别,即家、园、社区合作不是要求家庭教育和社区教育完全模仿幼儿园的教育形式和内容,也不是幼儿园移植家庭教育的形式,而是各司其职,在各自的背景下,有针对性地开展协同共育活动。幼儿在家庭中获得情感体验、养成良好的习惯和品性,在幼儿园中收获同伴关系、学习科学知识和探索世界的方法,在社区中感受更广阔的人际关系、体验社会生活。三者虽然会存在一定的矛盾和冲突,但是在异质团体中,逐渐形成相互包容、相互合作的关系。

(三) 互惠性原则

协同共育是协同各方,有着共同的目标,而幼儿园、家庭和社区的共育目标是培养全面发展、人格独立的儿童。同时各方又有着独立的需求,如家庭需要收获科学的育儿知识,解决家庭教育问题,幼儿园需要有更丰富的教育资源,克服资源局限的问题,社区需要发挥更大的服务功能,满足社区全民教育的需求。因此,协同的各方在实现共同目标的基础上,能够有效地实现各自独立的需求,这是可持续发展的动力。

(四) 稳定性原则

家庭、社区与幼儿园三者的互动存在着很多不确定的因素,如理念不同、沟通不良、合作管理不到位、缺少相关的文件或者法律法规保障等,这就容易导致随意合作的产生。家、园、社区的协同需要在一个稳定的系统中实现从无序混沌到有序系统,共同打造一个稳定的平台和建立一套有序的机制,是协同共育的必然要求。

(五) 安全性原则

安全是资源开发过程中不可忽视的因素。很多幼儿园在开展社区活动时,都会对安全问题有所顾虑。相对于幼儿园封闭、独立、稳定的环境,社区环境通常会表现出开放、复杂、安全隐患较多等问题,如车流量大、人员复杂、活动场地开放。但这不意味着教育活动就必须局限在幼儿园的围墙之内。幼儿园、家庭、社区在开发利用资源要综合考虑安全因素,包括路线和安保的安排、资源适宜性评估等多个方面,保障幼儿的身心安全。

四、 协同开发资源的路径

我们主要从资源开发主体、资源开发类型、资源开发条件、资源开发思路、资源开发保障等影响因素出发,提出协同开发资源的路径。

(一) 扩展协同共育资源开发主体

幼儿园早期开展的社区活动,大多由班级教师自发组织,之后,有很多幼儿园扩展到以年级组为单位开展社区活动。事实上,资源开发的主体不只是园内的人员,还可以进一步拓展,将社区相关专业人员、家长吸纳进来,共同成为共育资源开发的主体。为此,幼儿园可以通过引进专家团队,基于幼儿园的教育理念和培养目标,梳理和评估园内已有的优势资源,找准短板,厘清需要进一步挖掘的资源。同时,幼儿园向家长发放意见征询表或调查问卷,邀请家长一起寻找家庭和社区中可以利用的教育资源,并对这些资源进行分类和整合,以形成纲目清晰的社区教育资源表。

(二) 优先开发家长资源

家庭是社区的重要组成部分,也是幼儿园与社区的重要连接之一。在资源开发和利用的初期,幼儿园可以优先把握好家长资源的阵地,建立好家长资源库。幼儿园可根据家长名册进行家长资源的调查,将家长按工作单位、职务、专业特长、兴趣爱好等进行分类,之后再对家长参与幼儿园社区活动的意愿、能提供的帮助、擅长的学科专业、能参与活动的时间段等进行调查。这样的工作可以分布在不同的阶段开展,在新生家长会上,幼儿园可对新生家长发放调查表,登记家长的相关信息,这是获取家长资源的初步阶段。在这个阶段中,家长对幼儿园只是初步的了解。在幼儿入学一段时间后,通过主题家长会的开展,教师帮助家长进一步了解一学期幼儿园的主题内容,并组织家长分成小组讨论各个主题中家长所能提供的支持,包括家长助教、家长志愿者等,以此为基础建立家长资源库,并制定"家长助教"等相关制度。

幼儿园还可在家长委员会中设立"家长社区教育部",以吸引家长参与社区资源的开发和社区活动的组织与实施等工作,这样不仅可以为家长提供更多参与幼儿园教育的机会,也可以为社区提供更多的教育服务,同时在家长以及社区人员参与的过程中,更了解幼儿园的教育情况,从而为三方的协同共育打下基础。

(三) 关注事件性和情境性社区资源

社区是动态发展的共同体,社区资源也具有动态性和发展性,会有一些偶发或者时效性较强的事件发生,如果不及时把握,就会错失这一类教育契机和教育资源。以往的研究更多关注的是稳定的社区资源,而不太关注事件性和情境性教育资源。如代表性建筑的拆除或维修、特殊的大型庆典活动等等。社区若能提前告知幼儿园,或者以幼儿能关注到和能理解到的方式呈现在公告栏,并创设机会让幼儿较为深入地了解和参与到这些重要事件中,便能让幼儿感受到在社区的归属感和主人翁意识。

例如,社区内大树过于枝繁叶茂,不仅可能会出现由于头重脚轻被台风刮倒的情况,也会影响到居民的采光。因此,社区找来工人将幼儿园门前附近的大树进行截干。孩子们对突然的截干行动感到既难过又好奇,都以为光头强来砍树了。于是,教师抓住了这样的契机,联系社区的园林科和后勤管理等部门,共同引导孩子们围绕他们感兴趣的主题——"玉兰树截干了"展开了系列探索活动,不仅满足了幼儿对大型机械的兴趣,而且了解了树木的生长规律和截干的作用。

(四) 打通信息资源获取渠道

家庭、幼儿园、社区都有着各自运营的领域,彼此之间不可避免地存在着一定的壁垒。

协同共育需要打破壁垒,将三者的信息建立成一个网络,这样彼此之间可以及时获得所需的、必要的信息,并且能够高效地实现沟通,为幼儿营造一个良好的教育生态环境,同时为社区居民实现全民学习、终身学习提供服务。

打通信息获取的渠道是双向的,包括"引进来"和"走出去"。"走出去"即在每学年开始,幼儿园可以将学年计划向家庭和社区进行解读,帮助其了解幼儿园本学年的发展需求。"引进来"即家庭和社区向幼儿园分享相关的资源,如高校可以向其附属幼儿园共享军训、校庆、文化节、艺术展等活动的时间、地点、适合幼儿参与的内容等信息。这些可以请幼儿园领导层和社区居委会等牵头,由教师、家长和其他社区成员共同组成资源共享小组,建立信息共享网络。

(五) 注重社区资源的纵向挖掘

在社区资源开发中,已有的研究多是关注对社区资源"广度"的挖掘,而忽略对社区资源"深度"的探究。一味追求资源的"广度"利用,容易导致活动虽新鲜,花样虽多,但往往浅尝辄止,幼儿难以获得深刻的体验、系统的认识。社区资源的纵向挖掘是指"透过表层去揭示更深刻的内涵",即结合幼儿的特点和需要,通过循序渐进、层层深入的活动,立体地体现出资源的价值。如访问社区的保洁部,幼儿既获得了有关社区保洁工作全面而丰富的知识,还感受到了保洁人员的辛苦以及参与劳动的光荣感,进而认识到保洁人员是社区正常运转的重要保障,他们也是创建美好社区的重要成员。

(六) 打造社区教育实践基地

有研究指出,幼儿园的社区活动往往很难保持连续性,在与社区相关部门的交流中发现,社区虽说愿意为幼儿园提供相关资源,但往往会因为计划的临时改变,或者不熟悉幼儿教育特点而无法为幼儿园提供理想帮助。实践证明,打造社区教育实践基地是实现幼儿园与社区进行深度合作和取得社区稳定支持的一个可行方法。即幼儿园对具有较高教育价值的社区资源进行评估,与社区相关部门签定合作协议,并设立"社区教育实践基地"。幼儿园以社区教育实践基地为平台,为社区家长提供早期教育指导和周末亲子活动等教育服务,社区则为幼儿园提供持续而稳定的支持,如指派专人协调幼儿园开展社区教育活动时的相关事务,在幼儿园设立"专家信箱"解答家长和教师在教育实践中遇到的各种问题、组织相关培训活动等。

基于深度利用资源的理念,幼儿园、家庭和社区以社区教育实践基地为平台,围绕某项资源,进行综合的评估和活动的设计,将该项资源的人力、物力、精神文化等方面的价值发挥到最大。

例如,华师附幼与社区中的生命科学学院联手打造"虫虫总动员"科学体验系列活动,不仅引进了昆虫研究所的博士团队和科创团队等人力资源,而且将昆虫实验室、社区湿地等物力资源也进行了综合的运用,为幼儿提供了直接感知、亲身体验、实际操作的系列活动,丰富了幼儿对昆虫的基本认知,提高了幼儿制作昆虫标本、叶脉书签等方面的动手能力,甚至增进了幼儿对昆虫、自然的情感。

(七) 定期评估社区资源

家庭和社区资源虽然丰富,但并不是所有的资源都具有教育价值。因此,幼儿园在利用社区资源时,应对社区资源进行"需要评估",分析资源的价值所在或对资源进行必要的加工重组。在实践中可以发现,对社区资源的评估不仅是资源开发的必备环节,也是顺利开展社区教育活动的重要保证。

1. 对资源进行"需要评估"

"需要评估",即考察资源的适宜性。幼儿园应从教育的需要、幼儿的兴趣、资源的安全性、本园对资源利用的开发能力四个方面考察资源的适宜性。此外,还要对资源的适用性进行评估,即从教育需要出发,考察资源是否适合幼儿的活动特点、认知发展水平等。

2. 分析资源的价值所在

分析资源的价值所在是有效利用家庭和社区资源的关键。很多的幼儿园社区教育活动之所以流于形式,究其原因就是没有分析透彻资源的价值所在。如将一些并不适用于所有年龄段孩子的资源用在了所有孩子身上。这样囫囵吞枣式地利用资源其实是不科学的,如天文学的资源可能对于小班孩子来说是比较难以理解的,走马观花地参观,价值并不大,因此需要慎重地分析资源的价值才能将其进行开发和利用。

3. 对资源进行加工重组

家庭和社区资源虽具有广泛性和教育性,但毕竟不是为幼儿教育量身定制的。因此要注重对资源进行适度的加工和重组,以使所得到的资源更加贴近幼儿的认知特点和发展需要。幼儿教师有着学前教育的专业性,同时还可以引进学前教育的专家,既可以指导家长和社区人员开展幼儿教育活动,还可以指导资源的加工和重组。

第二节　社区健康教育资源的开发与利用

幼儿园、家庭、社区三方协同共育受到了广泛关注与重视,幼儿园健康教育活动也需要"幼儿园-家庭-社区"的协作支撑。社区健康资源丰富,包括身体保健资源、心理健康资源、体育锻炼资源和安全防护资源等。开发利用社区健康资源是幼儿身心发展的需要,也是幼儿健康教育的需要。

在推进社区健康资源开发利用的过程中,幼儿园以《指南》健康领域为导向,探索有效开展"幼儿园-家庭-社区"多层面的健康教育活动的实施策略。

一、社区健康教育资源的价值

社区健康资源丰富,开发这些资源有助于拓展幼儿健康教育的内容,引导幼儿园协同家庭及社区全方面实施幼儿健康教育,并发挥社区健康教育专业团队优势来提高幼儿健康教育指导的科学性。

(一) 丰富幼儿健康教育的内容

在健康领域课程中,幼儿教师与家长比较关注幼儿安全教育和体育教育活动,在饮食营养教育、心理健康教育、自理能力教育、身体保护等方面重视较少,极大地缩小了幼儿健康教育涵盖面。[1] 这主要是由于幼儿教师与家长对健康教育理解不全面,认为健康教育主

---

[1] 杜媛媛,朱娟娟. 基于健康核心本位幼儿园健康教育教学现状探析[J]. 南昌师范学院学报,2019,40(02):91 – 94.

要是身体保健和身体锻炼。社区健康资源的开发,能够让幼儿接触多方面的健康教育内容,同时打破教师与家长固有的思维模式,拓宽视野重新认识幼儿健康教育。

(二) 保障幼儿健康教育的实施

中国著名儿童教育家陈鹤琴先生认为:"儿童离不开生活,生活离不开健康教育。"[①]幼儿健康教育就是生活教育,根本目的是帮助幼儿形成使其终身受益的生活能力和文明生活方式。在幼儿健康教育的实施途径上,幼儿园较多采用随机教育和专门教学活动,家园联合较少,社区参与的比重更少,一定程度上脱离了幼儿的生活环境。因此,充分利用社区健康资源,能帮助幼儿在幼儿园、家庭、社区构成的中观系统环境中、在真实的日常生活中反复实践操作,逐渐提高健康意识,习得健康行为。

(三) 提升幼儿健康教育的指导

当前,幼儿教师与家长虽然认识到幼儿健康的重要性,但涉及一日生活中健康教育的实施,他们比较缺乏相关教育理念以及指导方法,往往会陷入极端误区,要么过度紧张,要么放任不管。幼儿园自身教育资源是有限的,借助所在的社区引进健康教育专业团队,能充分发挥人才资源的优势,加强教师与家长对幼儿健康教育的理解,优化教育指导方法,提高健康课程的科学性。

二、社区健康教育资源的类型

有效开发和利用社区健康资源,首先需要了解它的基本类型。《指南》健康领域包括身心状况、动作发展、生活习惯与生活能力三方面内容。根据《指南》要求,社区健康资源可分为身体保健、心理健康、体育锻炼、安全防护四种资源类型。

(一) 身体保健资源

身体保健资源主要是社区医疗资源。每个社区都会拥有社区医院卫生服务体系,承担着社区健康管理责任,为儿童保健提供健康体检、健康档案建立、传染病预防、疾病医疗、健康生活方式指导等健康管理工作。[②] 此外,幼儿园不少家长从事着医疗、卫生、保健等方面的工作,对健康知识、身体保护、饮食营养等都有专业研究,能够在家庭健康教育以及健康领域助教活动的开展中发挥有效的示范作用。

(二) 心理健康资源

心理健康资源主要是社区心理资源。首先,在自然人文环境上,社区环境舒适宜人,社区文化朝气蓬勃,幼儿能直观地感受自然事物美的形态,以及积极向上的文化熏陶,容易产生轻松愉悦感,更好地与所在社区进行互动。其次,在心理专业领域上,社区可以为居民心理建设提供人才、信息、场地等资源,如联系专业的心理学工作团队,为不同群体,如儿童、教师、父母,提供多样化的社区心理服务,包括心理咨询、家庭系统治疗、团体辅导、心理健康讲座、沙盘游戏等活动。

(三) 体育锻炼资源

体育锻炼资源主要是社区体育资源。首先是空间和场地资源,社区除了基本的场所设

---

① 蔡燕.3—6岁儿童健康领域生活化教育的策略[J].科技信息,2013(26):320.

② 贾腊江,张晓斌.健康管理在高校社区中的实践与探索[J].保健医学研究与实践,2017,14(02):103-106+112.

施,如广场、健身器材、绿化跑道等,还会具备一些专业性体育场馆,如游泳馆、篮球场、足球场等,能够满足幼儿运动空间的需求。其次是人力资源,包括体育专家团队以及社区志愿者团队,他们拥有较高的体育专业理念以及技术,能有效指导幼儿园及家庭科学开展幼儿体育锻炼活动,提升幼儿动作发展水平。最后是体育文化资源,它表现为社区中人们运动健康的生活方式,以及团结拼搏、积极进取、坚持不放弃的体育精神,其对于培养幼儿参与体育锻炼的兴趣和促进运动心理的发展具有重要意义。

(四) 安全防护资源

安全防护资源主要是社区安保资源。社区通常属于半封闭管理,安保系统相对完整,能够为幼儿创设安全、稳定、有序的生活环境。此外,社区具备健全的安全基础设施,如消防设备、道路标识、电子监控系统、红外报警装置等,并能联系附近派出所及消防大队加强社区安保队伍建设,构建人防、物防、技防、管防等安全管理体系。这些都是幼儿园可利用的丰富的安全教育资源,有利于幼儿园及家庭结合生活实际对幼儿开展安全教育活动,提高幼儿安全意识和自我保护能力。

三、 社区健康教育资源开发与利用的策略

社区健康资源丰富多彩,涵盖面广泛,但这些资源不等同于教育资源,很大程度上它必须要在教育目标体系下被有效开发并利用,才能形成教育资源服务幼儿。[1] 开发利用社区健康资源,可以从以下四个方面入手:

(一) 深入教研,挖掘健康教育资源

幼儿园作为专业的教育机构,熟悉幼儿的身心发展特点及学习方式,在《指南》引导下,可以联合学前教育专业大学生,组建健康教育教研队伍,组织健康资源开发教研活动。

第一步,集思广益。围绕身体保健、心理健康、安全防护、体育锻炼四方面内容,幼儿教师和学前专业大学生结对分组讨论,从不同视角尽可能挖掘可以开发利用的社区健康教育资源。对于幼儿教师而言,在资源开发上,他们比较熟悉幼儿健康教育的需求,对于大学生而言,他们能够提供客观全面的社区环境资料,两者优势相辅相成。

第二步,评估整合。资源收集回来需要进一步筛选及分类,各小组可以先判断分析资源是否都适用于幼儿以及资源利用的可行性,进行初步的整理,然后具体分析资源特色价值、资源适宜年龄段、资源适用时间地点、资源使用范围等,以图文并茂的方式介绍资源的开发,最后综合各小组成果整合形成社区健康资源库。

(二) 建立合作,成立健康管理团队

幼儿园在开发利用社区健康资源时,容易受到资源不稳定的影响,资源的利用可能局限在一个班或一次活动。为此,幼儿园与社区健康资源相关的部门机构,如社区医院、物业管理、安保处,可以签订长期合作协议,建立实践基地,取得稳定的健康管理战略伙伴关系,实现优质资源共享。

在此基础上,幼儿园还可以结合自身园本课程,有针对性地联合健康管理团队成员进

---

① 刘丽丽,刘汝明. 从社区资源走向优质课程——北京市海淀区海淀学区"聚•享"课程建设[J]. 基础教育课程,2019 (13): 41-46.

行深度合作,共同策划合作项目,具体落实资源利用形式。如根据不同年龄段幼儿的特点,制定健康资源开发和利用总方案,开展系列基地共建活动。

(三) 加强培训,提升家园理念素养

健康教育课程涵盖幼儿的身心发展、生活卫生习惯、生活自理能力、饮食和安全等综合方面,渗透于幼儿一日生活中。幼儿教师与家长虽然都有健康教育意识,但在健康教育理念以及实践指导的专业性上都比较薄弱,主要表现为忽视幼儿心理健康,对幼儿一日生活中随机健康教育事件关注度不够,过度保护幼儿而包办代替等,"家-园-社区"联动共育连接也不够。因此,幼儿园有必要借助健康管理团队专业力量,为幼儿教师及家长组织高质量的健康教育培训,这不仅适用于幼儿健康教育,还有益于成人自身的身心健康。

1. 选择适宜的培训主题

健康领域内容细致又广泛,需要根据教师及家长的现实需求,确定合适的系列培训主题,其中包括幼儿健康教育以及成人健康教育。幼儿园前期可以向家长发放调查问卷,了解家长教育观念,以及对健康教育感兴趣的话题或存在的困惑;对教师进行访谈,了解幼儿健康教育"一日活动"开展现状,以及幼儿或教师自身健康发展的需要。

2. 采取多样的培训形式

幼儿园按照培训主题,可以有目的地邀请健康管理团队成员,走进园内开展师资培训及父母课堂。培训形式包括专题讲座、亲子论坛、沙龙茶话会、实操演练等,具体依据培训主题而定。例如,心理健康主题侧重于轻松愉悦的沙龙茶话会,安全健康主题侧重于应用性强的实操演练。

3. 组织有效的培训反馈

每次培训结束并不意味着健康教育主题终结,它更像是实践入门。因此,幼儿园可以搭建网络互动平台,邀请主讲嘉宾为教师和家长进行在线深入答疑交流;可以布置实践任务,检验教师和家长的培训成果;可以设计调查问卷,了解教师和家长的心得体会及深层次需求。只有通过培训反馈,才能真正做到理论联系实际,帮助教师和家长更新健康教育理念,掌握健康教育指导方法。最后幼儿园可以收集相关优秀经验,整理成"家-园-社区"健康教育联动共建案例精品集。

(四) 综合运用,优化健康课程体系

一系列专业系统的健康教育培训,有助于夯实幼儿教师以及家长群体科学健康理念基础,加强对健康领域课程的认识理解。因此,在建构优质幼儿园健康课程时,课程研发组成员除了幼儿园教师,还可以增加健康管理专家团队,以及各班对幼儿健康教育有一定见解的专家型家长,借助利用社区健康资源,对已有的健康课程进行拓展更新。

1. 丰富日常主题活动内容

在日常主题健康活动中,幼儿园可以邀请健康管理团队做专业指导,教师、家长和专业人员一起设计具体的健康活动方案,开展与主题相关的家长助教及社区活动。比如,中班"运动小达人"主题,教师在组织家、园、社区协同共育家长会上,围绕三个主题线索"我爱运动""运动与健康""小小运动会",结合幼儿身心特点以及体育锻炼资源,与家长们头脑风暴,一起设计亲子运动月方案。在具体实施过程中,教师邀请有瑜伽特长的家长带领幼儿

035

体验儿童瑜伽,有医学背景的妈妈帮助幼儿了解运动安全与常识,幼儿园教师陪同幼儿走进社区寻找运动健身器械,家委会组织班级亲子运动会等。体育锻炼资源的开发利用使得日常主题活动更具科学性、多元化以及发展性。

2. 创新特色健康活动类型

幼儿园可以携手各大健康管理团队,开创特色专题项目,包括创办"国医节""开心节""运动节""安全节"等活动,每个项目都会开展不同年龄段的特色板块健康活动。比如"开心节",小班幼儿侧重于情绪管理,幼儿园可以联合社区,联系专业心理协会社团,以角色扮演形式为幼儿表演儿童心理剧,帮助幼儿学习如何恰当表达和调控情绪。中大班幼儿适应不同人际环境能力较强,侧重于社会交往,幼儿教师可以联合心理学专业团队,在社区为幼儿组织富有挑战性的团体心理合作游戏,提高幼儿社会适应及人际交往能力。

3. 完善客观课程评价机制

在开发利用社区健康资源后,幼儿园需要对课程体系进行动态评价,进一步了解各类健康资源在课程开展过程中的使用率以及有效性,加强对资源的管理。首先,评价的主体首选应当是幼儿,需要重视幼儿的主观体验,此外还包括教师、家长、专家团队等,使评价能综合多方意见。其次,评价的形式可以是问卷调查、观察记录、活动反思、访谈记录等,使评价能全面呈现资源具体实施效果。

第三节   社区语言教育资源的开发与利用

理解语言发展对幼儿全面发展的重要价值,掌握幼儿语言学习与发展的特点和教育要求,是每一个幼儿教育工作者必须获得的专业知识。[①] 幼儿园、家庭、社区都是幼儿成长的重要环境,家、园、社区之间的互动越多,越有利于资源共享,形成合力,促进幼儿语言能力的提高和全面发展。

一、 社区语言教育资源的价值

《指南》在语言部分开宗明义:"语言是交流和思维的工具。幼儿期是语言发展,特别是口语发展的重要时期。幼儿语言的发展贯穿于各个领域,也对其他领域的学习与发展有着重要的影响。幼儿在运用语言进行交流的同时,也在发展着人际交往能力、理解他人和判断交往情境的能力、组织自己思想的能力。通过语言获取信息,幼儿的学习逐步超越个体的直接感知。"

《幼儿园教育指导纲要(试行)》强调幼儿的语言能力是在应用的过程中发展起来的。社区作为幼儿生活、学习的重要场地,为幼儿应用语言提供了广阔、重要的平台。社区语言教育资源丰富,有多元的异质互动群体、多样的交往互动场景,为语言发展提供机会;图书馆、绘本馆等藏书丰富的场馆为阅读提供大量资源和舒适环境;社区内浓厚的人文氛围、深

[①] 王梅芬. 浅谈语言发展在幼儿教育中的影响[C]. 中国教育发展战略学会教育教学创新专业委员会论文集卷四: 中国教育发展战略学会教育教学创新专业委员会,2019: 22 - 25.

厚的文化底蕴也为幼儿的语言发展创造条件,支持幼儿通过不同的方式探索如何使用语言。通过深入挖掘社区里的语言教育资源,探索语言活动的新形式,激发幼儿对语言活动的兴趣和需要,提高运用语言的能力,对于幼儿的语言发展起着至关重要的作用。

二、 社区语言教育资源的类型

社区语言教育资源主要包括以下几类。

1. 社区人力资源

社区里的人来自各行各业,专业、兴趣、特长、爱好、年龄等各不相同。不同的工作内容、生活阅历、智慧技术形成了专属于他们的独特人力资源。当幼儿需要进行人际交往、调查采访、沟通交流时,他们能提供丰富的语言交流实践机会和经验。

2. 社区物质资源

社区及周边环境中的图书馆、书店、书吧等场所藏书丰富,能提供大量的图书资源和舒适的阅读环境。当幼儿走进其中进行阅读活动时,这些资源不仅能为幼儿的活动提供场地和设备的硬件支持,还能在借阅图书的过程中锻炼幼儿的语言交往能力。

3. 社区人文资源

社区内人与人的交往形成的独特人文氛围,社区历史沉淀中积累的深厚文化底蕴,以及社区所创设的自然美景均为幼儿的语言发展创造了良好的条件。在社区里,幼儿观察、倾听、表达、交流的过程,亦是潜移默化接受社区文化熏陶的过程。

三、 社区语言教育资源开发与利用的策略

正如皮亚杰所说:"语言具有双重意义,它既是一种凝缩的符号,又是一种社会的调节。"[①]《幼儿园教育指导纲要(试行)》指出,应"支持、鼓励、吸引幼儿与老师、同伴或他人交谈,体验语言交流的乐趣"。这里将以图书馆场景为例,分析社区语言教育资源开发与利用的四大主要策略。

(一) 实地体验,挖掘资源

资源开发的前提是对资源有充分的了解。活动前,教师可以利用家长资源,提前了解图书馆的环境、布局和功能,身临其境,通过实地感受去甄选、收集班级活动开展中可利用的社区语言教育资源。同时,幼儿园也可以与图书馆详细沟通幼儿现场活动时,场馆可提供的人力、物质等方面的支持,挖掘和开发更多元化的优质资源。此外,图书馆藏书丰富,社区不同人群也具备不同的图书资源,幼儿园可以设置专门的亲子借阅室,邀请图书馆、社区人员为幼儿提供内容丰富、具有教育价值的图书。各班在班级中也可以设置"图书漂流"专柜,借助家委会的力量和幼儿闲置图书的分享,在班级内、年级间进行交换。通过社区语言教育资源补充、丰富幼儿园的语言教育活动,扩大幼儿阅读面。

(二) 集思广益,构建框架

资源整合是对资源进行充分利用的有效方法。幼儿园中,教师应从微观层面了解幼儿的发展现状和兴趣水平,对适合开展班级活动的社区语言教育资源要具有敏锐度。而园所

---

① 李广兴,宋杨.浅析语言发展理论对学前儿童语言教育的影响[J].才智,2016(22):180.

管理者要从宏观上把控全局、统筹资源、合理分配,通过级组教研、全园研讨的形式,汇总社区语言教育活动中班级、幼儿园、图书馆可利用的资源,规划贯穿幼儿在园成长历程的整体活动方案,并综合社区语言教育资源在使用过程中可能遇到的困难等因素,与图书馆继续进行深入沟通,积极开发新的资源和解决问题的有效途径,集思广益,制定不同年龄段班级相关活动的整体方案,将活动进行串联、重组,实现不同年龄段班级活动目标与形式的层级递进,循序渐进地开展形式多样、切实可行的语言活动。

(三) 不断完善,精准实施

活动开始前,幼儿园要积极对接社区语言教育资源相关负责人,详细分析、交流每一个社区活动的目标、内容、形式、实施途径、互相配合事项,让各班活动计划得以顺利实施。活动结束后,幼儿园要及时组织活动班级进行总结反思,研讨完善策略,并积极主动地向社区语言教育资源提供方进行沟通和反馈,使活动常做常新,形成班级有特色、级组有衔接、资源有共享、家庭齐参与的家、园、社区一体化整体格局。

1. 活动目标精准

幼儿园可以根据不同年龄段幼儿的认知特点、发展现状和兴趣,整体规划小、中、大班去图书馆开展社区语言活动的总目标。以小班幼儿为例,小班幼儿的年龄特点决定他们更适合进行参观体验。因此,小班的社区语言活动的目标定位于遵守阅读规则,学习阅读的正确方法。从参观图书馆、听图书馆的故事、坐在图书馆里阅读绘本开始,引导幼儿学做"文明小读者",用实际行动遵守图书馆的借阅规则,并将这些规则带到家庭、幼儿园、社区和更广阔的社会交往中。在亲子活动中,可以提醒家长引导幼儿关注书的每一个部分,将阅读习惯的培养渗透到家庭教育中,帮助家长和幼儿了解科学的阅读方式,感受书散发的魅力。幼儿园通过教研活动,向老师们进行总目标的精准解读后,各班再根据班级家长资源、幼儿兴趣、发展现状和需要等具体情况继续细化目标,使班级活动目标更有针对性,更贴合幼儿的需要和实际情况。

2. 活动内容精准

不同年龄段的幼儿,对活动的需求各异,幼儿园在活动内容的整体构建上,应充分考虑内容的适宜性、趣味性、实用性,能吸引幼儿的参与、探究愿望,并能运用于实际生活中,让幼儿终身受益。以中班幼儿为例,可以重点组织幼儿参观图书馆、文博馆,翻阅不同时代、不同装订方式、不同开本的书籍,了解书籍发展的历史和分类方式。以书为媒介,引导幼儿学习关注图书的流向,感受自己的捐赠行为给别人带来的快乐,进而对自己的行为产生价值感,并在家长和幼儿群体中形成良性循环。还可以班级和家庭的形式,引导幼儿自愿去图书馆捐赠图书,鼓励幼儿与他人进行图书的分享和推荐,并通过图书馆的查询系统,了解所捐赠图书的流向,知道自己捐赠的图书的借阅情况,如借阅次数、借阅人群、借阅的时间等。将乐于分享、传递爱心转化为幼儿内在自觉、自愿的活动,在博览群书的过程中,具备更开阔的视野和胸怀,内化成一生对书籍的热爱与珍视。

3. 活动形式精准

以大班幼儿为例,即将升入小学,他们具有一定的社会适应能力、语言表达能力和自我管理能力。因此,大班幼儿的活动形式主要是访谈互动和实践操作。首先,幼儿可以通过自制问卷的形式,用图案、符号记录自己想了解的问题,去图书馆附近进行问卷调查,寻找借阅量大的读者,通过采访了解他们的阅读习惯、阅读方法等内容。其次,在家庭中,幼儿可以通过制定阅读计划,进行自我管理的过程,逐步养成良好的阅读习惯,并在成人的引导下,通过实地观察、操作,学会使用图书查询系统,自由借阅、自主阅读。再次,幼儿园可以通过评选"书香家庭""阅读达人"等活动形式,深化幼儿对阅读的热情。最后,可以通过招募图书管理员,引导幼儿实践科学管理图书的方法,从管理好家里的图书做起,逐步管理好班级阅读区、幼儿园童书馆,最后到图书馆协助工作人员完成图书整理。通过多元化的活动形式,让社区语言教育资源更好地服务于班级活动。

(四) 及时跟进,延伸拓展

1. 以活动需要为前提,提供个性化经验储备

幼儿园可以按照不同年龄段活动内容的特点和教师的教学需要,邀请图书馆的工作人员、义工走进幼儿园,通过图片、视频等形式介绍图书馆的环境布局、藏书情况等相关信息,帮助教师更有针对性地做好活动预设,有的放矢地进行现场活动组织。同时,也可以帮助幼儿在对图书馆有所了解的基础上,根据自己的兴趣和活动需要做好准备工作,参与到活动筹备中,带着自己的思考和想要探究的问题探秘图书馆。

2. 以班级活动为基础,亲子活动为延续和提升

每次社区活动结束后,教师可以引领家长和幼儿围绕社区活动的主题,开展相关亲子活动,继续进行深入探究和实践操作,帮助幼儿将经验和知识不断内化,学以致用。图书的易得性让家庭中图书资源的种类多样、数量丰富,家长群体对阅读的理解、对幼儿阅读活动的引导体现了不同家庭的教育理念,利用家庭资源的优势,将活动空间逐渐从幼儿园拓展到家庭、社区,甚至校外,可以帮助幼儿全方位感知社区语言活动的魅力和价值,并从中获得终身受益的品质。

3. 以教研培训为推手,及时反馈跟进共促发展

幼儿的发展水平和兴趣会随时间的推移和活动的深入不断变化,教师应及时捕捉孩子对活动的最新进展和需要,不断调整和完善班级活动计划、策略。幼儿园应及时进行相关教研,通过经验分享、活动介绍、专题讲座等形式,帮助教师系统地了解不同年龄段幼儿开展社区语言活动的类型和形式,将各年龄段具有内在联系却又被割裂的活动内容重新关联到一起,承上启下,不断深入,提升教师对不同年龄班社区语言教育资源的开发、活动设计、组织实施的能力。

第四节　社区社会教育资源的开发与利用

对幼儿开展社会领域的教育,是引导幼儿从自然人向社会人发展、奠定健全人格基础的过程,可以帮助幼儿不断地适应社会生活。社会领域的教育较为复杂,生物性与社会性并非是此消彼长的关系,要在呵护幼儿自然天性的基础上实现社会化的过程。因此,只有真正地引起幼儿的共鸣,对所处的社会产生浓厚的情感,幼儿才会更好地表现出适应社会的行为。

但不难发现,在很多情况下,教师精心设计的社会领域教育活动成效不大,会出现高投

入、低收效的尴尬局面。幼儿园开展社会领域的教育活动,要避免幼儿成为被动的接受者。认知社会和对社会生发出真情实感,不是仅仅在活动室内就能实现,而应该让幼儿在真实的生活、真实的场景中去操作、体验和感悟。社区是社会的缩影,有着多样的人际交往、丰富的社会活动以及浓郁的文化氛围。到社区中活动,是幼儿社会领域学习在内容和形式上的拓展。因此,对幼儿园来说,开发和利用所在社区的资源,将其与社会领域教育活动有机地整合,是让社会领域教育活动回归幼儿主体、有效提升幼儿社会领域学习效果的重要手段。

一、社区社会教育资源的价值

社区中的人际交往、社会事件、风俗习惯等都蕴含着丰富的教育价值,能够极大地拓展幼儿园的社会教育资源。充分利用社区社会教育资源,可以实现如下两方面的价值。

(一)有助于幼儿获得丰富的社会生活体验

社区是一个广阔的资源中心,社区资源中蕴含着丰富的教育内容:社区自然环境、人们的交往活动(包括生活活动、政治活动、经济活动等)、居民的生活价值观念、理想信仰、风俗习惯等,都是不可或缺的社会领域教育资源。而幼儿基本上又都是来自社区,潜移默化地受到社区精神文化的影响。开发和利用社区中与社会教育领域相关的资源,可以将社会教育活动真正地根植于幼儿的社会生活,让幼儿融入社区的大环境中,与社区中的人、事、物充分地接触,感受社区中人们的交流和交往,认识不同的职业和社会分工,了解自身和社区的关系,体验多彩的社区生活。

(二)有助于实现幼儿教育与社区建设的双赢局面

幼儿到社区中活动,不仅享受到社区中丰富的人力、物力资源,扩大生活经验的范围,从生活和学习相融合的新视角感受社区氛围,而且能够给社区中的人们带去活力与关怀。每当幼儿到社区中活动,上班途中的叔叔阿姨会亲切地和孩子们挥挥手;散步的老人总会停下脚步和孩子们聊聊天;当沿途遇到保安叔叔、环卫工人时,幼儿也会由衷地对他们说:"您辛苦了!"在这个过程中,幼儿习得了与人交往的能力,学会关心和尊重社区中的劳动者,感受到社区对他们的友好与帮助,从而让幼儿在健康积极的人际关系中获得安全感和信任感,并逐渐地增强对社区的归属感。这既能对幼儿渗透社会领域教育,也能给社区带去正能量。开发社区中社会领域的教育资源,是让幼儿和社区中的人双向受益的举措,可以为和谐社区的建设提供重要的支持。

二、社区社会教育资源的类型

《指南》的社会领域提到,人际交往和社会适应是幼儿社会学习的主要内容,也是幼儿社会性发展的基本途径。社区资源中蕴含着人际交往、职业认知、行为规范和归属感等教育资源,因此,社区社会教育资源可以分为如下类型:

(一)人际交往资源

走进社区,幼儿所能接触到的不只是家人、教师和同伴,在安全的前提下,他们可以和社区中各色各样的人(老人、小孩、年轻人、中年人、不同职业的人等)进行交往和互动。每一个社区可能也会存在一些与别的社区不同的、彰显社区特色的人员,如高校社区有大学生,部队大院有军人,老城区的社区中有着土生生长的当地人等。与不同的人交往,幼儿会习得多样化的交往技巧、沟通方式以及交流内容。例如到社区托老中心慰问老人,和老人们分享自己生活中快乐的事情,给老人们带去甜甜的问候和自制的礼物,知道如何表达自己对他们的关心;聆听土生土长的叔叔阿姨们讲述当地的故事,了解自己所生活的社区及城市的历史与发展。在这样的体验下,幼儿收获到的人际交往的经验也会更加立体和充实。

041

(二) 职业认知资源

社区就是一个具有生产功能、生活功能、文化功能的社会小区①,有着完善的生活系统,包括超市、保卫处、消防局等多样化的职业场所和收银员、保安、消防员等多元的职业角色。虽然幼儿园园内的区域活动会创设相关的角色区,能够在一定程度上满足幼儿对职业体验的需求,但是如果能在社区中近距离地体验职业,幼儿便能够更加深刻地感受到这些职业真实的工作内容以及对社区运作乃至社会发展的重要作用,由内而外地学会尊重为社会默默奉献的人。由此生发的情感必定产生更深远的影响,能为幼儿未来做出自己的发展规划埋下充满生命力的种子。

(三) 行为规范资源

在社区活动中,幼儿需要遵守基本的行为规范,包括进入社区的安全准则、自我物品的管理要求、社区活动公约等。在最初的活动中,教师要专门安排一定的活动时间与幼儿说明要点,随着活动次数的不断累加,幼儿将要点内化之后,便不再占用过多的活动时间,而是让幼儿自己在家将所需物品准备好或者在活动过渡环节回顾注意事项。除此之外,教师还可以和幼儿在进入社区的途中根据随机发生的事情做一些经验渗透,如认识社区的安全指示标志、了解社区中最新的公告、对护送大家安全过马路的保安叔叔表示感谢等等,让规则、礼仪以及关注社区动态的习惯潜移默化地进入到幼儿的心中。

(四) 归属感教育资源

社区中不仅有自然环境资源,也有相应的社区文化资源。通过了解社区的独特之处,幼儿能与社区产生紧密的情感联结。社区中的风俗习惯、特殊的节庆活动、自然和人文景观都是展现社区内涵的重要载体,如传统节日里独特的庆祝方法、社区人物雕像承载的景点故事。所以,可以在自然环境和社区文化资源方面进行横向的挖掘和深度的学习体验,帮助幼儿积淀对社区的归属感。

三、 社区社会教育资源开发与利用的策略

在进行社区社会资源开发的过程中,幼儿园需要思考资源与园所教育需求之间的关系,紧紧围绕教育目标、教育内容、特色活动等方面,探索教育资源开发与利用的策略。

(一) 明确教育目标,筛选适宜的教育内容

开发社区中社会领域教育资源,有助于实现如下教育目标:

愿意与人交往——创造交往的机会,幼儿可以和不同的人群接触,扩大与人交往的范围,体验交往的乐趣。

---

① 冯淑娟. 幼儿园利用社区资源进行社会领域教育的研究[D]. 华东师范大学,2007.

具有自尊、自信、自主的表现——社区活动能够为幼儿提供个别化学习的环境,鼓励幼儿根据自身的兴趣爱好和能力水平自主决定,独立做事;能够自己的事情自己干,自己准备和管理好到社区活动的必需品。

关心尊重他人——主动、礼貌地与社区中的人交流,接纳与自己生活方式和习惯不同的人;通过了解社区中为大家提供服务的不同职业的人员,懂得尊重和感恩他们的劳动成果。

遵守基本的行为规范——幼儿能够建立并自觉遵守进社区的基本常规,如过马路注意安全、不离开教师或成人的视线范围等;能够遵守社区的行为准则,爱护社区的环境和资源。

具有初步的归属感——认识社区,了解社区特有的自然环境、景观物产、生活活动、节日庆典、发展变化等,萌发对社区的爱,进而渗透爱国主义教育,从爱社区发展到爱祖国。

基于以上目标,幼儿园可以对社区资源进行筛选,如社区中各行各业的人员、专门化的场馆、社区公民需要遵守的基本行为规范以及特有的景观、文化都可以成为幼儿园社会教育的重要资源,这是幼儿园园内不能完全涵盖、却是幼儿发展所需的资源。在明确教育目标的基础上,要对社区资源进行筛选,形成适宜的教育资源。

(二) 定位社区特色,创设丰富的教育活动

社会领域教育活动可以分为两大类:一类是生成于既定的课程规划并有专门的主题、详细的互动方案的集体化社会教育活动;一类是随机发生在幼儿园一日生活内、教师预设之外的社会教育活动。[①] 华师附幼利用社区资源开展社会领域的教育活动主要有如下类型:社区调查活动、体验类活动、亲子论坛活动。这些活动是教师基于幼儿的需求将预设和生成活动有机整合而进行的教育活动。

1. 社区调查活动

幼儿是社区中的小公民,社区中所发生的事情是与幼儿的生活和成长息息相关的,不能因为幼儿年纪小,而忽视幼儿对社区变化的敏感度。重视幼儿对社区事务的参与,有利于培养幼儿对社区和社会的责任意识。幼儿可以通过社区调查的方式,对社区中相关的部门和居民进行访谈,了解如社区中的树木为什么要截干,社区的菜市场为什么要搬迁,人们对社区特色文化的认识,等等。从不同角度认识到社区的变化及其意义和价值。在幼儿所做的调查中会发现,幼儿的提问富有童趣,充满爱和哲学性。以社区树木截干为例,幼儿想要了解的问题是:光头强要来了吗? 小鸟会不会没有家了,它们要到哪里去住? 大树截干会不会疼? 为什么要把它们都截成这样? 经过调查后发现,原来园林科的工人们是为了大树的健康和附近居民的采光才做了截干计划,在不久的将来树木的枝干还会长出来,幼儿所有疑问也在与园林工人的交流中得到了解答。所以,针对社区的变化和幼儿希望了解的问题开展社区调查活动,有助于萌发幼儿的公民意识,而且能提升幼儿发现问题和解决问题的能力。

2. 社区体验活动

体验类活动建立在社区教育实践基地的基础上,通过考察不同基地的资源,打造实操

---

① 刘晶波. 不知不觉的偏离:关于当前幼儿园社会教育活动困境的解析[J].幼儿教育,2013(28):16-17.

性强的体验项目。当然不是所有基地的体验类活动都指向社会领域的教育目标,但是职业体验、爱国主义基地的实操体验极大地拓展了社会领域教育活动的形式,让社会教育活动更具参与性和实践性。幼儿园可以统筹规划好体验类活动的时间和内容安排,组织幼儿体验不同的项目。如组织大班的幼儿了解一本图书从入库到借出再到归还的过程中图书馆员需要做哪些工作,并且亲自担任小小管理员的角色,体验书本管理的工作;在大学生军训期间,组织幼儿与大学生哥哥姐姐一起学习军体拳,学站军姿,初步感受军人的吃苦耐劳和坚韧不拔的精神。

3. 亲子论坛活动

亲子论坛活动是社区资源利用的一个特色路径。华师附幼将幼儿的需求和社区教育实践基地的特色进行综合考量与评估,然后敲定各基地所能开展的论坛主题,建立相关主题的专家库,经过研讨最终确定亲子论坛内容,并以集趣味性和专业性为一体的、易于幼儿理解的方式开展活动。在社会教育领域,幼儿园可以与人民武装部的专家团队开展国防教育系列论坛,与心理学院的专家团队开展关于情绪表达和管理的系列论坛,与图书馆开展共读好书的专题活动,等等。亲子论坛不仅可以开阔幼儿的视野,而且可以为家长提供与孩子共同成长的机会,对社区来说也是实现全民教育和终身教育的一种方式。

(三) 挖掘红色资源,拓展爱国主义教育形式

爱国主义教育是幼儿园社会领域教育所不能忽视的部分,引导幼儿从爱家、爱园、爱社区逐步发展到爱祖国是社会领域教育需要达到的教育目标之一。在教育实践中可以发现,以往的幼儿爱国主义教育经常将祖国拟人化,这在一定程度上是基于幼儿认知特点所使用的方法,能让祖国的概念更具体一点。这样的效果往往看着很热闹,但幼儿依然会迷茫:"祖国妈妈在哪里? 她怎么不和我们一起吃蛋糕?"没有真正地触动到幼儿的心灵。因此幼儿园可以和社区联手让幼儿爱国主义教育落到实处。从社区人力资源来看,幼儿园可以邀请相关人员以讲故事的方式将祖国的历史与发展诉说给幼儿,如:邀请参加过红色革命的老人给幼儿讲讲新中国成立历程的故事,邀请退伍军人为幼儿说说训练和作战的经历,邀请参与新时代建设的工程师分享国家的新发展和新科技。让幼儿不但能感受到幸福生活的来之不易,也能为国家的发展感到骄傲。从社区物力资源看,幼儿园可以挖掘社区中的红色景点、国防教育基地以及爱国主义教育基地为幼儿提供实操体验的机会,如走访拉克营、参观军事展览、与武警部队联谊等活动。让幼儿不仅听了、看了,甚至是操作了,从与相关人员建立亲密的情感联结开始,对相关的事和物有进一步的认识和了解。

第五节　社区科学教育资源的开发与利用

《指南》指出要注重引导幼儿通过直接感知、亲身体验和实际操作进行科学学习。幼儿的科学学习是在探究具体事物和解决实际问题中,尝试发现事物间的异同和联系。社区可以为幼儿的科学学习提供丰富的物质资源、人力资源和文化资源。

一、社区科学教育资源的价值

社区中蕴含着丰富多样的科学教育资源,能够为幼儿的科学学习提供很多科学探究的机会,激发幼儿好奇心与探究欲望,促进幼儿在探究中认识周围事物和现象,进一步培养科学探究的能力。

(一) 丰富幼儿的科学认知经验

建构主义学习理论认为,幼儿的思维特点以具体形象思维为主,个体是主动地选择信息加工来建构自身的认知体系,因此幼儿的科学学习不再局限于单纯的被动听讲或是看图片,他们更多是亲临其境体验科学。对于幼儿园来说,不仅享受着社区多样化的自然风光,还享受着社区居民生活文化的浸润。社区科学资源的开发与利用,能够为幼儿提供接触真实世界的机会,让幼儿亲自感受社会大环境,在实际操作中获得对自然景观、科技设备、生活科学等的深刻科学认知经验。

(二) 培养幼儿的科学探究能力

科学的本质在于探究,《指南》也提到幼儿科学学习的核心是激发探究兴趣,体验探究过程,发展初步的探究能力。开发和利用社区科学教育资源,能够为幼儿创造丰富开放的物质环境,幼儿在轻松自由的情境中,对一切新鲜事物充满好奇心,激起探究欲望,更易于主动地去寻求问题的答案,探究事物现象的真理。另外,社区中有专业的科学背景的人员,能够为幼儿的科学探究提供专业的场馆资源以及科学指导。

(三) 激发幼儿的科学情感态度

幼儿科学教育的价值不仅仅是积累科学经验,更重要的是激发幼儿热爱科学、崇尚科学以及追求科学真理的情感和态度。幼儿在社区真实的环境中,潜移默化地受到科学探究氛围的熏陶,他们会主动探索科学资源,如自然资源、科技资源等,不断地在已有知识经验基础上生成新的科学经验,感受科学的魅力,体会科学探究带来的成就感,逐渐陶冶科学情感,进而更加喜欢科学,热衷于探究科学。

二、社区科学教育资源的类型

社区资源指一个社区内一切可运用的力量,包括人力、物力、财力、知识与资料、历史传统、生活习俗、发展机会、地理与天然物质、人文社会环境等。幼儿园立足于所处社区,可以从自然资源、生活资源、专业资源三方面因地制宜地开发利用社区科学教育资源,组织适宜幼儿科学教育的活动。

(一) 自然资源

幼儿园享受着社区中如同公园般的自然资源,如草坪、小树林、花丛、湖泊、特有的植被等,自然资源种类繁多,丰富多彩,不同季节都有代表性的植物。幼儿也喜欢接触大自然,对自然现象很感兴趣,这些自然资源正是教师开展科学教育的重要素材,能给予幼儿极大的想象空间和探究欲望。例如初冬的异木棉是华南师范大学享誉盛名的自然招牌,它的花色白如霜雪、粉如胭脂,一簇簇的花相拥绽放,令人过目不忘。因此,华师附幼以异木棉为主题,开展"情系异木棉"系列科学活动,幼儿走进自然观察异木棉的特征,记录异木棉花开花落的变化,收集比较不同形状、质地、颜色的异木棉叶子和花,感受异木棉多姿多彩的美。

他们在亲身感知体验中,激发探索兴趣,调动各种感官认识,科学活动也变得生动有趣。

(二) 生活资源

社区都设有一套完善的文化体育、商业服务、金融邮电、医疗单位等公共设施,如田径场、菜市场、超市、银行、邮局、医院等。这些资源贴近幼儿的生活经验,幼儿园可以让科学教育跟生活紧密联系起来,引导幼儿关注生活中的科学,体现"科学在身边"的教育。例如,在开展"水果"科学活动时,幼儿亲临菜市场认识不同种类的水果,了解水果的营养价值,观察水果摊上的水果分类,向卖水果的叔叔阿姨请教如何挑选新鲜水果,学习购买水果,最后把水果带回幼儿园,品尝水果的味道,从外到内分析水果的果皮、果肉、种子等。这个探究的过程其实就是充分利用社区中生活化的物力资源,从幼儿贴身的生活出发,让幼儿在生活中深化对科学的感性体验。

(三) 专业资源

社区具备专业科学背景的家长资源,幼儿园可以通过家长资源进一步挖掘专业的设施场地资源,如实验室、标本室、实验田等,这些专业资源的开发与利用能够为幼儿提供专业视角,帮助他们从专业的角度看待科学,学习科学探究方法,拓展科学经验。例如,班级有位从事植物研究的家长,教师可以联系家长,带领班级幼儿外出参观植物园,观察植物的外形特征,聆听专业人员的讲解,操作专业设备探索植物的内部构造等。教师还可以邀请家长来园介绍园所植物,带领幼儿根据植物特征寻找树木,让幼儿在专业的指引下满足求知欲望,丰富对植物的认识,提升科学素养。

另外,社区会经常联系专业的团队开展便民活动,幼儿园可以联合社区开发利用专业团队的科学资源,搭建科研平台,共同举办科技节,开展如幼儿科技小制作大赛、幼儿科幻画展览、科学小实验等,为幼儿科学教育起到延伸扩展的作用。在这过程中,幼儿可以以主人翁的身份参与科学活动,感受最新科技产品,学习相关的科普知识,通过动手实践获得直接经验,不断拓宽科学视野,体验成为一名小小科学家的喜悦。

三、 社区科学教育资源开发与利用的策略

(一) 建立社区科学教育资源库,分析整合优质资源

建立资源库是运用好资源、形成教育合力的保障[①]。为了有效利用社区资源组织幼儿科学教育,幼儿园首先需要收集有关幼儿社区科学教育资源的信息,再结合幼儿的发展水平及科学教育活动开展的需要,进行资源的开发,最终形成资源库,为科学活动的顺利开展奠定基础。

1. 调查了解社区科学教育资源

社区中的资源丰富多彩,有研究表明社区资源包括有利于充实社区发展的一切人力、物力、自然及组织的资源。[②] 因此,幼儿园可以先成立"社区科学教育资源开发组",通过查找文献以及结合园所社区特色,对社区科学教育资源进行一级分类,包括自然资源、生活资源、专业资源,然后以这一条线索作为基本脉络走进社区,观察社区内具体的资源内容,通

---

① 许晓蓉.幼儿园整合社区教育资源策略探微[J].学前教育研究,2006,Z1:122－123.
② 张思雁.幼儿园整合社区资源开展教育的研究综述[J].文理导航(下旬),2015,03:97－98.

过调查采访社区人员了解资源,包括资源分布、资源时间、资源事件等,并以拍照、录像、文字描述等方式记录资源状况。

另外,在进行社区科学教育资源开发的过程中,幼儿园还需要注重挖掘家长资源。教师们可以了解家长的工作单位、职业、专业特长、兴趣爱好,征询家长社区可利用的资源,发动家长参与社区科学资源的开发,为社区科学教育资源库的建立提供强有力的支持与保障。

2. 分析评估社区科学教育资源

为满足幼儿科学思维的发展及科学教育开展的需要,教师们还要分析评估社区资源中的科学价值,明确哪些资源具备科学特征,这资源的科学特色是什么,哪些资源适宜什么主题的科学活动等。比如,自然资源具备天然性特点,动植物的种类、生长特征、生活习性、居住环境等蕴含着自然现象和科学规律。分析社区资源的科学价值是有效利用社区资源的关键,只有科学剖析资源,才能筛选出有意义的社区资源,真正做到为科学教育所用。

3. 加工重组社区科学教育资源

社区资源虽然具有科学价值,但是并不一定都适合幼儿科学教育,《幼儿园工作规程(修订)》明确指出教育活动内容应当根据教育目标、幼儿的实际水平和兴趣确定,以循序渐进为原则,有计划地选择和组织。[①] 因此,教师要根据幼儿的认知特点和发展需要,尊重幼儿的个体差异性,加工重组社区资源库,重点关注什么资源适合哪个年龄段的幼儿,什么资源可以跟幼儿产生互动,什么资源能结合游戏开展。而且教师在利用社区科学资源时要明确资源实施的具体形态,即做好活动计划,包括幼儿已有的科学经验、什么时间什么地点开展什么科学活动、需要运用什么社区资源、如何运用操作社区资源、环境给予怎样的支持等,做好利用社区资源有效开展幼儿科学教育活动的充分准备。[②]

(二)综合"引进来""走出去"形式利用社区科学教育资源

1. "引进来"式

"引进来"是指将可移动的社区科学教育资源请进幼儿园,主要有两种形式。一种形式是幼儿园组建一支家长志愿者队伍,运用他们的专业优势、技能爱好,协助教师宣传和组织本班幼儿的科学教育活动,这在一定程度上可以弥补教师的专业缺陷,带给幼儿新鲜的体验和感受。例如"认识医生"的科学活动,一位当医生的爸爸身穿白大褂,携带听诊器、体温计、血压计等医疗器械走进班级,请幼儿亲身体验听心肺、量体温,同时讲解细菌和寄生虫等科学知识。另一种形式是幼儿园结合社区资源,策划开展全园大型的科学探究活动,提供科学探索的平台,创设科学情境,幼儿在活动中不仅可以欣赏科技产品,还可以积极动手动脑,和同伴合作探究,分享成功的喜悦。

2. "走出去"式

"走出去"是指带领幼儿走出幼儿园享受社区科学教育资源。陶行知先生强调"生活即教育""社会即学校",社区科学资源丰富多彩,幼儿园可以将幼儿科学教育延伸到社区,让幼儿在社区中亲身体验,这种方式更符合幼儿的具体形象思维。它可以是与自然对话,幼

① 教育部. 幼儿园工作规程[R]. 北京,2016.
② 蔡英英. 社区资源在幼儿科学教育中的运用[J]. 教育导刊(下半月),2011,06:38-40.

儿亲近、接触自然,观察和发现自然界中新奇有趣的现象,探索科学规律;它也可以是体验生活中的科学,幼儿通过商品采购、社区调查、户外教学等,认识各类商品、货币,了解买卖,归类标志,让生活与科学融为一体;它还可以是参观实验基地,从专业的视角着手,如幼儿在花卉研究中心感受大棚与室外温度的区别,掌握阴性植物和阳性植物的特点,了解温度对植物生长的作用。这种类型的活动可以很好地解决幼儿园教育资源的局限性,幼儿可以运用多种感官,在真实的环境中自发参与、自主学习,不断开拓视野,丰富自己的科学经验。

第六节　社区艺术教育资源的开发与利用[①]

社会建构主义强调,知识不仅是在个体与物理环境的相互作用中建构的,社会文化互动更加重要,知识的建构过程常常需要通过学习共同体的合作活动来完成。[②] 幼儿艺术能力的建构不只是在与物理环境接触中获得,还可以从身处的社会文化中汲取养分,并且与社会中的群体进行互动获得提升。

一、　社区艺术教育资源的价值

艺术教育是感受美、表现美和创造美的过程。开发和利用社区艺术教育资源能够让幼儿在艺术的感受与欣赏、表达与创造上有更多样化的资源和更多元化的渠道。

(一)萌发对美的感受,扩大对美的体验

每一名幼儿心里都有一颗美的种子,有着不同于成人的对美的感受。社区的自然环境、人文景观、艺术馆等,都是美的重要载体,也蕴含着丰富的艺术教育资源。带领幼儿走进社区,幼儿所能接触到的是多样化的艺术元素,让幼儿多接触社区的自然环境、参观社区的人文景观、观看艺术馆的画展和音乐会、聆听相关的故事传说,能够极大地萌发幼儿对美的感受,发现社区中不同类型的美,增长对美好事物的体验。

(二)丰富对美的想象力,拓展对美的表现力

幼儿对美的理解和表达有别于成人,幼儿经常运用独特的笔触、语言、肢体动作表现自己对美的想象以及情感。与教材中的艺术材料不同,社区中的艺术资源是鲜活的、多样化的、开放的,能够满足不同经验和能力的幼儿对美的理解和表达的需求。幼儿会基于自身的观察、对美的想象以及生活经验,对美进行表现。这样的表现不是固化、统一的,而是充满个性和富有想象力的。

二、　社区艺术教育资源的类型

《指南》中提出要引导幼儿喜欢自然界、生活中美的事物、多种多样的艺术形式和作品。社区中蕴含和承载着自然美、生活美和艺术美的资源,需要幼儿园带领孩子去探索与发现。

(一)自然资源

社区是一个独立的区域,几乎每一个社区都拥有自然资源,如美丽的荷花池、造型独特

---

① 本节内容曾发表于《教育导刊》杂志(ISSN 1005 - 3476)。2017 年 7 月,86 - 88 页.
② 陈琦,刘儒德. 当代教育心理学[M]. 北京:北京师范大学出版社,2007:195.

的廊桥、成片的绿地、奇妙的森林、多样的花草树木（桂花、杜鹃花、玉兰树、紫荆树、异木棉等等），还会有可爱的小鸟、小昆虫在树枝上、草地上欢快地唱着歌。幼儿可以从这些丰饶的自然资源中回归天性，直观地感受自然事物美的形态，倾听自然中美的声音，激发出奇妙的艺术想象和表现创造。

（二）生活资源

生活中美的资源无处不在。有的社区中有具有特色的建筑物，如广州西关骑楼、北京的四合院、浙江金华的徽派建筑等；有的社区有着地域特色明显的音乐资源，如广州老城区公园里的粤剧文化；还有的社区有着浓郁的民俗文化，如佛山的醒狮文化、广州猎德的龙舟文化等。这些都是社区蕴含的生活美。生于社区的幼儿可以最直接地感受生活中的建筑美、音乐美、民俗文化美。

（三）艺术机构的独特艺术氛围

从《指南》的感受与欣赏的子目标可以发现，艺术教育不仅要让幼儿喜欢自然与生活中美的事物，还要让幼儿喜欢欣赏多种多样的艺术形式和作品。社区周边的艺术机构、艺术馆、剧院等，可以为幼儿园艺术教育提供多种形式的艺术资源，例如话剧社、礼仪班、主持人队、舞团、音乐协会、美术协会、摄影社等。虽然这些社团中不一定全是专业的人员，但是他们的活力、对艺术的热爱以及艺术创作，能够感染幼儿，也可以帮助幼儿了解除了专业的艺术学习，还可以有因为兴趣而组织起来的艺术活动，帮助幼儿发现自己的艺术兴趣，萌发表现艺术的欲望。

（四）社区居民的多元文化资源

社区居民可能来自五湖四海、世界各地，因此社区是一个多元文化汇聚的地方。每个地方、每一个民族、每个国家都有着独特的音乐、服饰、图腾、欢庆节日等，这些都蕴含着浓厚的艺术气息。通过开展多元文化艺术节，邀请来自不同地域、不同民族、不同国家的社区居民进入幼儿园分享各自独特的艺术文化，让幼儿感受到多元艺术文化的碰撞，获得更多艺术表现和创造的元素，甚至还可以在艺术活动中培养幼儿的爱国之情，孕育对多元文化的尊重和包容之心。

三、社区艺术教育资源的开发与利用策略

面对社区中所蕴含的丰富艺术教育资源，幼儿园需要通过全园教研，制定周全计划，同时与社区各相关单位、部门建立和谐的关系，从而促使社区艺术资源更有效地为幼儿发展所用。具体的策略如下：

（一）全园教研——深入挖掘和整理高校社区艺术资源

首先，要全面挖掘资源。每位教师对事物的敏感度不同，捕捉到的资源类型就会有所不同。众人拾柴火焰高，全园教研可以将所有教师的智慧汇集在一起，把社区中可以开发的资源尽可能地挖掘出来。除了幼儿园的老师，生活在社区中的居民也是帮助幼儿园挖掘资源的重要力量。居民们生活在其中，他们的感受和经历是最直接深刻的，从他们的视角也可以开发出许许多多幼儿园教师难以发现的可利用的艺术资源。

其次，要对资源进行整合。收集回来的资源如果不进行规整，那它就是零散的、无规律的，教师每次活动前需要耗费大量时间在资源的搜寻上。所以对资源进行系统的整合是非

常关键的一步。幼儿园需要从顶层设计制订资源整合的维度，这个过程需由简到繁。教研组人员可以先对搜集回来的所有资源进行一级分类，主要的维度有自然环境资源、院系资源、社团资源、多元文化资源；然后再分析这些资源可以归类到音乐、美术、综合艺术等哪一个领域中；最后进一步将每一项资源具体划分到每一种活动类型中，如划分到音乐欣赏活动中。教师们还应该用图片和文字详细介绍这些资源。要尽量对每一项细致的资源进行归类，建立一个条目分明的艺术资源库，便于教师对社区艺术资源的提取和利用。

（二）周全计划——充分合理利用社区艺术资源

计划先行，才能更好地有的放矢，有了周全的艺术活动计划，幼儿园的艺术教育活动才能够有序地展开。由于教师计划能力和对资源利用能力的缺乏，幼儿园应该先对教师进行相关的能力培训。幼儿园要制订社区艺术资源的开发和利用方案，在全园的方案下，幼儿教师可以和家长、社区志愿者一起设计具体的活动内容。

在教育总目标及艺术教育领域目标的统领下，教师可以在一个学期或者一个学年里围绕一个或多个主题展开设计，将子活动和所需资源建立成一个关系网，并设计一个计划图：主题的选择（不同季节的花、不同季节的声音、不同的艺术文化节）、目标的定位（结合《指南》对每个年龄段艺术能力发展的建议制定主题总目标和阶段目标）、子活动的设计（围绕主题开发出多项活动）、资源的筛选（为每一个子活动配对适宜的社区资源）、延伸活动（与其他领域结合，如观察菊花生长过程的活动则需要加入科学活动）。

以大班校园菊花展的初步计划为例。教师以校园菊花展为主题，主要涉及音乐和美术领域，辅之科学和社会活动（这两项活动能够推动相关艺术活动的开展），围绕从感受欣赏到表现创造的目标，涵盖自然、生活以及艺术作品等内容，将可以开展的子活动设计出来，并从资源库中调取出可利用的社区艺术资源与各个子活动一一对应。这样的计划（见图3-6-1）一目了然，内容丰富，资源也可以充分调动起来，而且幼儿园能快速统计出需要提前协调和安排的各方资源。教师可以根据各方资源协商的情况，选择活动的形式，确定最终的实施方案。教师还可以通过这样的计划发现不同资源的使用率，哪些资源经常使用，哪些资源被忽视了，在此基础上调整方案，让幼儿尽可能地接触到更多元的社区艺术资源。

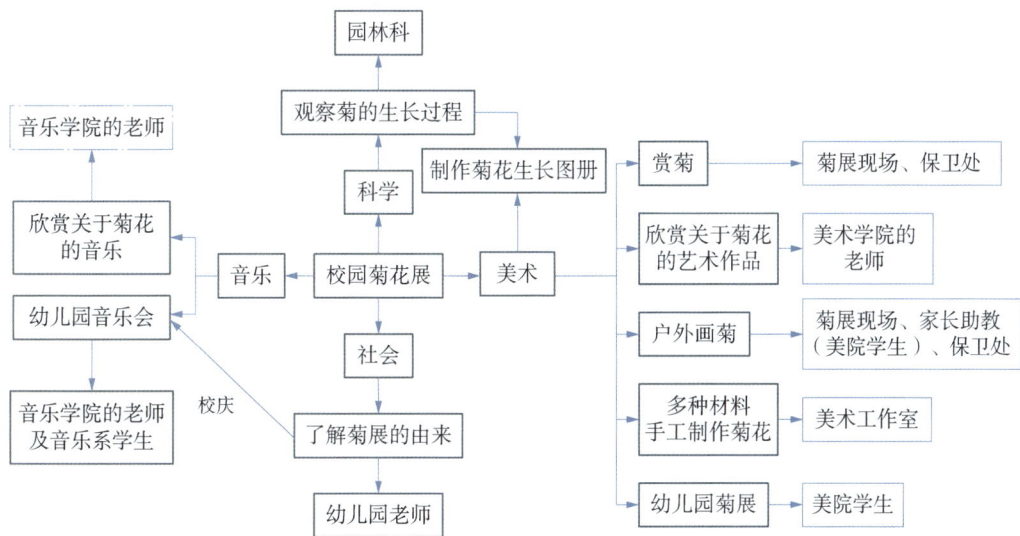

图3-6-1　大班校园菊花展的资源初步计划图

(三) 建立关系——开发多样的活动形式

针对资源不稳定和部分资源不能被全园使用的问题,幼儿园首先可以通过社区居委会的支持,与艺术机构、艺术社团等制订长期合作的协议,并建立实践基地。艺术机构和艺术社团的老师、学生可以为幼儿园提供艺术教育方面的专业支持,幼儿园也可以作为实习基地为学生提供职前实践锻炼的机会,共建双赢的局面。有了稳定的合作关系,幼儿园就可以开发多种多样的活动形式,总结起来就是两大形式:"引进来"和"走出去"。

首先,社区的艺术资源要引进幼儿园。一方面,艺术机构和艺术社团的老师、学生可以担任"幼儿教师"的角色,为幼儿带来丰富的艺术感受。需要注意的是,这些"幼儿老师"艺术专业知识和能力很强,但不一定是专业的"幼儿老师",他们不一定能够把握幼儿的学习特点、方式和能力水平。所以在有"引进来"资源的活动中,要实现优势互补,也就是说教师要利用自身的幼教专业和对本班、本园幼儿的了解等方面的优势,支持和帮助"幼儿老师"顺利开展艺术活动,实现艺术教育活动目标。另一方面,除了担任"幼儿老师"的角色形式外,幼儿园还可以邀请他们为幼儿园的艺术节做专业指导并参与幼儿园的艺术活动,例如:引导幼儿进行艺术作品的创造、设计和布置幼儿作品展;设计幼儿园音乐会的节目、舞台、道具等;参与幼儿园艺术嘉年华,协助开设不同民族的摊位、话剧摊位、油画摊位等。文化精髓是可以积淀和传承的,经过长期的合作,逐渐地,一些有价值的活动形式可以得到保留,并沉淀为幼儿园的艺术传统。

其次,幼儿还可以走出园所,感受社区艺术。陶行知先生"生活即教育"思想的启示是:到处是生活,到处是教育。园所内的环境资源是有限的,社区艺术的资源却是丰富的,幼儿园不能浪费这些优质的教育资源。在建立了稳定的合作关系后,教师可以经常组织幼儿走出园所,亲身感受那些不能搬进幼儿园的艺术:到社区花园或者园林基地写生,寻找社区里美丽的事物和奇妙的声音;到美术馆看画展,到音乐厅看艺术表演,接受优秀艺术作品和艺术形式的熏陶;到艺术社团参与社团活动,体验社团人员的青春活力和对艺术的追求;参与不同民族的节日欢庆中,感受不同民族的艺术魅力。幼儿园应该充分利用这些优势,让幼儿真正地融入社区生活,体验真实生活的艺术美。

第四章

幼儿园与家庭协同共育的探索

家庭是幼儿园的重要合作伙伴,在多年教育教学的实践中,华师附幼积累了许多家园协同共育的经验,探索出家园良性互动的路径,实现了家园的有效合力,共同促进了幼儿身心健康发展。

第一节　发掘家园协同价值

幼儿园、家庭和社区都是幼儿成长的重要环境,在幼儿成长过程中均发挥着至关重要的作用。根据生态系统理论,家庭、幼儿园、社区三者的关系构成了幼儿成长的中观系统,对幼儿来说,中观系统中的各微观系统间互动的质量越高,幼儿发展的可能性就越大,幼儿园教育必须要与家庭、社区进行有质量的互动。

《幼儿园教育指导纲要(试行)》中明确指出家庭是幼儿园重要的合作伙伴,幼儿园应秉承尊重、平等、合作的原则,争取家长的理解、支持和主动参与,并积极引导和帮助家长提高教育能力。在幼儿成长过程中,家庭教育是基础,幼儿园教育是主导,家园协同共育应充分考虑原生家庭的情感要素及其与幼儿园教育专业因素的结合,通过形成教育合力来促进幼儿的社会化和教育资源的整合。①

在协同共育模式下,家园互动的目标是促进幼儿身心健康发展。幼儿园与家庭应立足于新时代背景,通过多方向、多形式、多内容的共育动态体系,充分挖掘自身教育资源,二者持续进行高质量的互动,不断提高幼儿园教育质量以及家庭科学育儿能力,共同促进孩子健康快乐成长。家园协同共育的价值主要表现在以下三方面。

一、有助于教育理念沟通,促进科学育儿

家庭是孩子的第一学校,父母是孩子的第一任老师,家庭教育是教育孩子的起点和基础,什么样的家庭成就什么样的孩子。但是,并不是所有父母天生就会教孩子,就能成为育儿高手,在教育孩子的过程中,父母常常会很迷茫,会有困惑,甚至陷入误区。随着时代的

---

① 孙芳龄,雷雪梅,张官学,顾晓路,彭攀素.家园共育的实践意义与开展策略[J].学前教育研究,2018(07):70-72.

发展,在当今家庭教育中,常见的教育理念误区可概括为"三重三过","三重"指的是重物质、重智商、重结果,"三过"指的是过高期望、过度保护、过分溺爱。

另外,很多家长都会有疑问:"为什么孩子在园表现要比在家好呢?"其实,不同的环境会给孩子带来不同的心理状态,幼儿园有固定的一日生活流程,有专业的教育理念引领,同伴之间能互相学习激励,孩子的行为习惯比较稳定。而孩子在家更多的是唯我独尊的状态,如果家庭教育理念与幼儿园相违背,就容易导致孩子矛盾心理及行为的产生。

幼儿教育是一项复杂的综合工程,科学的教育理念,可以让家长找到正确的育儿方向。幼儿园作为专业的教育机构,熟悉不同年龄段幼儿身心发展的规律,理解幼儿的学习方式和特点,家园协同共育能够创设良好的沟通环境,提供平等对话交流平台,帮助家长更好地了解孩子的身心需要,转变家庭教育观念,并引领家长用正确的方式支持孩子的发展,走出家庭教育的误区,提高家庭科学育儿能力。

二、 有助于教育资源整合,丰富教育内涵

《幼儿园教育指导纲要(试行)》指出幼儿园应与家庭密切合作,综合利用各种教育资源,共同为幼儿的发展创造良好的条件。众所周知,每个家长来自不同的职业,有不同的兴趣爱好,他们身上的优秀品质对孩子的成长有非常重要的影响。由此可见家庭资源非常丰富,除了家庭拥有的物力等有形资源外,还有家风、社会声望、人际关系等无形资源。

幼儿教育不是封闭的教育,不能仅局限于幼儿园内部,必须由封闭走向开放。幼儿的成长是一个社会化的过程,幼儿园教育或幼儿教师因为某些条件的欠缺,使幼儿的全面发展受到一定限制,家庭资源能够弥补幼儿园教育的短板,例如不同的职业、特殊的才能,这对幼儿来说充满了新鲜感,能激发幼儿的学习兴趣,提高幼儿的探索能力,满足幼儿成长的需要。

家园协同共育能够充分突破学校的围墙,开发利用各类适宜幼儿的资源,让家长成为教育资源的宝库,从而扩展幼儿生活和学习的空间,丰富幼儿教育的内容与形式。同时,在整合教育资源过程中,家长的育儿观念、教育水平等方面有了较大提升,例如懂得如何跟孩子对话、如何观察孩子需求、如何支持孩子发展、如何评价孩子等,与孩子一起共享教育成长的过程。

三、 有助于个性化教育,提高教育质量

《指南》中强调尊重幼儿发展的个体差异,每个幼儿都会沿着相似的发展过程成长,但各自的发展速度和到达某一水平的时间不完全相同,切忌用一把"尺子"衡量所有幼儿。常言道:教无定法,贵在得法。每个孩子来自不同的家庭,孩子的言行与品格都深受家庭环境的影响,性格、气质、能力都不尽相同,这也不难发现,在幼儿园,同一个班级的孩子在面对同样的事情时,有的孩子积极乐观,有的孩子胆小怕事,有的孩子不闻不问,这些不同的表现在一定程度上都反映了孩子的个性特点和个体差异性。

对于不少家长来说,常常会通过阅读的方式学习教育理念,与他人交流的方式学习优良的育儿经验,并把这些学到的理念和经验渗透到自己的日常育儿生活中,但是育儿效果有时候依然不显著,家长也不知所措。这跟孩子的个体差异及个性特点息息相关,同样的

教育方式未必适合每一个孩子,在幼儿园也一样,需要对孩子因材施教。

家园协同共育能够让家庭和幼儿园加强合作联系,双方经常交流沟通,熟悉幼儿在家在园的生活,关注幼儿在发展进程中的个别差异,注重用不同的关爱方式和教育方法,两者相辅相成,以便更全面地了解幼儿,支持和引导幼儿从原有水平向更高水平发展,促进幼儿个性的全面发展。

第二节　畅通家园沟通渠道

关于幼儿的教育,大部分家长都会带有较强的主观情感因素,对自己的孩子评价更为积极,而教师会根据孩子的全面发展来客观评价孩子,因此有时会出现教师与家长立场、意见不同的情况,处理不当,容易影响家长对幼儿园的信任和支持,影响教师工作的积极性。家园协同共育首先要保障家庭和幼儿园之间的日常沟通交流,消解家长和教师的教育分歧,使彼此更加理解自身的教育立场和教育角色。

一、家园沟通的途径

信息技术的发展,为家园沟通提供了便利的条件,使家长和教师的沟通打破时间及空间的限制。通过线上线下相结合,拓宽了家园沟通的渠道,丰富了家园沟通的形式,建立了新时代家园协同共育的平台。具体形式如下。

(一)线下的家园沟通

第一,家访。每逢新生入园前1~2周,班级中的所有老师会一起到每个小朋友的家庭进行家访。每次家访一般为半个小时,教师通过家访和孩子建立友好的联系,增进与孩子之间的亲密感,同时了解孩子的发展情况及家庭教育理念,跟家长交流幼儿园的生活,缓解家长焦虑,以此帮助孩子尽快适应幼儿园生活。

第二,面谈及《家园联系手册》。孩子入园后,教师会利用每天的进园及离园的接送时间,跟家长交流沟通孩子在园在家的情况,每周把平时观察到的孩子典型行为以及教育分析记录在《家园联系手册》,家长也会把孩子在家生活的点滴及困惑记录在内,家园通过面对面交流与书面交流相结合的形式了解孩子,共商孩子的教育问题。

第三,家园联系栏。家园联系栏不仅可以反映幼儿园保教工作情况,更是教师与家长、家长与家长之间进行教育交流的途径,主要布置在班级门口。每周教师会根据幼儿发展特点、教育目标以及家长需求与建议等更新家园联系栏,家园联系栏的内容创设丰富,包括育儿资讯、一周快车、幼儿精彩瞬间、温馨提示、宝宝本领等,这些内容都深受家长的喜爱。

(二)线上的家园沟通

第一,通过微信、QQ等社交平台与家长互动,保证家园交流及时有效。当今时代,微信及QQ已成为人们生活的必需品,也是新时代基于互联网的家园沟通新型交流模式。教师和家长可以在微信或QQ上进行多项沟通,如发信息、发图片、发语音、发照片、发视频等,及时了解幼儿的动态,深化家园合作,做到家园同步教育,沟通更加有效,有助于家园更好地支持幼儿的学习与成长。

第二,通过官方公众号帮助家长了解幼儿园教育资讯。幼儿园可以每日在公众号实时更新发文,内容形式多样,包括幼儿园活动篇、专题讲座篇、家长感想篇、育儿知识篇等。撰稿者、图文编辑者、摄影者主体也多样,教师、家长、助教学生、专家等都可以参与公众号的经营。作为一个信息载体的名园长工作室公众号,开创了家园协同共育的新模式,能够为家长提供幼儿园的先进办园理念、办园特色、师资队伍以及育儿方法等多方面内容,扩大了教育影响。

第三,通过电子版幼儿成长小故事、幼儿成长档案,家园共同记录幼儿的成长。《幼儿园教育指导纲要(试行)》指出对幼儿的评价应该是一个动态的评价,是一个持续的过程。教师、家长及幼儿都是幼儿成长档案的重要参与者,家园合作利用新媒体技术,可以图文并茂地记录幼儿成长过程,内容分为爱生活、爱运动、爱游戏、爱学习四个板块,反映幼儿的兴趣、进步、成就等,呈现幼儿成长轨迹。另外,家长不仅可以记录孩子在家的表现,还可以在每次参加完家园活动后,记录孩子在园的活动过程并分析孩子的行为。这种沟通方式,能够有效地提高教师及家长观察幼儿的能力,促进幼儿个性化的发展,影响家长教育理念及教育行为的转变,加强家园之间的联系。

二、 家园沟通的策略

家园沟通的策略主要包括以下三个方面。

(一) 建立信任

做好家长工作,最核心的就是要赢得家长的信任,有了信任做基础,接下来的理解、支持与合作就会水到渠成。信任的建立,是从一点一滴的小事开始的。例如新生开学情绪不稳定,有的孩子分离焦虑特别严重,经常哭闹"我要去找妈妈"。离园的时候,如果家长问孩子是否有在幼儿园哭,幼儿园需要思考,应该要怎样沟通才能让家长既了解孩子在园的实际情况,又能减轻家长的心理负担,对孩子进行有效指引,配合幼儿园的教育工作。

家长和孩子一样,是存在个体差异的,所以和家长交流的时候,幼儿园也应该考虑家长的心态和心理承受能力。遇到心理脆弱的家长,容易情绪紧张,应该更倾向于帮家长宽宽心,多安慰他,帮助他和孩子一起度过入园焦虑。对于理智及智慧型家长,则可以更多分析孩子行为背后的心理需要,一起探讨教育良方。不论遇到哪种类型的家长,幼儿园必须要做的是:让家长明确解决问题的意识和具体做法。

以入园焦虑为例,幼儿园应帮助家长理解坚持送孩子入园的重要性,并能坚定地告诉孩子:"宝贝再见,妈妈一定会来接你的!""老师和爸爸妈妈是好朋友,会保护好宝宝的。"孩子的进步就是家长与老师最好的感情催化剂,家园要密切联系,互通情况,及时分享、反馈孩子的变化,让家长切实感受到老师的方法有针对性、实效性。信任就是在这样的日常工作中,一点一滴地逐步建立起来的。

(二) 统一思想

如果家长对班级工作出现质疑,或者家园沟通出现了小矛盾、小纠纷,教师必须客观、冷静地进行调查,了解事实真相,召开班级会议,统一思想和认识。例如孩子在幼儿园被另一个孩子抓伤了,家长觉得是副班教师的工作疏忽造成的。如果主班教师不在事故现场,不了解具体情况，就应该和家长另约沟通时间，先找当事人了解真实情况，再组织其他幼儿分析事件，共商有效的处理策略。一个班级要一个声音，统一问题的处理原则及方向，做到步调一致、团结一心。

如果家长对幼儿园的工作安排和规则制定存在不满或对抗情绪，班上教师应该做好上传下达，并进一步弱化矛盾和不良影响。一方面，积极向园领导汇报情况及事情的发展动态；另一方面，应坚持原则，耐心向家长解释原由，讲明道理，争取家长的理解和认同。例如有的家长不遵守幼儿园接送制度，觉得入园还要出示接送卡很麻烦，对持卡入园规则有抵触。作为教师，首先要坚定不移地与幼儿园统一思想。同时，站在家长的角度想问题，及时引导家长理解幼儿园安全工作的重要性，让家长明白幼儿园的做法是基于孩子安全的考虑，是科学、合法、规范的，引导家长理解规则、遵守制度，做好家长工作。

(三) 正视问题

开展班级工作的时候，幼儿园常常通过手机、网络等发通知，这种方式传播快、范围广，给幼儿教育工作带来了便利。但是微信群、朋友圈所提供的自由言论平台，有时也会给班级工作带来隐患。有的班级除了教师创建的班级微信群，还有家长单独相约组建的聊天群，方便互诉"悄悄话"。由于信息了解不全面，或是没有站在学前教育的专业经验上解读孩子的行为和语言，家长容易出现某些主观臆想和不当言论，轻则造成家长与家长、家长与幼儿园的误解，重则引发矛盾纠纷。

遇到这样的情况，决不能避而不谈。因为避而不谈，问题还是存在，一个个小问题堆积在一起，更容易让麻烦升级。幼儿园应该敏锐地发现小问题里的大隐患，觉察到这些问题可能带来的危机，通过单独沟通、多方求证，在尊重事实的基础上，真诚与家长沟通，帮助家长了解实际情况，澄清误会、谣传，共同维护良好的氛围和沟通渠道。

第三节　提升家长育儿素养

2015 年，教育部提出《关于加强家庭教育工作的指导意见》，强调需要不断加强家庭教育工作，进一步明确家长在家庭教育中的主体责任，充分发挥学校在家庭教育中的重要作用。家庭是人生的第一个课堂，父母是幼儿的第一任老师，原生家庭环境影响着幼儿的健康成长和全面发展。幼儿园作为专门的幼儿教育机构，有义务为家长提供科学、系统的育儿知识，帮助父母转变或提升教育理念，增强父母教育子女的技巧与能力，促进父母与子女共同成长。具体实施策略包括合作式家长会、父母课堂、家长开放日等。

一、合作式家长会的实践

家长会是家园协同共育的重要形式之一，是家园信息共享、沟通交流、立场统一的有效途径，它具有高效率、集体化、面对面的特征。[1] 一场有效高质量的家长会应该是家园合作式的，即教师及家长平等对话，围绕特定目标，共同探讨共性问题，进行具体持久的交流。

---

[1] 陶芳. 幼儿园家长会的研究[D]. 华东师范大学, 2011.

合作式家长会强调家长的主体性,鼓励家长由被动参与变为主动对话,增强家长的教育意识,树立科学的教育理念,家、园达成教育立场一致,有利于良好的幼儿教育的延续性及持久性发展。

(一) 组织形式

1. 参与型——创设情境,感知体验

参与型的合作式家长会关键在于根据主题创设游戏情境,将枯燥的教育理念渗透在情境中,引导家长进行情境表演,体验感知情境中的教育。其实教育理念看似浅显易懂,但未必能用到实处。家长们通过角色代入情境,可以亲身体验游戏背后蕴含的教育意义,潜移默化地接受并学习如何践行理念,并在分享交流中将所得经验由个体经验上升至集体经验,逐步提升自身教育能力。

以中班"自我管理"合作式家长会为例。在环节设置中,需要家长讨论引导孩子进行自我管理的策略,教师可以提前根据策略创编相同情境但内容不同的对话,让家长分组讨论,代入角色,有感情地表演情境。在实际演绎中,相同情境但应对方式不同达到的效果截然不同,这种真实鲜明的对比让家长更能理解并掌握策略的使用,真正能够做到学以致用。

2. 联合型——需求先行,探索领悟

联合型的合作式家长会是根据幼儿年龄特点确定主题,围绕主题对家长进行调查,了解家长的已有经验并关注家长的需求,包括值得分享的有效策略和存在的困惑。教师查阅及收集相关资料,家长明确研讨主题,家、园共同为会议做好准备。在研讨现场,教师可以抛砖引玉搭建交流平台,家长自主参与到家长会中,聚焦问题,发挥智慧,主动探索、领悟教育理念,进而实现家长之间相互教育、相互学习、相互借鉴,教师则紧扣主题,提炼、总结关键经验,用专业引领家长。

以中班"良好习惯养成"合作式家长会为例。前期教师阅读了关于良好习惯养成的文献及书籍,学习和了解良好习惯的内容及培养策略,设计并给家长发放关于孩子良好习惯养成的调查问卷,统计和分析家长们的需求,例如关注孩子的哪些习惯,做得比较好的经验及存在的困惑,并结合调查问卷分组,如生活习惯、学习习惯等,家长再以小组形式讨论发言,对交流中困惑较大的问题进行集体讨论,家园携手挖掘良好习惯养成的有效教育经验与做法。

3. 决策型——平等协作,共同策划

决策型的合作式家长会即引导家长参与班级课程建设,在已有课程基础上进一步确定目标,并且商讨和决定如何实现目标,通过提供他们在各自领域的专业知识及资源,与幼儿园的教学活动、课程改革等全面融合,让资源走进幼儿园,让教育走出围墙,共同打造班级特色课程。家长参与策划,首先要明确认识自身担负的责任,在教育观念上与幼儿园达成共识,其次要知道儿童的需要及发展特点,对幼儿园课程有一定的了解,最后出谋划策、落实行动。

以小班"家园社区一体化"合作式家长会为例。教师和家长在会议上共同解读本学期课程每个主题目标,分析各自的价值及核心经验,在此基础上家长分组头脑风暴,围绕该主题,结合自身及社区资源讨论可以组织的活动,如亲子活动、家长助教、社区活动等,并以思维导图的方式呈现。教师根据年龄适宜性、操作性、安全性、趣味性等原则与家长研讨活动

计划的可行性,最终确定本学期班级家、园、社区协同的课程计划,以此作为与孩子共同学习的家园共育方案。

(二)运作路径

1. 筹备阶段

合作式家长会要凸显家长的主体性,重视家长的发言权,目的是能够通过交流、讨论引起家长共鸣,进行实质性的家园共育,这对于教师前期筹备工作有挑战性。

(1)主题的选择

一个好的主题能够激发家长思考并畅所欲言,因此必须结合实际,一方面教师可以根据幼儿的年龄特点或者班级的现象、问题确定研讨主题,另一方面教师可以通过调查问卷或访谈了解家长的需求及兴趣确定主题,并提前告知家长做准备。

(2)知识经验的储备

作为一名幼儿园教师,必须要在家长面前充分展现教育专业性,通过查阅文献及阅读书籍夯实专业能力,做到高质量的专业引领。

(3)物质准备

教师需要收集孩子在园表现的照片和视频作为幼儿园经验分享资料,拟好会议讲稿及制作 PPT,布置温馨的现场环境,营造轻松舒适的研讨氛围。

2. 实施阶段

家长会不仅是家长了解孩子在园生活的途径,更重要的是作为家长课堂达到家园共育的效果,幼儿教师需要思考通过什么样的方式让家长主动参与学习。《指南》中提到关于幼儿学习的原则,即幼儿是通过直接感知、实际操作和亲身体验获取经验,这也可以作为家长学习的原则。

(1)感知体验

教师可以分享幼儿在园趣事,借助视频、照片及游戏情境等引出主题,将抽象的语言描述转变为形象的话题呈现,帮助家长明确研讨主题的概念、内容及重要性。

(2)小组风暴

教师可以提前将研讨主题划分为若干个小主题,根据研讨重点提出问题及需求,家长分组交流经验及困惑并做好记录,教师适时点拨。

(3)共享升华

小组可以派家长代表发言或情境演绎,其他家长提问或拓展经验,家长们通过彼此之间的对话反思自己的教育观念和教育行为,教师最后进行专业提炼。

3. 后续阶段

研究表明,家长会的后续工作与会议本身同样重要。[①] 但是教师往往仅重视家长会的筹备阶段及实施阶段,容易忽视后续阶段。合作式家长会应该关注会议后的系列行动来检验会议是否发挥预期家园共育价值,是否推动家长和教师共生共长,是否体现幼儿教育的可持续发展。

因此,后续阶段可以通过一些途径落实。例如,教师会后进行反思,包括家长现场提出

---

① 陶芳.国外学前教育机构家长会文献述评[J].当代学前教育,2010(05):33-35.

建议或问题,年级或全园召开家长专题会,研讨和总结如何提升教师专业点拨及引领能力。再如,家长跟教师会后展开深层次交流,尊重孩子个体差异性,因材施教将学到的育儿经验运用到实践中,观察、记录孩子的成长进步,制作幼儿成长小故事,形成育儿案例集并推广分享。又如,经现场讨论达成一致的行动计划,教师要跟幼儿介绍,并确定每项活动的家长负责人来确保计划的实施,活动结束后做好反思记录,不断充实班级主题课程库。

二、 父母课堂的实践

父母课堂是家园协同共育中广泛采用的家庭教育指导方式。家长可以在父母课堂接受专业的继续教育,通过专题讲座、互动沙龙、研修等方式与专家、教师以及其他家长进行交流,系统地学习养育子女的知识和技能,包括教育理念、教育知识、教育方法和教育能力等,掌握适用于自身实际的科学方法。

(一) 新生家长课堂

孩子第一次离开熟悉的家庭环境和亲密的家人,从家庭以个体为中心走进幼儿园大家庭,开启步入社会的第一步。这对于孩子以及家长来说都是一个巨大的挑战。为了帮助孩子和家长顺利度过入园适应期,每年新生入园季,幼儿园都会定期召开以"爱·陪伴"为主题的新生家长课堂活动,宣传《指南》的家庭教育理念,探讨新生入园关键期家长和孩子如何共同做好入园准备的话题。

1. 专题论坛

园长可以围绕"我们的幼儿园""我们可以为孩子做什么",结合幼儿园品牌文化建设、办园宗旨、培养目标和教育理念,全方位地向家长介绍"我们的幼儿园",并且针对孩子的年龄特点和入园常见问题,利用日常实际典型案例及视频,分析、解读家庭教育的精髓,分享做信任型、智慧型家长的成功密匙,帮助家长与幼儿园达成教育共识,凝聚家园力量。

2. 班级沙龙

入园初期,新生家长和孩子难免会出现不同程度的分离焦虑,针对家长目前最需要了解的育儿知识,各班可以围绕"如何做好孩子入园前的准备",以游戏互动的形式进行群体性指导活动,同时根据不同孩子的具体情况,家长们一起出谋划策,分享和交流一些细致的、个性化的、有针对性的建议。

(二) 爸爸课堂

著名教育家格尔提出"父亲的出现是一种独特的存在,对培养孩子有着一种特殊的力量",父亲在儿童社会化过程中扮演着不可或缺的角色。但是如今在儿童的成长过程中,父亲教育缺位普遍存在,父亲很少甚至没有参与子女教育。一项关于父亲在家庭教育中角色地位的研究显示,50.8%的爸爸认为自己工作忙,没有时间陪伴孩子,26.6%的爸爸认为亲子活动单调,没什么意思,还有一些爸爸习惯用物质来弥补缺失的陪伴。

针对父亲教育缺位现象,幼儿园开设了"爸爸课堂"活动(见表4-3-1),主要根据父亲的思维方式、个性品质、行为举止等男性特征,选取适宜父子或父女陪伴的研讨内容,积极向爸爸们宣传科学的育儿知识,帮助爸爸们明确自身教养职责,指导爸爸们如何进行有效的高质量的亲子陪伴,展现父亲独有的魅力。

表4-3-1 "爸爸课堂"一学期课程安排

序 号	主 题
1	父亲参与教养对儿童发展的影响
2	什么是高质量的父亲陪伴
3	如何培养孩子的"心力、胆力、体力"
4	发展幼儿三维体能素质的实例与实操
5	玩出新花样——利用生活中的材料开展家庭亲子游戏
6	阳光体育——与爸爸的运动时光(一)
7	阳光体育——与爸爸的运动时光(二)
8	阳光体育——与爸爸的运动时光(三)
9	探究教育"恐惧"的源头,提升勇气的方法
10	如何协助孩子发展在人际关系方面的天赋
11	如何用"平和中正的心"守护孩子
12	"倾听"是有效沟通的第一钥匙
13	家庭亲子共读的指导(一)
14	家庭亲子共读的指导(二)

(三) 妈妈课堂

最好的家庭教育,是父亲能陪伴,母亲拥有好情绪,母亲的情绪决定着一个家庭的温度,也在潜移默化中决定着一个孩子的性格。但是在现实生活中,很多妈妈由于受到工作、生活、孩子等各方面的压力,经常情绪状态不稳定,比较容易失控。其实,在所有问题的背后,是一个人的能量状态影响着这个人的所有关系、生活方式乃至生命质量,即一个人的精气神决定着一生。为此,幼儿园可以为妈妈量身定制以"能量管理实践"为主题的"妈妈课堂"(见表4-3-2)。能量管理指的是管理自己的精气神,在一个更大的格局里看待自己以及看待问题。"妈妈课堂"通过多样化的学习方式,引领妈妈团识别、管理自己的能量状态,用独特的方式学习、思考和分享,在育儿的过程中遇见最美的自己,寻找与孩子心灵上的共识,学会思考怎样当母亲以及当一个怎样的母亲。

表4-3-2 "妈妈课堂"一学期主题安排

序 号	主 题
1	照顾好自己,才能照顾好家人
2	什么是真正的高品质陪伴
3	在爱的能力中先疗愈自己,再联结孩子
4	如何好好爱自己,做自在快乐的父母
5	"倾听自己,倾听孩子"的神奇力量

续表

序 号	主 题
6	想要给孩子一个良好的家庭教育,首先把自己转变成一个平和、有爱的人
7	"爱的语言"五步曲
8	如何走出"爱在心口,却出口伤人"的怪圈
9	如何好好爱自己,做自在快乐的父母
10	如何从根本上下功夫,成为新时代"喜乐"的妈妈
11	读书实践互助《你值得过更好的生活》(一)
12	读书实践互助《你值得过更好的生活》(二)
13	读书实践互助《你值得过更好的生活》(二)
14	如何区分:"敬畏之心"与"基于恐惧而产生"的一系列负面情绪

三、家长开放日的实践

家长开放日是家长、幼儿、教师三者之间的一次亲密接触,家长们都非常好奇孩子在幼儿园是怎么度过的,时不时会问"孩子在幼儿园都做了些什么?""孩子在幼儿园是怎样学习的? 获得了什么?""孩子在幼儿园一天的生活是快乐自主的吗?"诸如此类的问题。因此,幼儿园每个学期都会不定期地邀请家长来园参加开放日活动,其中包括半日开放日活动以及大型节日开放日活动等。

在开放日活动中,家长走进幼儿园,不但可以零距离接触幼儿在园的日常生活学习,"感受"幼儿的感受,"发现"幼儿的发现,"惊喜"幼儿的惊喜,"体验"幼儿的体验,真实全面地了解幼儿在园的表现,见证幼儿的成长,而且还可以直观学习幼儿园教师是如何根据幼儿的个性特点支持幼儿的全面发展,增进对幼儿教育的综合认识,促进与幼儿园的合作与交流。

(一) 计划细节统筹

为了让家长能够清晰地了解开放日活动的目标、内容、形式以及价值等,能够有计划、有目的地参与幼儿活动,前期各班要在年级主管带领下进行集体研讨,确定班级主题,规划各项活动安排,制定活动计划,设计活动方案,编写观察记录表,进行环境创设以及准备各类物质材料等,并且适时融入家长意见调整计划与方案。

开放日活动前一天,各班要将制定好的晴雨天活动流程以及温馨提示发到家长群并粘贴到家园联系栏,同时安排家长组长派发工作单、召开工作会议。活动当天,各班可以召开家长晨会,进一步跟家长解读活动流程、每个环节的价值以及指导家长如何观察孩子的行为,使家长更加明确地知道开放日活动的意义,有意识地了解孩子的身心发展水平,学习幼儿教师科学的教育方法和教育艺术,建立对幼儿园的信任与认同感。

(二) 活动综合全面

幼儿园、教师、家长是相互协作的学习共同体,在开放日活动内容上,教师要携手家长,根据近期幼儿发展过程中出现的问题进行协商,并结合幼儿年龄特点以及五大领域教育目标,遵循循序渐进的原则,全面规划、系统安排幼儿在园三年中的开放日活动。

幼儿的学习是以直接经验为基础,在开放日活动形式上,教师要注重问题情境化,最大限度地支持和满足幼儿通过直接感知、实际操作和亲身体验获取经验的需要。开放日活动寓教于乐、动静交替,注重实用性与趣味性,教师可以带领幼儿与家长们参与晨间锻炼、学习活动、户外体育游戏、自主游戏、区域活动等各环节,利用生动的语言、丰富的教具、有趣的活动游戏等,以自己专业的行为向家长呈现教育示范,为家长提供思考、探讨的平台。

(三) 参与主动开放

家长开放日中,教师和家长必须建立起以促进孩子发展为目的的协作共识,因此,家长在开放日的角色不仅仅是参与,更要充分发挥其主体作用,以主人翁的姿态积极主动地投入到开放日活动。

首先,家长可以作为活动的观察者,在孩子游戏过程中,认真观察、记录孩子的游戏行为以及社会交往情况,并参考观察维度,评价、分析孩子的表现,深入了解孩子的优势、不足以及最近发展区。其次,家长可以作为活动的互动者,与孩子携手走进亲子课堂,如亲子表演、亲子创作、亲子阅读等,在体验学习、探索乐趣的同时,理解孩子的学习方式和特点。再次,家长可以作为活动的组织者,根据自己的职业专长以及兴趣爱好等,与教师形成协作探究团体,承担"区域管理员""游戏顾问"等工作,为孩子们带来丰富多彩的专业互动体验,如科学区的电磁实验、美术区的美学搭配、家庭区的待客之礼等。

(四) 评价客观多元

家园协作提倡的是家庭和幼儿园形成一种相互合作、相互学习的平等关系,这种平等关系体现在家长及教师都有权利和义务对开放日活动进行评价,评价维度要客观、具体,均以幼儿的发展为出发点。

开放日活动结束后,家长可以通过观察幼儿的"学"来评价教师的"教",积极提出自己的教育见解以及育儿困惑,加强与教师之间关于幼儿教育的交流和沟通,一方面使家长能够理解和尊重幼儿园教育的专业性和普遍规律,另一方面通过监督评价可以提高教师的专业素养。对于教师而言,在开放日活动中可以直接观察家长与孩子的互动关系,了解个别家长的教育理念以及教育方式,并以此作为依据,采用不同的方式与家长进行沟通,给予家长有针对性的指导。

第四节　优化家长助教活动

家长是幼儿园教育资源的宝库,他们来自各行各业,身上蕴藏着极大的教育资源,如有的家长职业是警察、医生、护士、银行职员、律师、教师等。他们在自己的领域都是专业人才或是行业中的佼佼者,有的家长甚至是画家、书法家、刺绣能手、教练和能工巧匠等。华师附幼作为高校附属幼儿园,家长群体具有文化层次高、专业性强、熟悉教育理念、教育视野开放等特点,这样的家长群体是教育资源的优势,开发与利用这些资源能够有效地进行家园资源的整合与互补,共同构建优质的幼儿园课程体系。

另外,家长借助自己的专业知识和专业优势介入幼儿学习,深入教育过程,并将参与幼儿园教育活动的机会与改善家庭教育有机地结合起来,可以使家园协同共育显示出连续性与整体性,既能有效地提高家长育儿水平,提升幼儿园的教育质量,又能促进家园协同共育整体效应的提高。

一、 家长参与课程的现状

家长参与课程建构常常以"助教"的身份参与到幼儿园教育教学活动。为更有效地开发利用家长资源,进一步完善幼儿园家长助教活动,提升助教活动的质量,打造优质的教育生态环境,华师附幼采用问卷法和访谈法,设计了《家长助教活动调查问卷》(家长版及教师版),对目前家长助教活动的现状进行调查分析,主要调查家长对助教活动的认识与困惑,了解现有的家长助教活动策略。调查研究结果如下:

(一) 家长助教的需求度高和认可度高,但存在认识上的误区

在调查中发现,86%的家长及100%的教师认为幼儿园需要家长助教。但家长对家长助教存在认识误区:一是认为幼儿园教育只是园所的责任,二是认为组织幼儿活动是一件很简单的事情。

(二) 家长参与家长助教活动意愿高,但缺乏教师指导

93%的家长表示愿意参与家长助教活动,但真正参与过助教活动的只有21%的家长,没能参与的原因主要是没有时间,另一个原因则是没有机会。在家长助教活动前的教师指导方面,33%的家长反映自己总是能得到教师的指导,但也有22%的家长反映自己从来没有得到教师的指导。

(三) 助教内容计划性较强,窄化家长资源的价值

在教师问卷中,通过对"家长助教活动的内容是由谁确定的"进行调查发现,74%的被调查者选择是由家长确定的。但对教师的进一步访谈及分析中却发现,大部分"家长定"的助教活动其实都是在教师的引导及既定范围内选择的,完全放手由家长定的情况只占其少数。

二、 家长参与课程的实践

(一) 思考家长助教的定位

1. 家长助教是补充不是代替

家长助教应与幼儿园常规教育内容形成优势互补,尽量结合各类家长资源,在内容上体现丰富化与多元化,扩展幼儿视野与知识面。家长助教不是幼儿园对教育责任的推卸,而是一种更有效的教育模式。

家长助教不能也不应该代替教师的专业教学活动。幼儿教师的工作具有一定的专业性,家长们都有自己的专业领域,最好的状态是两种专业领域能形成互补,利用家长的专业与资源辅助幼儿园教育,而不是强求家长学习和钻研幼儿教育的专业领域。

2. 家长助教能使家园共同受益

从宏观上来讲,家长资源涉及的领域丰富而多元,如学科领域、职业领域、专业领域等,将家长资源纳入到幼儿园教育资源中来,势必会带来课程资源在广度与深度上的极大扩

展。家长助教不仅为家长搭建了一个与教师、幼儿交流互动的平台,为家长提供了关注儿童的新视角,也为家长间的互动提供了平台。

(二) 家长参与课程的策略

1. 做好家长资源的开发与利用

华师附幼建立了家长信息档案,探索"引进来"及"走出去"式的家长助教,充分开发与利用家长资源,丰富幼儿园课程体系。

"引进来"式是指把家长助教请进幼儿园,利用他们的职业、兴趣、爱好、专业优势等,参与幼儿园课程的融合开发。家长助教包括专业型家长助教及技能型家长助教。专业型家长助教指的是具备系统的文化专业知识,在专业上有替代教师的明显优势,能弥补教师专业缺陷的家长;技能型家长助教指的是具备一技之长,能利用自己的技能特长,参与教师的课堂教学,辅助教师开展教育教学的家长。"走出去"式是指和家长助教一起走出去,利用他们提供的场所基地,带领幼儿进行实地参观学习。这类型的活动解决了幼儿园教育资源局限的问题,幼儿园可以借助家长提供的资源,和幼儿一起实地参观学习。

教师需要了解本班家长的情况,具体分析家长资源。在新生入园的第一次家长会中,教师会通过家长助教调查表的形式,对班上的家长资源进行一次摸底,并根据调查数据得知班上的家长资源有哪些,为日后的助教活动做好准备。首先,教师根据表格的内容,也可以大致了解家长能够参加助教的时间,如:是上班时间开展还是周末等。其次,教师可以在家长会上,与家长分享往届家长助教的一些成功案例或片段,让家长进一步了解家长助教的内容,同时,可以根据家长自身知识或特长情况,招募家长助教志愿者。

2. 建立、健全家长助教活动制度

借助相关的制度、规范可以使家长助教活动从宏观计划到微观细节都更加得具体和可操作。华师附幼针对家长助教先后制定了《家长助教资料管理制度》《家长助教预约制度》等相关制度;同时,针对教师的家长工作情况,出台了《幼儿园家长助教工作制度》,并将其纳入到教师的工作考核中。

除此之外,班级家长助教活动需要发挥家长委员会的带头作用。家委会应参与到班级课程建设管理,与教师共同讨论学期课程计划,参与助教活动方案的制定,尤其是随着主题活动的深入开展,需要到园外进行实践体验时,应更多地由家委会负责牵头组织,加强家长助教活动的可行性。

3. 做好家长助教活动的计划

根据班级家长的教学资源,围绕幼儿园的各种活动及教学主题,家园共同制定本学期的助教活动。教师可根据实际情况制订出每月的助教内容及助教家长名单。如开展"妈妈讲故事系列课堂""妈妈美食系列课堂""走进国画世界系列活动""故事欣赏与表演"等;还可以利用特殊节日举办活动,如元宵节做汤圆、端午节包粽子、中秋节做月饼等。

另外,教师应当考虑到家长资源具有生成性与随机性的特点,要拓宽思路,但不能陷入盲目性无计划的误区。如果教师过分依赖自己的助教计划,会出现"教师拟定宏观内容使助教内容狭隘化"的问题。所以综上可得,家长助教活动必须要有相关的计划,并且列入班级工作计划中。

家长助教计划既要关注与主题教学相关的助教活动的计划与实施,还应当关注家长资

源的特殊性,根据幼儿的生活和经验生成相关的、随机的家长助教活动。总之,要从课程和家长特色资源两条线索出发,做好家长助教的预约申请与整体计划。

(三) 家长助教内容选择的策略

家长助教内容的选择,其切入点应该是多元的,可以从以下四个方面进行选择,采用多种形式,开展丰富的助教活动。

1. 选择与教学主题相关的助教内容

例如,在"多彩的秋天"主题活动中,华师附幼结合华师园林科的家长资源,带领孩子一起走进园林科,探秘菊花扎作基地。

2. 选择与幼儿的生活密切相关的助教内容

例如,结合传统节日开展助教活动:在元宵节当天,班级开展"美味的汤圆"的活动,邀请喜爱烹饪的妈妈们与孩子一起搓汤圆、煮汤圆以及品汤圆。

3. 选择幼儿感兴趣的助教内容

例如,某个班的孩子对植物特别感兴趣,班上有位家长在植物园工作,利用周末时间带领大家到植物园进行"亲子植物王国定向越野活动",同时还可以在班级开展"植物的颜色"趣味探索实验活动。

4. 选择符合幼儿年龄特点的助教内容

例如,华师生命科学学院的动植物标本馆,这里珍藏的标本有几千种,除了标本馆外,还有许多大大小小的实验室及实验基地,需要根据不同年龄段幼儿的特点选择适宜的内容,托班幼儿可以参观蚕宝宝饲养基地,小班幼儿可以参观水生植物,中、大班幼儿可以参观实验室、标本馆等。

(四) 家长助教中教师指导的策略

1. 抓好活动前的准备工作

首先,做好家长助教的培训,帮助教师及家长科学定位角色,充分理解家长助教的价值,同时进行调查,建立家长资源库,了解家长拥有的资源、家长的意愿和时间安排等,为合理安排本学期家长助教计划打好基础。

其次,教师事先要根据家长的特点确定教学主题,和家长一起研究并选择适合本班幼儿年龄特点的教学内容,共同讨论切实可行、寓教于乐的活动方案,并教给家长一些简单的课堂用语和儿童用语,共同准备活动所需的各种材料等,沟通商量可能出现不同状况的应急预案,帮助家长消除恐惧心理和克服紧张情绪。

2. 做好活动中的辅助工作

由于家长不是专业的幼儿教育工作者,没有组织幼儿教学活动的经验,对活动中幼儿的反应往往不能及时应对,因此,助教过程中教师的辅助和适时指导特别重要,例如家长开展助教活动前,教师要向幼儿介绍助教家长以及活动内容,在活动中维持班级秩序,帮助家长换个通俗易懂的说法,调动课堂气氛等,协助家长为幼儿营造一个愉快、和谐、健康的活动环境。

3. 重视活动后的反馈、延伸工作

活动后,教师应及时地进行肯定与鼓励,并预约时间针对活动进行深入的"家长与教师一对一沟通"。沟通重点放在以专业的视角帮助家长解读活动中幼儿的行为,从专业教育

者的视角对活动进行解读,使家长理解幼儿的年龄特点、学习方式,关注幼儿园教育的游戏性、差异性、操作性,为家园协同共育打下深厚的认识与情感基础。

　　此外,开展家长助教活动,仅仅让一部分家长参与是不够的,它的目的是抛砖引玉,让更多的家长加入到该队伍中,真正实现家园协同共育,因此,采取多种多样的宣传,充分调动班上家长参与助教活动的积极性,是很有必要的。每次助教活动结束后,教师需要及时收集资料,如:活动教案、活动过程的照片、幼儿活动后的收获、家长助教心得体会等,并将一对一的沟通变成辐射式的分享,通过 QQ 群、微信群、家园联系栏等媒介,把家长助教的活动通过文本、照片及视频呈现给家长,与本班家长做好分享工作,发挥单个、单次家长助教经验的辐射作用。分享家长助教实例,不仅可以使家长助教的经验在班级中得到有效的积累,同时也能让更多的家长了解、参与、支持助教活动,从而稳定和扩建助教队伍,让更多的资源成为幼儿园的共享资源。

第五章

协同共育中的"社区＋"发展模式①

借鉴"互联网＋"的含义，华师附幼提出了"社区＋"的概念，把社区的资源与幼儿园的各项工作有效结合起来，实现幼儿园的创新发展。华师附幼社区实践的探索经历了社区活动的萌芽、社区资源库的建设、社区教育实践基地的探索的阶段，"社区＋"模式是多年的教育探索积淀下来的独特教育经验。在"社区＋"的视野下，华师附幼将社区资源充分运用到幼儿园课程改革、师资培训以及园所管理中，形成长效合作机制，为幼儿营造一个优质的教育环境。

第一节 "社区＋"发展的理念

一、"社区＋"发展的概念

《指南》提到："要充分利用自然环境和社区的教育资源，扩展幼儿生活和学习空间"。在《指南》的引领下，华师附幼高度关注幼儿园教育资源的拓展。在探索中发现，社区资源不仅能够服务于幼儿，而且能助力幼儿园多方面的发展。不可否认，幼儿园一定是依靠社区，与社区共建共生的。幼儿园既享受着社区物质文化和精神文化建设与发展的丰硕成果，同时也受到社区经济水平、生活文化、价值观念、传统文化的影响与制约。社区内的各单位、团体、部门、文化都是幼儿园这一教育生态系统中不可忽视的重要组成部分。幼儿园作为专业的教育机构，应当积极主动地与社区形成良好的互动关系，借社区之力，与社区携手共同打造一个家庭、幼儿园、社区共建的良好的教育生态。

在探索与实践的过程中，华师附幼尝试借用"互联网＋"的概念和思想来建构幼儿园"社区＋"的概念和发展模式。"互联网＋"战略就是利用互联网平台，利用信息通信技术，把互联网和包括传统行业在内的各行各业结合起来，在新的领域创造一种新的生态。②"互

---

① 本章部分内容曾发表于《学前教育》杂志(ISSN 1007－8169)，2019年2月，93－96.
② 顾嘉.对"互联网＋"的思考[J].通信企业管理，2015，(06)：12－14.

联网＋"具有跨界融合、开放共生、连接一切的特点。① 综上，华师附幼将"社区＋"界定为：以社区教育实践基地为平台，把社区中的各项资源和幼儿园的各项工作有效结合起来，形成幼儿园与社区深入互动的生态。幼儿园在开发社区教育资源时，应坚持与社区互利互惠、平等交流的原则。②"社区＋"是社区资源与幼儿园各项工作的融合，是社区与幼儿园互惠互利、共同发展的一种创新模式。

067

幼儿园的发展体现在幼儿、教师、家园互动、课程、园所管理等各个方面。借鉴瑞吉欧学前教育机构"全员参与"的理念③，"社区＋"视野下的幼儿园发展，可以调动社区各方力量，增进幼儿园与社区里各要素间整合性的沟通，从而挖掘社区内相对优质、丰富、多元的资源，将其与幼儿园的教育活动、师资培训、课程改革、组织管理等全面融合。这种融合不是简单的一加一等于二，而是希望最大程度地实现深度合作。

"社区＋"视野下的幼儿园发展呈现出家、园、社区密切合作的图景，希望通过该项目的研究，能打通幼儿社会生态系统中的层层壁垒，实现各微系统之间高质量的互动。如何充分调动社区资源，提高幼儿园与社区的互动质量，迸发出"社区＋"的强大效应，从而促进幼儿园的创新发展，是华师附幼在社区资源的开发与利用中一项突破创新的内容。

二、"社区＋"发展模式的意义

联合国教科文组织在1981年指出幼儿教育必须从学校这个封闭的范围中解放出来，扩展到家庭与社区。④"社区＋"模式是华师附幼多年的教育探索积淀下来的独特的教育经验。对于社区资源，幼儿园不仅要开发，还要充分发挥其价值，这是迈向"优质教育生态环境"的关键一步。换言之，打造"社区＋"模式是在挖掘丰富的有价值的社区资源的基础上深入探索资源利用的最优化，是站在更高的平台上，将幼儿园发展放在大社区的视野下重新审视、考量。建构幼儿园"社区＋"发展模式的目的是为幼儿园教育提供一个开放的思路，希望通过资源的融合来建构一个良好的教育生态系统。"社区＋"发展模式的意义主要体现在以下几个方面：

(一)为幼儿的发展创设环境支持

幼儿所负载的不仅是个体的成长以及家庭的期望，还有社会、国家和民族的未来。在对幼儿的教育过程中，幼儿园、家庭、社区不能局限在自己的边界之内而不与其他教育主体和教育因素发生关联，而是应该通过互动与合作为幼儿构建一个全方位的学习与发展语境。从生态系统理论的视角来看，社区是幼儿成长微观系统中的一环，它与家庭、幼儿园共同组成幼儿成长的中观系统。对于幼儿来说，中观系统中各微观系统间的互动质量会对幼儿的发展产生影响。当这三者是疏离的、割裂的、冲突的时候，幼儿在成长过程中获得的经验将是零散、矛盾、断裂的碎片。当这三者密切相联、相互关注、彼此支持，进入一种互动对话的模式时，幼儿在某一系统中获得的经验就可以在三大系统中流动起来，经验不断地进行生成与验证，经验与经验之间可以进行有效的连接与碰撞，为幼儿的发展提供更大的可

① 张岩."互联网＋教育"理念及模式探析[J].中国高教研究,2016(02)：70-73.
② 王青.以社区为依托,建构家、园、社区共育平台[J].学前教育研究,2005(10)：65-66.
③ 蒋东格.畅想瑞吉欧社区式管理模式在中国幼儿园的推行[J].亚太教育,2015(26)：211.
④ 蔡东霞,韩妍容.幼儿园对社区教育资源的开发与利用[J].学前教育研究,2008,(11)：55-56.

能性。

(二) 为幼儿园的发展提供内涵支撑

幼儿园教育以幼儿为本,幼儿园的发展必将为幼儿的发展带来积极的促进作用。家长、社区对幼儿园教育和管理的参与可以有效提升幼儿园的发展效率,使幼儿园在资源利用、活动开展、课程建设、组织管理等方面不断获得发展。幼儿园应该增强主动获取社区资源的意识,注重分析各类社区资源的特点[1],关注幼儿园与家庭、社区的互动,这种互动不是"简单的请进来走出去"的形式,也不是"被动的邀请和参与"的姿态,而应当成为一种开放的教育观念,共同合作打造一个优质的教育生态环境,协同共育参与幼儿园各项事务建设的管理。

(三) 为社区发展提供功能支柱

孩子是社区的孩子,幼儿园是社区的幼儿园,幼儿和幼儿园的发展与社区的发展息息相关、相互影响。幼儿园作为社区的子系统,首先承担着培养孩子的功能,也通过培育功能来实现社区文化的延续与发展,促进社区的完善与稳定。幼儿园参与和介入社区活动,可以促进学校教育社会功能的实现,从而有效活跃社区的文化氛围,激活社区的文化发展。因此,办好幼儿教育不仅是幼儿园自己的事情,更是社区的事情;办好幼儿教育不仅能发展幼儿园的事业,更能为社区发展提供功能支柱。

第二节 "社区 +"发展模式的主要内容

幼儿园与社区互动的深入程度,由表及里,可以分为资源利用型、服务提供型和文化交融型。[2] 对社区资源的利用是幼儿园与社区互动的初级层面。利用社区平台,将社会组织的力量和资源有效进行利用与整合,使幼儿教育真正成为社会的责任和义务,这才是互动的最深层,也是幼儿园探索"社区 +"模式的目标。[3] 在多年的探索中,华师附幼逐步摸清社区教育活动的内涵与方向,也意识到社区教育活动在幼儿园发展层面的覆盖面可以更广。因此"社区 +"模式从单纯的"社区 + 幼儿教育活动"逐步发展到"社区 + 幼儿园课程""社区 + 师资培训""社区 + 园所管理",社区资源与幼儿园的互动更多元、更深入。

(一)"社区 +"视野下的幼儿园课程

对社区资源探索的过程是幼儿园不断探索园本课程改革的过程。项目的开展带给了项目核心组和中心组的教师,甚至是全园教师在教育理念上的转变,教师们越来越关注到生活在幼儿教育与发展中的重要作用。在项目的指引下,园本课程发生了巨大的变化。

1. 课程目标更重视生活价值

在课程目标上,华师附幼立足于生活,更加关注幼儿经验的连续性,希望通过社区力量,让教育更贴近生活,让幼儿能够成为自主自信、热衷探索、快乐健康、全面发展的"真儿

① 孙姝婷. 幼儿园利用家庭、社区资源进行科学教育的现状与建议[J]. 幼儿教育,2009(09):28 - 31,41.

② 陈红梅. 幼儿园与社区互动行为类型及其推进策略[J]. 学前教育研究,2013,(05):49 - 54.

③ 徐海飞. 社区特色助教资源注入幼儿园教育活动的实践研究[J]. 浙江教育科学,2018(03):61 - 62,57.

童"。

2. 课程架构更加突出社区特色

在课程内容上,华师附幼既沿袭优秀传统,也不断地与时俱进,在实践中不断丰满"至真"课程,形成"主题课程与特色课程相辅而行"的课程方案,彰显园本课程的特色。特色课程的其中一项就是社区特色课程。在继承园所优良社区活动经验的基础上,结合所探索和开发的社区资源,幼儿园逐步丰富了以"自然情感教育""大学精神熏陶""公民意识萌芽"为主要内容的社区特色课程,为幼儿提供了拓展生活经验的机会,提升了幼儿的综合能力。

3. 活动内容更加创新灵动

在整合社区资源的过程中,幼儿园可寻求外部支持团体,如由家长充当智囊团和由专业人员组成的技术团,共同开发活动内容。[①] 教师们不再局限于书本教材中固化的教案,开始主动联系家长和社区,挖掘社区中的资源,围绕主题设计出灵活生动、富有创意且贴近幼儿生活及发展需要的社区活动内容,如借助在车队工作的家长设计了"车子的秘密"系列活动、与生命科学学院共同打造了"虫虫总动员"科学体验周活动,与人民武装部携手共建了"小小兵"国防教育系列活动。

4. 活动形式更加丰富多样

在活动形式上,社区资源也被充分利用起来,大到大型活动,小到区域活动,都能够见到社区资源的影子,如家长调动身边资源为"六一"晚会提供灯光设备、大学生街舞队作为跳蚤市场的开场嘉宾、学前教育专业的大学生与幼儿园教师共同设计新年定向越野活动、生科院家长指导班级种植角活动、美术学院师生带领孩子和幼儿园教师到工作坊开展母亲节手链制作活动等等,活动形式多样。

(二)"社区 +"视野下的师资队伍建设

1. 园院联动,打造"双向职前培养"

大学生是高校特有的社区资源优势,参与到幼儿园的日常活动,其特有的热情和活力会给幼儿园带来蓬勃生机。[②] 同时,大学生也在参与活动的过程中,获得社会经验的提升,为进入社会工作奠定基础。在此基础上,华师附幼与各院系建立"双向职前培养"的合作关系,成为了大学本科生、研究生成长的第二课堂。

在双向培养阶段,幼儿园遵循"见习-实习-顶岗"的职前培训模式,向学生全面开放园所的教育活动和教研工作,为学生提供见习与实践的有力平台。"双向职前培养"一方面有助于各院系提升学生教学实践能力,一方面也作为幼儿园人才储备的有效途径,吸引了一大批涵盖学前教育、美术及体育专业、德才兼备、能力精湛的人才成为师资团队的中坚力量,极大地推进了师资队伍的建设。

2. 引进专项资源,促成"职后专业培养"

人们常常评价幼儿教师是"全能型"的,每一名幼儿教师基本上都要开展五大领域、八大学科的活动,也正是因为"全能",所以很难会达到样样精通,可能会存在某些领域的短板。而社区里有科学、语言、艺术、健康、社会等领域的专家学者,他们有着系统的知识结构

---

① 沈丽华.幼儿园课程开发中社区资源的整合[J].学前教育研究,2010(05):60-62.

② 王岫.上海市高校附属幼儿园家庭、社区资源占有情况调查[J].幼儿教育(教育科学版),2007(02):45-47.

和专业技能,能为幼儿教师提供相关专业的支持。于是,华师附幼进一步携手社区的各院系单位,开展了多层次、全方位、高质量的师资培训以提升教师的理论素养与专业能力。如自 2016 年起,教育科学学院学前教育专业将相关专业课程的课堂搬到了幼儿园,附幼老师能直接参与专业课程的学习与实践。再如,幼儿园与生科院、美术学院、音乐学院、体育学院等单位通过讲座或工作坊的形式,对教师的科学和艺术素养进行培训。通过引进高校社区各类资源,师资培训更有针对性,更专业化,满足不同层次的教师需求,全方位地促进教师的专业发展。

(三)"社区+"视野下的园所管理

传统的幼儿园管理都被认为是幼儿园自己的"家务事",完全由幼儿园内部负责。在《美国家园合作国家标准》中关于与社区合作的内容维度提到,家庭和幼儿园教职工与社区成员共同合作,联合幼儿、家庭及幼儿园教职员工拓展学习机会及社区服务,鼓励公民积极参与。[①] 取得社区的支持,确保"走出去"安全可靠,提高幼儿园的社区认同感、归属感和亲和力。[②] 这给予了幼儿园很大的启发:社区中有后勤、医疗、食堂、安保等服务系统,不管是幼儿园"走出去"还是"引进来"的活动,这些系统中的人力物力正是幼儿园管理所需的力量,能够使幼儿园管理更加科学、专业、规范、高效。高校社区有着专业的院系单位和完善的管理系统,为幼儿园的场地设计、园所规划、科研管理、后勤管理等提供相应的帮助以提高管理水平。

目前,华师附幼已和多个单位实现了管理方面的合作,且合作以专业化、固定化、制度化的形式进行,如美术学院的教师与学生为幼儿园规划和设计玩具器械收纳场地,并且对幼儿园的墙面进行优化改造。这样的合作既发挥了美院的专业性,同时也能使幼儿园的空间使用更合理、材料更环保,而且使场地更具教育价值和审美价值。又如,教育科学学院、心理学院与幼儿园共同研究促进幼儿学习与发展的课题项目,学习了规范化管理课题的经验。再如,校医院定期进入幼儿园指导卫生保健工作,为全园教职工提供专业的保健培训并协助幼儿园防控疾病等。除此之外,幼儿园还邀请了计算机学院、教育信息学院优化幼儿园的信息网络,推动园所管理的信息化;邀请后勤管理处协助规范厨房、安保等方面的管理,为幼儿园营造安全的生活环境。

---

① 张鸿宇. 美国家园合作国家标准评介与借鉴[J]. 教育探索,2017(04):104 – 108.

② 孔小琴. 高校附属幼儿园家庭、社区资源的价值分析及利用策略[J]. 山东教育,2007(18):4 – 6.

| 实践篇 |

案例精粹

第六章

家园协同共育案例

家园协同共育是幼儿成长的条件需求,是幼儿园发展的现实需求,是幼儿家长进步的客观需求。家园协同的途径是多样的,包括家长会、节日亲子活动和家长助教活动等。不同的途径,在目的上既有共性,也有个性。共性目的均是为了促进幼儿的发展,增进家园的联系。个性的目的各有侧重:家长会主要是传达信息、解决问题和提升家长育儿素养;节日亲子活动主要是拓宽家长了解幼儿园的渠道,增进亲子关系;家长助教活动主要是突破教育空间和教育资源的限制,为幼儿的发展创造多种可能性。

第一节 家 长 会

新生家长会、学期家长会和专题家长会是幼儿园家长会的主要内容,其中,全园、级组和班级是不同规模的组织形式。

一、家长会前期准备

(一) 内容准备

1. 确定家长会性质、类型,明确家长会的目标。

2. 梳理家长会主要内容,拟定家长会提纲。

3. 召开年级会议,研讨家长会主要内容和流程,解读各环节关键要点。

4. 对家长会内容进行试讲,既重点关注内容的完整性与主次性,也特别关注环节的顺畅性与自然性。

(二) 物质准备

1. 制作家长会视频①(包含自我服务篇、主题活动篇、自主游戏篇、户外活动篇、社区活动篇、家长助教篇、大型活动篇)。

---

① 作者注:家长会视频是为了增进了解和激励参与,即用可视化的方式让家长全方位、多方面了解幼儿在园的点滴进步,用多样化的内容让家长充分、深刻意识到自身在幼儿成长中的重要性。

2. 撰写家长会通知,准备邀请卡、签到表、观摩记录表及调查问卷等。

3. 准备家长会所需物品:桌椅、电脑、投影、翻页笔、音响、话筒、纸、笔等。

二、 活动流程

(一) 准备环节

1. 家长进行签到。

2. 观看幼儿成长视频。

(二) 不同类型家长会的主体环节

1. 新生家长会的主体环节。

(1) 介绍幼儿园的整体情况:园所环境、基础设施、领导队伍、教师队伍、课程架构等。

(2) 介绍班级概况:教师团队、幼儿现状等。

(3) 介绍幼儿园作息时间表和一日生活流程。

(4) 进行新生入园适应主题讲座。

(5) 介绍新生适应课程内容和要点。

2. 学期家长会的主体环节。

(1) 介绍新学期班级概况,重点介绍新课室、新生及新教师。

(2) 回顾幼儿上学期的成长与变化。

(3) 介绍新学期课程,明晰活动目标,讲解活动对幼儿成长的价值和意义,鼓励家长提供适宜的教育资源,参与教育过程。

(4) 介绍新学期幼儿园大型活动,突出大型活动是家长参与幼儿教育的重要契机,是了解班级、陪伴孩子的重要窗口,激励家庭成员积极参与。

3. 主题家长会的主体环节。

(1) 分析幼儿的年龄发展特点、典型表现、存在的困境和原因。

(2) 解释幼儿园面对此困境采取的保教工作方法和取得的成效。

(3) 详细介绍幼儿园与此相关的教育理念,传递科学的教育观点。

(4) 交流家庭教育经验,携手家园合作共育。

(三) 结束环节

1. 感谢家长的到来和积极参与。

2. 提醒家长及时完成家长会调查问卷并提交记录表等。

三、 后期工作

1. 统计分析调查问卷。

2. 分析各班观摩记录表。

3. 做好家长会总结。

4. 整理相关成果。

中班主题家长会：自我管理

一、活动目的

1. 帮助家长了解培养重点，即提升幼儿自我管理能力，增强幼儿自我服务和为集体服务的自觉性。

2. 帮助家长转变观念，从实际出发，结合幼儿的生活及经验，学习引导幼儿自我管理的策略。

3. 加强与家长之间的联系，鼓励家长积极参与家园共育活动。

二、"自我管理"主题家长会活动过程

（一）活动背景

中班幼儿有一定的生活自理能力，可以为集体做些力所能及的事情，但是自我服务及为集体服务的自觉性不够，需要老师提醒、督促。另外，家长对孩子自己的事情自己做的观念逐渐弱化，较多出现帮孩子背书包、拿水壶、放晨检卡等情况，剥夺了孩子自我管理的权利。本学期家长会选择"自我管理"主题，目的在于回归生活，帮助孩子实现自我管理，走向自觉。

（二）自我管理的概念

1. 思考：什么是自我管理？

家长表达自己的理解，教师将关键词记录在小黑板上。

2. 自我管理的概念。

自我管理是指引导幼儿在他们力所能及的范围内，通过生活、游戏、与人交往等，在语言、情感、态度、行为能力方面，培养幼儿自我约束、自我调控、自我调节、自我控制等一系列的能力。自我管理是自我教育的基础，是幼儿的内在需要，它包括自我服务、情绪管理、健康管理、时间管理、学业管理、钱币管理六个方面内容。

（三）家长树立孩子自我管理的观念

1. 思考讨论：自我管理重不重要？自我管理能力强的人有哪些表现？自我管理能力弱的人有什么特点？

教师及时在小黑板上记录家长表达的关键词。

2. 小结：自我管理是孩子自我认知的过程，能够帮助孩子发现自己的优点或者学习接纳自己的缺点，胜任自己力所能及的事情，不断提高自信心，形成乐观积极向上的心态，不断成为更好的自己。

本环节关键点：家长认可孩子学会自我管理的重要性，引导家长从观念上重视对孩子自我管理能力的培养。

（四）家长相信孩子有自我管理的能力

1. 讨论：请家长们分组讨论，"我愿意放手让孩子做的事情"及"我不愿意放手让孩子做的事情"，将讨论结果分别记录在白纸上。

（1）围绕"愿意放手让孩子做的事情"，请家长分享在家里是如何培养孩子自我管理的能力的。

（2）根据"不愿意放手让孩子做的事情"，分析家长不放手的原因，遇到有争议的做法，引导家长互相交流，让家长教育家长。

总结：在日常生活中，我们可能会在无意中剥夺了孩子自我服务的机会，但我们要相信孩子有自我管理的能力，如果我们不尝试放手，就无法发现孩子的潜能在哪里。我们一起来看看孩子在幼儿园是怎么做的？老师是怎么引导的？

本环节关键点：家长要相信孩子有自我管理的能力，敢于放手，给予孩子机会，悉心指导孩子，做到放手不放眼。家长通过讨论，互相分享自己培养孩子自我管理能力的秘诀、存在的困惑，目的在于实现家长间互相学习，互相借鉴，而不是完全依赖教师帮忙解决问题。

2. 播放幼儿在园自我管理的视频，家长分享感受，教师进行引导。

播放幼儿在园值日劳动、自主取餐（使用新餐具）、照顾植物、分发材料等视频。向家长分享视频中孩子成长的过程，引导家长关注孩子在园自我管理的历程，如开始、中间和最后环节里孩子的表现、学习和调整。教师向家长分享幼儿园的做法，如创设环境、提供适宜的工具等。

本环节关键点：帮助家长了解幼儿园是怎样帮助孩子做到自我管理的，让家长为孩子在园表现感到骄傲的同时，转变教育观念，学习借鉴幼儿园培养孩子自我管理的方法。

（五）怎样引导孩子自我管理

1. 让孩子感受到自己的重要性。

提问：怎样让孩子觉得自己是家里不可少的一份子，可以为家付出自己的努力？

关键：赋予孩子使命感，体现自身的重要性。例如你是家庭成员，我们需要你，只有你才能完成，你可以为家付出。

2. 给孩子提供选择的权力。

关键：自己安排，自己负责。

3. 把任务细致化，并给孩子做示范，教会孩子做的方法。

关键：任务要清晰，让孩子清楚自己要做的事情，可分步骤说明任务。

4. 给孩子提供合适的工具。

5. 鼓励而非表扬。

举例1：你今天会自己叠好衣服，真了不起！

举例2：你真乖，能帮妈妈叠衣服！

关键：（对比这两句话）肯定孩子过程中的努力，而不是因为孩子听话。可以增加些孩子活动照片，让家长练习鼓励句式。

6. 忘记"完美主义"，给孩子发展的时间和空间，相信会越来越好。

7. 不强迫孩子，但要坚持原则。

情景：收拾玩具

情景A：

妈妈：该收玩具了！（命令语气）

宝宝：我不想收！

妈妈：马上去收拾，再不收拾我就把玩具没收了！

情景B：

妈妈：该收玩具了。（平和语气）

宝宝：我不想收！

妈妈：妈妈知道你现在有点累，不想收拾对吗？

宝宝：嗯。

妈妈：你希望妈妈怎样帮助你？你是想休息两分钟再收拾？还是现在我和你一起收拾？

宝宝：我想妈妈帮我收！

妈妈：那我们一起来收拾吧，玩具要回家啦！

宝宝：妈妈，我把小飞机送回家，你把小熊送回家吧！

妈妈：好的。

（妈妈与宝宝一起完成）

提问：

（1）如果你是孩子，你更喜欢哪位妈妈？

（2）"你收还是不收"跟"你现在收还是一会儿收"两个问句有什么区别？孩子会怎么选择？

（3）在这个过程中，需要坚持的原则是什么？

（4）我们可以怎么做？

第一，接纳孩子的情绪，理解孩子的心理：妈妈知道你现在很焦虑，不想收拾，对吗？

第二，能告诉妈妈你遇到了什么困难吗？你希望妈妈给你什么帮助呢？

第三，如果孩子实在不想做了，不要强迫孩子，明天再一起做。

关键：坚持原则，但不一定要强迫孩子，可以采取理解、支持的策略。

8. 行为公约，做孩子的榜样。

关键：家是大家的，每个人都有义务要让家变得更好，要给孩子做好榜样，一起做。

三、结束环节

1. 欣赏视频《鹬》，请家长谈谈自己的感受和收获。

（1）在这个视频中，小鸟是怎样成长的？鸟妈妈是怎么做的？

（2）教师围绕"相信、放手、陪伴、引导、坚持、耐心"六个关键词总结家长会。

2. 再次感谢各位家长能够积极参与研讨、发言，一起为孩子的发展出谋划策。

3. 请各位家长继续关注并积极参与幼儿园的各项活动，一起助力孩子的成长。

第二节　节日亲子活动

亲子活动具有情感性、生动性、趣味性等突出特点,为幼儿、家长、教师三者创造舒适、自在的空间,营造信任、和谐的氛围,是幼儿园进行亲子教育的主要实施途径。节日具有丰富的教育意蕴,是促进幼儿成长与发展的重要契机。当前,可利用的节日类型是多样的,包括传统节日、国际节日、民族节日、地域性节日等。幼儿园以节日为抓手开展亲子活动,可以达到分享节日快乐、促进幼儿发展、增进亲子情感、密切家园关系等多重目标。

一、 节日亲子活动前期准备

(一) 策划准备

1. 撰写节日亲子活动策划方案,确定活动流程及人员工作安排。

2. 召开节日亲子活动筹备工作会议。

(二) 物质准备

1. 规划节日亲子活动的场地。

2. 购买与制作装饰、游戏等活动所需的材料,为节日营造欢乐、喜庆的气氛。

3. 准备节日活动的设备,并积极做好调试工作。

(三) 其他准备

1. 各班级召开节日亲子活动家长会:帮助家长了解活动对幼儿成长、发展的价值与意义;明确家长需要配合与支持的方面,使家长清晰共同参与的工作内容和基本要求。

2. 建立亲子节日活动家长资源库:物质资源、人力资源、社会资源等。如借用家长提供的优质设备,借用社区的场馆资源,邀请社区内艺术团等人力资源。

3. 招募家长义工进行工作协助:如摄影、扮演吉祥物、布置场地等。

二、 节日亲子活动当天流程

(一) 准备环节

1. 教师提前布置好活动场地,幼儿、家长按时到达活动场地。

2. 幼儿、家长、教师、工作人员做好开场准备。

(二) 开场环节

1. 主持人简单介绍活动主题、意义,对幼儿、家长表示欢迎。

2. 通过开场表演调动现场气氛。

3. 主持人简单介绍游戏目的、游戏内容、游戏场地等。

(三) 核心环节

幼儿在家长的陪伴下积极参与和体验,遵循游戏的规则;教师在亲子活动的过程中做好指引与支持,及时解决问题,保障活动顺利进行。

(四) 庆祝环节

1. 主持人现场进行随机采访,让幼儿、家长、教师能够及时分享游戏的快乐,表达节日祝福,渲染活动氛围。

2. 集体进行狂欢活动,通过集体律动、集体歌唱、集体走秀、集体朗诵等方式,将节日的欢乐气氛推向高潮。

3. 派发节日小礼物,传递节日祝福。

(五) 结束环节

1. 宣布活动结束。

2. 班级合影留念。

3. 家园合力整理场地。

三、 风险预测与应对措施

1. 天气问题:留意天气预报,做好预案。如天气太热,可以借太阳伞或帐篷;如遇下雨,可以考虑改期、换场地。

2. 设备问题:所有现场设备提前调试;备好充分的资源;建立应急方案;安排专业人员专门负责,及时解决问题。

3. 安全问题:活动开始前多次检查场地安全,及时排除安全隐患。

四、 后期工作

1. 撰写通讯稿。

2. 挑选节日亲子活动照片,制作成果视频。

3. 及时收集家长的评价、反馈与建议,做好总结工作。

4. 收集节日亲子活动中的成长小故事,幼儿分享筹备与参与活动的感受、成长和收获。

5. 将节日亲子活动与主题、生活相关联,做好延伸活动。

小·班庆"六一"亲子化妆舞会活动方案

一、活动意图

"六一"是孩子心中快乐的节日,"六一"活动紧紧围绕"以幼儿为中心""快乐""美好"等关键词来开展。小班幼儿具有爱模仿、爱想象的特点,角色游戏是他们的最爱,常常会把自己代入到某一个角色中,如嫦娥、哪吒、孙悟空、艾莎公主、猪猪侠、超人等。本次活动以装扮、晚会、童话为主题,以传递美好、体验快乐为核心,以灯光作品、幼儿个性表演、亲子圆圈舞、教师快闪、音乐演奏为内容,不仅能让幼儿扮演自己喜欢的角色,尽情地游戏,获得美的熏陶,也能让工作忙碌的爸爸妈妈一起舞蹈、玩乐,释放内心的压力,享受美好的亲子时光。

二、活动主题

童梦奇缘。

三、活动目标

1. 能大胆表达自己关于角色扮演的想法,自主选择自己喜欢的角色和服装。

2. 感受各种灯光作品、灯光秀的视觉效果和美感,对"光"产生探索兴趣。

3. 增进亲子感情,感受亲子同乐共庆"六一"的温馨甜蜜气氛。

四、活动对象

全体小班幼儿及家长、小班教师。

五、活动时间

某日晚上。

六、活动地点

幼儿园班级课室及户外场地。

七、活动准备

(一)策划准备

1. 确定"六一"活动方案,设计活动流程和人员安排。

2. 召开活动筹备工作会议,使各位教师明确自己的工作内容。

(二)物质准备

1. 布置化装舞会的场地,安装灯光、音箱等设备。

2. 购置与制作场地和装扮所需要的材料。

(三)其他准备

1. 召开家长会,使家长明确活动内容和需要提前做好的准备。

2. 提前联系可提供支持的家长。

八、活动当天工作流程

(一)准备环节

1. 幼儿、家长按时入园,可在幼儿园门口拍照留影。

2. 幼儿、家长可利用班级提供的装饰材料进一步装扮自己,如彩纱、荧光棒、荧光颜料、不织布等材料。

3. 各班在班级内进行走秀和表演,如手影游戏、激光表演、灯光作品秀、小剧场等。

本环节关键点:开场前,园门口的留影活动可以让幼儿初步感受节日的氛围,充满期待。同时,帮助幼儿记录美好时刻,为其回顾提供可视化支持。教师提供简单材料进一步装扮,为幼儿的观察、模仿和创造提供充分的支持,且符合小班幼儿易变化、爱模仿的年龄特点。班级亲子灯光秀为家庭提供一个展示自己创意的平台,好玩的灯光、特别的造型都是亲子别出心裁的设计,在这样欢乐的氛围中增加幼儿的自信。

(二)开场环节

1. 全场倒计时,用亮灯仪式逐步点亮幼儿园主题场地,宣布灯光舞会开始。

2. 社区舞蹈团跳起童话主题舞蹈,正式开启灯光舞会。

3. 教师进行童话主题歌舞快闪活动。

本环节关键点:倒数亮灯的开场设置让活动氛围更加热烈;充分利用社区人力资源请社区舞蹈团现场主题表演,既为幼儿、家长等带来美的感受,也为社区大学生提供社会实践机会;教师的快闪活动既展示了教师的风采,也表达了教师对幼儿的节日祝福。

（三）核心环节

"快乐童年"小型音乐会。

本环节关键点：音乐会以多样、有趣的形式展开，既有轮唱，又有随机点唱；既有成人演唱，也有幼儿欢唱。"童年"在不同的人群中唱响，幼儿在歌唱中体会快乐，成人在歌唱中倍感珍惜。

（四）庆祝环节

1. 亲子舞曲串烧。

2. "六一"主题曲舞蹈。

3. 互送礼物与表达祝福。

本环节关键点：通过现场气氛的烘托、舞蹈动作表情的渲染和集体舞的亲近站位等方式，让亲子在载歌载舞的过程中感到轻松、愉悦和快乐；互送礼物和表达祝福让师幼、同伴、亲子的关系更加和谐、密切。

（五）结束环节

1. 宣布结束。

2. 合影留念。

3. 场地整理。

本环节关键点：表达感谢、祝福和期待。

九、活动延伸

1. 亲子共制幼儿"六一"成长小故事，请幼儿分享自己在筹备、参与过程中的感受、成长和收获。

2. 在"六一"主题后增加一个新的小主题"光影游戏"，区域收集与投放各种发光的道具、头饰、灯饰，为幼儿深入探索光影提供支持。

第三节　家长助教案例

　　家长助教活动是教师邀请家长走入幼儿园，走进课堂，参与到幼儿园日常教育教学的一项教育活动，是一种"引进来"的教育方式。家长助教活动旨在充分利用与发挥家长的职业、兴趣、爱好和特长等资源与优势，以促进幼儿全面发展和实现家园共育。家长能够以执教者、合作者和辅助者的身份参与到助教活动中，助教类型包括专业型助教和技能型助教。家长助教活动主要呈现以下几个显著特点：资源的独特性、内容的专业性、活动的丰富性、互动的充足性。家长作为执教者组织的活动具有典型性、代表性和不可替代性，是幼儿园教师在日常教育教学活动中所无法实现的，可以使幼儿享受到更多的教育资源，扩大幼儿的视野，接触到更多的"教育者"，发展幼儿的人际交往，为幼儿的发展多打开一扇门，多推开一扇窗。故本节案例主要呈现家长作为执教者的活动。

　　当然，不是所有的家长都适合以助教身份走进幼儿园，不是所有的家长资源都适合纳

081

入到幼儿教育中。适宜的家长资源也并不是简单移植和搬运即可,需要家长和教师在沟通协作中,将适宜的教育内容以适合的教育方式呈现给幼儿。在展现家长助教活动案例之前,应该先对家长助教活动的开展进行简要说明。

一、 家长助教活动的内容挖掘

1. 内容挖掘的依据:家长助教活动的内容挖掘,应根据幼儿的发展需要、幼儿的成长规律、幼儿的实际生活和幼儿的兴趣爱好来进行。

2. 内容挖掘的来源:可以依据家长资源调查统计结果,对家长资源进行归类、分析和整合,以主题课程、重要节日、关键事件等为重要载体对家长资源进行有效利用。

二、 家长助教活动的前期准备

前期准备可以从活动的相关主体出发进行考虑,包括幼儿准备、家长准备和教师准备三个部分,主要从物质、经验和环境三个方面考量。

1. 幼儿准备:幼儿的经验准备是保障活动有效实施的前提条件。

2. 家长准备:包括准备助教活动的适宜内容,也包括准备活动所需的相关材料,如PPT、视频、图片、材料包等。

3. 教师准备:教师需要克服困难,邀请家长;沟通、建议,确定家长助教的具体内容和方式适合幼儿的发展;准备助教活动所需的物质材料和环境布置。

三、 家长助教活动的组织过程

首先,是家长的自我介绍。家长助教是以班级为单位展开的活动,家长是来自本班孩子的家长,可以采取的介绍方式有三种:一是幼儿对自己的爸爸或妈妈进行介绍,二是家长自己进行介绍,三是教师对家长进行介绍。

其次,是活动过程的组织。活动过程一般包括讲解、演示、互动、体验、游戏等内容,依据活动的类型、内容不同,家长的组织方式也不同。

最后,是助教活动的结束。结束环节既包括对本次活动内容的总结与延伸,也包括对家长来园的感谢与鼓励。

四、 家长助教活动的后期反馈

反馈主要包括两个方面,一是反馈助教活动过程的实际情况,二是反馈助教活动之后的持续影响。反馈既体现了教师对幼儿行为表现的关注和支持,也表达了教师对家长助教行为的肯定和鼓励。

家长助教活动过程的实际反馈有两种:一是教师向家长的反馈,包括助教活动中教育内容的适宜性、教学过程的衔接性、教育方式的多样性、教学用语的规范性与童趣性、教育目标的实现程度、与幼儿的互动情况等;二是家长向教师的反馈,主要是家长在助教活动中的收获、感想与反思。

家长助教活动之后的持续反馈:内容主要包括幼儿在活动之后的兴趣状况、游戏活动、话题讨论和行为变化等。

小班健康活动：认识医生及医生的工作

一、家长信息

医生，曾赴武汉抗击疫情。

二、活动目标

1. 初步了解医生这个职业及工作内容，并尝试使用听诊器听到心音、呼吸音、肠鸣音，在接触听诊器的过程中，消除对医生及医院的恐惧。

2. 通过显微镜，观察微观世界的细菌。

3. 学习"七步洗手法"，养成讲卫生的习惯。

三、活动准备

白大褂、听诊器、体温计、注射器、血压计、细菌和寄生虫图片、显微镜。

四、活动过程

（一）活动介绍，引导孩子认识医生（见图6-3-1）

助教：小朋友们好，你们知道我是谁吗？（医生）

助教：从哪里看出来我是医生呢？在哪里会见到医生？

助教：你们看到我怕不怕呢？（不用害怕医生，医生是保护大家的。）

图6-3-1　认识医生及医生的工作

（二）讲解展示，向小朋友介绍医疗器械

1. 出示听诊器。

助教：今天，我给小朋友带来了几样医生用的东西。小朋友知不知道这是什么？这个是听诊器，能够帮助医生听到大家心肺的跳动。

2. 出示体温计。

助教：这个小朋友一定很熟悉了，是什么呢？这个是体温计，可以帮助医生测量大家的体温，知道你有没有生病发烧。

助教：我现在请几位小朋友出来亲身体验听心肺，量体温。

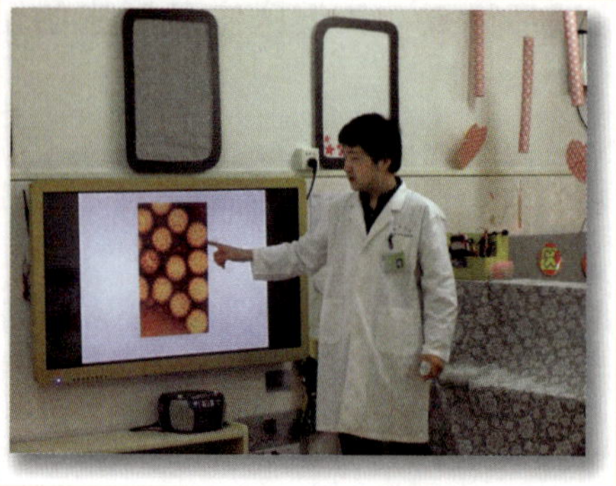

图6-3-2　了解细菌

3. 出示注射器。

助教：如果生病了就要用到这个工具，它是什么？（这个也叫注射器，帮助医生把药物注射到大家身体里。）

（三）介绍细菌，带领孩子们观察显微镜下的细菌

1. 介绍细菌，观察细菌的放大版图片（见图6-3-2）。

助教：孩子们，你们知道为什么人会生病吗？

助教：因为有细菌和寄生虫，它们很小很小，我们用眼睛是看不见它们的。看，这是通过显微镜所看到的细菌的样子，是不是很可怕？

2. 让孩子们真实地观看显微镜下的细菌（见图6-3-3,图6-3-4）。

图6-3-3　请孩子观察显微镜下的细菌

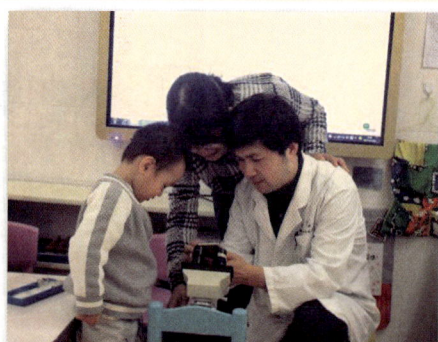

图6-3-4　家长和孩子一起观察显微镜下的细菌

（四）讲解洗手的重要性，学习"七步洗手法"

1. 讲解洗手的重要性。

助教：我们平时揉眼睛，抠鼻子，摸伤口，不洗手拿东西吃，就会感染细菌哦。所以我们平时要勤洗手，来跟我一起学习一下正确的洗手方法吧。

助教：大家都讨厌打针对不对？因为吃药很苦、打针会痛，但是只有打了针我们才能快快好起来，健康地跟小朋友玩耍，所以大家都不要害怕打针，做勇敢的小朋友。不想打针的话我们要怎么做呢？

孩子们：要勤洗手,不接触细菌,不生病就不会打针了。

2. 学习洗手法：掌心对掌心,手心压手背,十指交叉摩,手握关节搓,拇指围轴转,指尖掌心揉,手腕别放过。也就是：内、外、夹、弓、大、立、腕(七步口诀)。

五、活动延伸

(一)创设医院的角色游戏场景

1. 让孩子们穿医生、病人、护士的服装进行角色扮演,减少对医生、看病的恐惧。

2. 学习和运用医生的典型动作和语言。

(二)家园共育巩固"七步洗手法"

请家长与孩子一起将助教医生送的七步洗手贴纸粘贴在家庭的洗手池处,提醒孩子养成七步洗手的好习惯。

六、活动效果与反思

医生爸爸为孩子们开展了一次丰富有趣的家长助教活动,内容充实,形式多样。通过聆听、观察和体验,孩子们对医生的工作内容和工作方法有了基本的认识和了解,这有助于减少孩子们对医生的恐惧感。活动中孩子能够有机会体验真实的听诊器,聆听心跳的声音,同时能够通过专业的显微镜观看细菌,进一步理解了"七步洗手法"的重要性。本次活动让孩子们、老师们收获颇丰!另外,医生爸爸精心准备的小礼物(医院"七步洗手法"流程图贴纸),为家园共育提供了有力支持,更有利于孩子养成良好的生活卫生习惯。

(聂　楠)

小班科学活动：到车子里看看

一、家长信息

广汽丰田汽车内部构造研究师。

二、活动目标

1. 通过观察,初步了解汽车的种类及构造。

2. 能够简单说说自己喜欢的车的种类及原因。

3. 感知和体验到汽车与生活的关系,懂得安全乘车。

三、活动准备

(一)物质准备

汽车、各种汽车的图片。

(二)其他准备

向幼儿园申请将汽车开进幼儿园,停在大树下的空地上。

四、活动过程

(一)第一阶段：介绍导入

1. 助教自我介绍,说明本次活动的内容。

2. 助教：你见过或坐过哪些车？它们是什么样子的？

3. 助教：车子们长得都不一样，你们知道怎么区分它们吗？我这里有一些汽车的图片，我们一起来看看吧！

（二）第二阶段：自由交流——喜欢的车

1. 引导幼儿自由交流，说说自己喜欢的车及原因。

助教：你喜欢什么样的车？为什么？

助教：你喜欢的车子外形是什么样的？

助教：你还知道车子里面有些什么吗？你是怎么知道的？

2. 幼儿自由交流。

（三）第三阶段：观察汽车——打开车子看一看

1. 助教：幼儿园进门的大树下就有一辆汽车，我们一起去看看吧！

2. 助教打开车前盖，引导幼儿观察，了解汽车前盖里的构造。

3. 助教打开车后盖，引导幼儿观察，了解后车厢的作用。

4. 幼儿带着问题自由观察，教师观察指导，鼓励幼儿有更多自主发现。

（四）第四阶段：集体分享——乘车安全

助教：我们已经了解了汽车的构造，那我们平时坐车的时候，要怎样保护好自己，注意安全呢？

助教：汽车有什么作用呢？跟我们有什么关系？

小结：坐车要系好安全带，并且坐在安全座椅上。汽车可以让我们更快地到达目的地，可以带我们去旅游，让我们的生活更加方便。

五、活动延伸

（一）读写区投放相关绘本

1. 可以投放绘本：《揭秘汽车》《汽车嘟嘟系列》《司机的故事》等。

2. 投放方式：幼儿园班级投放，家庭绘本漂流。

3. 教师与幼儿围绕车的类型、外形、结构、功用等进行讨论。

（二）美术区投放相关画册

1. 在区角可以投放关于汽车的画册，供幼儿欣赏。

2. 可以鼓励幼儿通过粘贴画、捏轻黏土等方式创作心目中的汽车。

六、活动效果与反思

本次活动让我对孩子有了更深入的认知与了解。孩子的观察力是敏锐的，能够积极联想。当他们在观察汽车的结构时，他们还能立刻想到自己家的小汽车并进行对比，说出"我们家的车这个地方是什么样子的"……这些都说明孩子们在日常生活中经常观察，并且是有积累的，只是大人觉得开车、坐车是很平常的事，没有留意到孩子对车的兴趣。其实，生活中的事物都可以是一个教育契机，都可以让孩子学到本领。真是生活处处有教育啊！

（吴佩璇）

小·班社会活动：武术冠军

一、家长信息

武术运动员,曾荣获世界锦标赛南拳冠军。

二、活动目标

1. 通过世界武术冠军爸爸的助教活动,初步了解武术是中国四大国粹之一,萌发对武术的兴趣,增强"我是中国人"的民族自豪感。

2. 能愉快地跟随武术冠军爸爸做一些简单的武术基本动作。

3. 知道从小锻炼身体、增强体质,长大才能更好地保卫祖国。

三、活动准备

(一)家长准备

1. 家长助教自我介绍PPT,相关音乐与视频(平时练习武术的视频、参加世界武术比赛的视频、领奖视频)。

2. 获得的金牌、奖状、证书等。

3. 准备个人武术表演及适合孩子学习的武术动作和幼儿武术操。

4. 请一茗小朋友尝试用简单的语言介绍自己的武术冠军爸爸。

(二)幼儿准备

教师提前与幼儿制作爱心勋章,活动后送给一茗爸爸。

(三)其他准备

练武术专用的唐装。

四、活动过程

(一)一茗介绍自己的爸爸

一茗:大家好! 我的爸爸是武术运动员,他从小学习武术,每天刻苦练习。虽然在练习的过程中很辛苦,常常还会受伤,但我的爸爸能坚持刻苦练习,从不放弃,获得了世界武术冠军! 我爱我的爸爸,我希望我长大也能像爸爸一样,为国争光!

(二)一茗爸爸的自我介绍

1. 孩子们初步了解一茗爸爸的职业和工作内容。

2. 播放武术比赛视频,让孩子们初步了解练习武术的好处。

小结:武术是一种运动项目,中国武术是我国四大国粹之一,练习武术可以让我们的身体变得更加结实、健康,长大了才能更好地保卫祖国。

3. 播放参加世界武术比赛的领奖视频。

助教:小朋友们,你们知道在全世界的比赛中,我代表中国获得了什么奖吗?

助教:视频中获得冠军时,我是站在哪个位置? 在领奖的时候播放了什么歌曲? 什么国旗升起来了?

4. 一茗爸爸谈谈自己获奖感受(见图6-3-5,图6-3-6)。

5. 幼儿近距离感受奖牌、奖杯。

图6-3-5　一茗爸爸获奖照片

图6-3-6　一茗爸爸展示领奖

（三）现场表演与感受武术

一茗爸爸现场展示咏春拳、螳螂拳、棍棒武术、九节鞭等。

（四）孩子感受体验武术礼仪和基本动作

图6-3-7　学习武术操

1. 学习武术入门礼仪"抱拳礼"。

助教让孩子了解简单的武德：自古习武者须先习德，要尊重父母长辈，谦卑礼让，自强自立。

2. 学习基础拳法与掌法。

双脚分开与肩同宽，双拳放于腰间，左右手依次向前方冲拳或推掌，可让孩子提高躯干灵活性与协调性。

3. 学习基础腿法。

双脚分开与肩同宽，左手向前伸出微屈，右手搭在左手臂中间，左右脚依次向前方踢腿，可提高孩子的协调性与平衡力。

4. 播放音乐《中国功夫》，助教带着孩子一起做幼儿武术操（见图6-3-7）。

（五）赠送勋章给冠军爸爸

五、活动延伸

1. 引导孩子能够坚持按时入园，并积极认真完成早操及锻炼活动。

2. 请孩子们回家聆听并收集身边优秀人物的奋斗故事，和同伴分享收集的故事。

六、活动效果与反思

邀请武术冠军爸爸以助教老师的身份走进班级，能够帮助作为插班生的一茗更好、更快地融入班集体。一茗爸爸通过平时刻苦练习、比赛和获奖的三个视频，让孩子们直观感受武术的魅力，在体验武术抱拳礼、基本动作及幼儿武术操过程中，孩子们兴趣浓厚、积极参与。有的孩子在活动结束后说："一茗爸爸，长大了我也要成为世界冠军!"很长一段时间,只要班上来客人,孩子们总是会将客人引至主题墙,非常自豪地介绍:"这是一茗的爸爸,他是世界武术冠军,好厉害的。"

虽然只是一次简单活动,但它在孩子心中种下了一颗奇妙的种子。榜样的力量是无穷的,一茗爸爸用自己的亲身经历,激励着孩子们要为了自己的理想和梦想不断努力。作为一名中国人,我们需要传承祖国的文化,从小做起,从自身做起,锻炼身体,长大才能更好地报效祖国。这是多么生动的体验,武术冠军爸爸为孩子们树立了真实的榜样!

（聂　楠）

小·班语言活动：空军爷爷的故事

一、家长信息
幼儿园教师,讲述原广州军区某师某团空军地勤高射炮兵班长的故事。
二、活动目标
1. 能够认真聆听空军爷爷的故事,萌发对军人的敬爱之情。
2. 能够仔细观察、大胆提问和积极交流,初步了解高炮是空军陆地战斗的一种武器。
3. 体验发射高炮的乐趣,初步感受高炮的发射轨迹。
三、活动准备
（一）物质准备
教学PPT(空军爷爷的故事)、空军纪念服、纪念勋章、二十九师大合照、高炮泡沫玩具模型。
（二）其他准备
空旷的户外游戏场地。
四、活动过程
（一）出示海、陆、空三军军种照片,激发兴趣
助教:孩子们,你知道他们是谁吗?
助教:他们的衣服分别是什么颜色?
陆军衣服是绿色的,像草地的颜色,在陆地上战斗。(陆军)
空军衣服是蓝色的,像蓝蓝的天空,在空中战斗。(空军)
海军衣服是白色的,像泛着白色浪花的海洋,在海上战斗。(海军)
（二）出示空军爷爷的照片,幼儿猜测军种,导入话题
助教:爷爷身上穿的衣服跟哪个军人叔叔的衣服颜色一样呢?
助教:你知道他属于什么军种吗?
（三）了解空军高炮二十九师爷爷的故事
助教依据图片讲述空军爷爷的故事(见图6-3-8)。

图片 1：出师援越抗美的战斗。

图片 2：介绍空军武器——高炮。

图片 3：空军爷爷的三等功勋章。

（四）观看小小展览会——空军高炮纪念物品小展览

为幼儿展示空军纪念服、纪念勋章、二十九师大合照，助教根据幼儿现场的提问作答。

（五）户外体育游戏：我当小小发炮兵

1. 助教出示"高炮"玩具示范发射"高炮"。

操作技巧：先把炮弹装进炮筒，听到咔塔一声代表成功，再按开关键发射。

2. 幼儿轮流体验发射"高炮"（见图 6-3-9）。

3. 教师、助教引导幼儿合作，练习手动发射"高炮"。

图 6-3-8　助教讲述故事

图 6-3-9　体验开炮

五、活动延伸

1. 利用建构区的游戏材料，引导幼儿搭建自己喜欢的高炮作品。

2. 利用手工的形式，让幼儿制作自己喜欢的坦克炮、小兵人物。

3. 教师以文字的形式记录下孩子们想对空军爷爷说的话，以书信的形式寄给爷爷，请爷爷根据孩子的问题进行作答并以书信形式反馈给孩子，进一步促进彼此的互动与交流，增进相互感情。

六、活动效果与反思

本次活动孩子们通过看一看、听一听、说一说等多种形式，进一步了解空军爷爷的故事。在聆听故事环节，孩子们听到爷爷出征取得胜利的时候，激动地拍手叫好，那一刻，孩子们自豪感油然而生，并为军人取得胜利而自豪，小小的娃娃也有强烈的爱国心。助教通过照片、视频、现场操作等形式，直观地向孩子展示高炮的作用及使用方法，并利用高炮玩具给孩子们提供操作、体验的机会，大大满足了孩子们玩的欲望，运用多种感官，调动孩子们参与的积极性，使孩子在活动中有所收获与成长。

（莫妮怡）

中班科学活动：揭秘"我从哪里来"

一、家长信息

怀孕妈妈,孕期七个月。

二、活动目标

1. 通过绘本故事《我从哪里来》,了解宝宝是由精子和卵子结合发育而成的,初步了解胎儿在母体中成长的过程,体验成长的快乐。

2. 萌发对生命现象的好奇心,知道自己和亲人的关系。

3. 体会妈妈怀胎十月的辛苦,萌发对妈妈的感激之情。

三、活动准备

(一)家长准备

1. 课件 PPT、《我从哪里来》电子绘本。

2. 音频"胎心跳动"。

(二)教师准备

1. 模仿妈妈孕肚的小球。

2. "胎儿的成长变化"互动板块。

四、活动过程

(一)第一阶段:结合课件引出主题——我从哪里来

1. 通过《小蝌蚪找妈妈》的故事抛出问题:我们从哪里来?

2. 借助图片了解胎生与卵生的区别和特征。

(二)第二阶段:阅读绘本《我从哪里来》,了解生命历程

1. 助教介绍绘本,引导幼儿了解"爱的礼物"是什么。

助教:在妈妈的肚子里,有一颗种子我们叫它"卵子"。爸爸妈妈结婚后,觉得很孤单,他们想如果家里有个小宝宝该多好啊! 于是爸爸就送给妈妈一颗小种子叫"精子"。精子和卵子奇迹般地结合成为受精卵后,生命就开始了。

2. 助教介绍妈妈肚子里的宝宝是"不一样的宝宝"。

(1)宝宝的尾巴。

助教:宝宝在妈妈肚子里有尾巴吗,尾巴什么时候消失了?

助教:长大后尾巴到哪里去了? 宝宝的尾巴变成了什么?

助教:你能找到自己的尾骨吗? 尝试摸摸看。

(2)宝宝的宫殿。

助教:宝宝出生前住在哪里?

助教:爸爸可以生小宝宝吗? 为什么?

3. 助教介绍宝宝的本领有哪些。

(1)脐带的作用。

助教:宝宝在妈妈的肚子里需要吃东西吗?

助教:宝宝在妈妈的肚子里是怎么和妈妈联系的?

助教:脐带有什么作用?

（2）观看视频，了解肚子里的"运动员"。

助教：四五个月后，宝宝为什么会在肚子里手舞足蹈？

助教：当它胎动时，能感受外界的回应吗？我们可以怎么回应它？

助教：宝宝那么大力，妈妈会痛吗？

助教：小宝宝越来越大，还可以在肚子里游泳吗？

（3）聆听"胎心跳动"，感受生命成长的喜悦。

助教：孩子的心跳声听起来像什么？

（三）第三阶段：体验活动"我是小孕妈"，感受妈妈的辛苦

1. 短暂体验活动与感想。把小球当作"宝宝"塞在衣服里，请幼儿带着"宝宝"进行活动挑战，如弯腰拾东西、系鞋带、上楼梯等。

助教：你的肚子里有了小宝宝，做事情的时候方便吗？会有什么影响？你觉得做妈妈辛苦吗？

2. 持续体验活动与畅谈。体验活动持续到下午放学，请保护好肚子里的小宝宝，不能剧烈运动，不能碰撞，也不能掉出来。如果掉出来，则挑战失败。

助教：今天扮演妈妈感觉怎么样？你想对自己的妈妈说什么？你可以用哪些行动去感谢妈妈呢？

总结：小宝宝在妈妈的子宫内生活 10 个月，他（她）不停地吸收营养，从一个小小的受精卵慢慢长出了头、手脚、五官，变得越来越大、越来越重，最后妈妈的子宫再也装不下他（她）了，小宝宝就出生了。这个过程中，妈妈为了宝宝的健康与安全，很多食物不能吃，很多动作不能做，妈妈真辛苦、伟大！

五、活动延伸

（一）阅读与操作

1. 阅读区投放：绘本《我从哪里来》。

2. 区域操作游戏"胎儿的成长变化"。

（二）表达与追踪

1. 幼儿回家与爸爸妈妈谈谈今天的活动感受，聊一聊关于自己小时候的事情。对爸爸妈妈说一句甜甜的话，做一件甜甜的事。

2. 持续追踪了解宝宝出生后的状况，进一步揭示基因的秘密。

六、活动效果与反思

现实生活中孩子们对孕妈妈并不陌生，随处可见孕妈妈的身影，但孩子们的认知只是停留在表象上，如"阿姨的肚子好大呀"，对于生命孕育变化的过程一无所知。怀孕的助教妈妈利用"小蝌蚪找妈妈"的故事，引发孩子的思考"你们从哪里来"。借助于大自然中小动物的分类，帮助孩子们理解胎生和卵生的区别。接着带领孩子们深入阅读绘本，用一张张图片、一个个小故事解开了肚子里宝宝的小秘密。在最后的体验环节中，孩子们扮演孕妈妈，坐立行走中护着"肚子里的小宝宝"，表现出的那份小心翼翼令人感动，孩子们在扮演中慢慢融入与体会妈妈这个角色，感受妈妈的辛苦与不易。

（曾 婷）

中班科学活动：小小救护车

一、家长信息
华南理工大学计算机研究中心教师。

二、活动目标
1. 观察机器人车对生活中救护车灯光、声音和运行的模拟,对机器人编程感兴趣。
2. 学习操作简单的编程程序,尝试制作一个能用手机遥控的小小救护车。
3. 尝试对生活化的概念进行概括总结。

三、活动准备
(一) 物质准备
一体机、机器人及配套软件、幼儿可操作的机器人和控制手机。
(二) 环境准备
宽阔的活动场地。

四、活动过程
(一) 通过提问引入话题
助教：小朋友们,你们在生活中见过什么类型的车子？（小汽车、公交车、警车、救护车）

(二) 图片和视频激趣
助教：救护车和普通汽车有什么区别？

助教：救护车的灯光、声音有什么特征？

(三) 运行编辑好的程序和机器人
助教：请小朋友对比一下,机器人车是否像救护车？

助教：请小朋友猜测一下,机器人车会不会跑？

助教：你觉得机器人车的灯会闪吗？能发出和救护车一样的声音吗？

助教：机器人车为什么能和救护车一样闪灯和发声呢？它有什么秘密吗？

(四) 演示编程操作方法
1. 助教展示编程积木的接口。
2. 助教讲述编程积木的拖拽和拼接方法。
3. 助教选取和辨别程序积木,了解不同编程积木的功能和作用。
4. 引导幼儿重点认识运动积木、灯光积木的编程模块。
5. 分运动、灯光、声音三个部分分别完整演示编程过程。

(五) 指导幼儿学习简单编程
1. 助教：小朋友,你想自己编制一个程序操控救护车吗？

图 6-3-10　探索编程

2. 给幼儿分发机器人和安装好软件的手机。

3. 请幼儿进行操作探索,让小车动起来或者灯光变换即可(见图6-3-10)。

(六)回顾与总结

助教:小朋友们,你们今天认识了什么车?它有什么特点?和其他车有什么不同?

助教:机器人是如何模仿救护车的?

助教:程序是怎么控制机器人的?

五、活动延伸

1. 在科学区投入编程类的玩具,让幼儿体验科技带来的快乐。

2. 在美工区引导幼儿对编程过程和结果进行绘画与分享。

六、活动效果与反思

本次活动助教妈妈做了精心准备,不管是内容的选择,还是活动材料的准备、活动环节的设置,助教妈妈都非常认真细致!由生活中的具体实物救护车引入机器人编程,同时能够让孩子感知体验和实践操作,引发幼儿对生活事物概念的概括和获取,形成具体-抽象-再具体的循环认知模式。活动过程中,看着自己操作的机器人动起来、闪着灯,孩子们的惊叹之声不绝于耳,欣喜之情溢于言表。

(聂 楠)

中班科学活动:探秘火箭

一、家长信息

军人,曾多次参与火箭发射任务。

二、活动目标

1. 通过分享阅兵仪式上展示的武器,感受祖国的强大,萌发作为中国人的自豪感。

2. 了解火箭外形结构以及火箭的用途。

3. 能用简单的句子表达自己对火箭的认识。

三、活动准备

(一)物质准备

1. "探秘火箭"活动课件。

2. 关于火箭的相关绘本。

(二)经验准备

1. 孩子观看阅兵仪式,了解中国制造的武器。

2. 经过日常的爱国教育和宣传,初步萌发孩子爱祖国的情感。

四、活动过程

（一）导入、交流

1. 引导孩子交流和分享观看阅兵后的感受。

助教：你们有看过阅兵仪式吗？你是什么时候看的？为什么那天会有阅兵仪式？你看了感觉怎么样？我们中国制造了哪些武器？你喜欢哪些武器？

2. 通过猜谜语引出火箭。

谜语：一个东西长又长，站在地上不会动，一动直上飞向天，把人运到太空中。

（二）了解、表达

1. 通过观看图片进一步了解火箭的知识，鼓励孩子大胆表达对火箭的认识。

（1）提供常见的交通工具图片（单车、汽车、飞机、轮船）。

助教：你们见过哪些交通工具？

（2）出示火箭图片。

助教：你们觉得火箭和我们生活中的交通工具有什么不一样吗？你觉得火箭是用来做什么的？

2. 了解火箭的外形结构及用途（见图6-3-11）。

（1）提供国家发布发射过的火箭合集图、积木拼的火箭图、卡通图片火箭图。

助教：火箭是什么样子的？

（2）提供火箭载乘卫星、宇航员图片。

助教：火箭能用来做什么呢？

（火箭本质上是一种运输工具，火箭主要任务是把卫星、宇航员等送到外太空。）

（3）提供各种卡通动画的英雄图片，以及解放军与火箭的合影图片。

助教：你觉得是谁在发射火箭？

（火箭由解放军叔叔和阿姨，经过火箭测试、加注燃料后，在发射场进行发射。）

图6-3-11　介绍火箭发射

（三）创造、分享

1. 鼓励孩子用简单的句子大胆表达对火箭的想法。

助教：如果你制作火箭，你希望火箭可以用来做什么？为什么？如果有一天你坐上了火箭你想做什么？

（1）小小发明家（孩子分享自己心中的火箭）。

（2）火箭里的我（孩子畅想坐上火箭后的情境）。

2. 鼓励孩子用材料装饰纸巾筒，创造属于自己的火箭。

（1）提供纸巾筒、毛根、玉米粒等材料。

（2）引导孩子用各种材料进行装饰和完善火箭外形。

五、活动延伸

设置光影剧：通过语言描述图画中的火箭，向其他同伴分享"火箭的故事"。

六、活动效果与反思

本次助教活动开展后，孩子们对火箭探索的热情越来越高。在建构区，孩子们通过积木的建构表达着自己对飞上太空看星星的梦想；在表演区，孩子们穿上帅气的迷彩军装，模仿着解放军叔叔不怕苦、坚韧不拔的气概。

不仅如此，孩子们对科学的探索有着各式各样的奇思妙想，还有着很多关于火箭的问题想向军人叔叔作进一步的了解。为了满足孩子们那颗敢于探索的心，我将孩子们的问题一一记录下来反馈给军人叔叔，军人叔叔根据孩子们的提问，通过图文并茂的方式为孩子们一一解答，这让孩子们再次感受到了祖国的强大，萌发"我是中国人"的自豪感。

活动后小朋友们向助教爸爸展示了自己用积木拼搭的火箭，助教爸爸鼓励孩子们："解放军叔叔建造航空火箭保卫我们的祖国，你们现在用玩具建造火箭，长大后也来建造我们祖国的新火箭，好不好？"孩子们响亮地回答："好！"在孩子们闪亮亮的眼睛里，我们看到了渴望与梦想，中国梦、航天梦在他们的心里扎根发芽。

（邓美丽）

中班社会活动：厉害的港珠澳大桥

一、家长信息

参与港珠澳大桥建设的工作者。

二、活动目标

1. 了解港珠澳大桥基本结构和特点。

2. 能够用自己的方式表现所了解的港珠澳大桥。

3. 为港珠澳大桥工作人员的辛苦和智慧感到自豪，萌发"我是中国人"的骄傲。

三、活动准备

（一）多媒体准备

收集港珠澳大桥的视频和图片，制作成PPT。

（二）材料准备

绘画工具材料、各种建构的积木。

四、活动过程

（一）问题导入

助教：你们知道桥有什么作用吗？

助教：你们有听说过港珠澳大桥吗？

（二）港珠澳大桥的特点

1. 提问：为什么要建港珠澳大桥呢？

助教：这座桥连接了珠海、香港、澳门三个地方，它是世界上最大的跨海大桥。

2. 提问：这座跨海大桥由什么组成的呢？

助教：它是由桥梁、人工岛屿和海底隧道三个部分组成的。

3. 第一个特点。

港珠澳大桥拥有非通航孔桥和三座通航孔桥。三座通航孔桥分别是九洲航道桥、江海直达航道桥、青州航道桥。

（1）助教：九洲航道桥的桥塔的形状像海豚。因为港珠澳大桥穿越了中华白海豚保护区，也就是可爱的白海豚的家，这提醒我们要保护这些可爱的白海豚。

（2）播放白海豚的视频，加深孩子们的印象。

（3）助教：江海直达航道桥的桥塔的形状像三座风帆，寓意祝福来往的船舶顺利通航；也寓意香港、珠海、澳门三个地方的发展风鹏正举，一帆风顺。

（4）助教：青州航道桥的桥塔的形状像两个中国结，寓意着珠海、香港、澳门三地一家亲，相融相通；也寓意祖国的发展畅顺通达，幸福美满。

（5）幼儿观看船舶从通航拱桥行驶的视频。

4. 第二个特点。

港珠澳大桥拥有海底隧道和人工岛。

（1）提问：为什么港珠澳大桥要建一条长长的海底隧道呢？

助教：因为大桥的香港段离香港的机场很近，机场有航空限高，就是机场附近的建筑物不能修太高，担心飞机撞上去。所以，我们的港珠澳大桥还有很长一段的沉管隧道，它是世界上最长的沉管隧道。

（2）提问：车是怎么样从桥面通往海底隧道的呢？

助教：桥梁通往海底隧道时，不能直接从桥面深入海底，需要经过两个人工岛，这两个人工岛就是海底隧道和桥面的连接点，人工岛是人们用很多材料搭建而成的，非常牢固。

5. 幼儿观看港珠澳大桥通车的视频，感受桥梁的建造过程和宏伟造型。

6. 幼儿观看港珠澳大桥工作人员的图片，感受搭建的辛苦。

7. 总结：港珠澳大桥是世界建筑史上里程最长、投资最多、施工难度最大的大桥，还是世界上最长的跨海大桥。工程师和工人们搭建的过程非常辛苦，因为在海上工作非常晒，他们只能够早上和傍晚的时候来工作。在建桥的过程中会遇到很多困难，但是他们不怕辛苦,也没有被困难阻挡,继续坚持修建这座桥,所以港珠澳大桥是中国从桥梁大国走向桥梁强国的里程碑建筑。

（三）通过自己的方式表现港珠澳大桥

助教:孩子们,今天我们认识了港珠澳大桥,接下来可以运用自己喜欢的绘画、积木建构等方式表现港珠澳大桥。

五、活动延伸

（一）分享交流

1. 亲子活动:请孩子做港珠澳大桥的宣传大使,跟家人分享港珠澳大桥的故事。

2. 晨谈活动:继续探讨港珠澳大桥的故事,如:建桥中的困难、港珠澳大桥怎么防御自然灾害等等。

（二）区域游戏

1. 在美工区进行港珠澳大桥的绘画与设计。

2. 在建构区设计与搭建"理想桥"（见图6-3-12）。

图6-3-12 孩子的理想桥

六、活动效果与反思

通过本次活动,孩子们的收获主要有两个方面:一是深化对珠港澳大桥的理性认识,知道桥的基本结构,如桥面、桥墩、桥洞、桥塔等,知道珠港澳大桥的特殊建造,如中国结造型、防风设施等。后期活动中孩子们能够以绘画、建构等方式表现港珠澳大桥,会有意识地将桥墩、桥面、桥洞和桥塔呈现出来,同时发挥自己的想象,增加一些预防设备,如避雷针、防风警报按钮等。二是加深了孩子对祖国的热爱之情,为自己是中国人而感到自豪:在观看建桥视频和图片的过程中,孩子们不由自主地欢呼、鼓掌,感受建桥过程中的艰辛不易与工程师们的聪明智慧,为自己是中国人感到骄傲和自豪。

（黄园园）

大班健康活动：消防安全知识科普

一、家长信息
华南师范大学后勤管理工作人员。

二、活动目标
1. 在消防演练中，体验有序逃生。
2. 进一步了解消防安全的知识。
3. 学习和了解相关消防逃生自救的科学方法。

三、活动准备
1. 多媒体课室，消防安全知识科普内容的 PPT 课件。
2. 防火面具、幼儿逃生演习小手帕。
3. 高压水枪、灭火器、燃烧的油桶及现场扑救演示空间。

四、活动过程

（一）活动介绍
助教自我介绍，告诉孩子们今天的活动内容。

（二）知识讲解
1. 讲解消防知识要点（见图 6-3-13）。

（1）出示 PPT 课件，讲解并演示以喜羊羊为主角的消防动画短片，作为消防知识宣传。

（2）带领孩子们反复识记消防知识要点。

识记要点：

家庭防火要注意，安全用电别大意；

火警电话119，说清地址好施救；

火灾到了快快跑，生命才是最重要；

消防设施别乱动，扑灭火灾有大用。

2. 讲解消防器材和标志。

图 6-3-13　消防安全知识讲解

（1）消防器材讲解（见图 6-3-14）。

助教介绍灭火器（实物演示）、防烟面罩（实物演示）、消防栓（消防水带、消防水枪）、消防报警系统和逃生指示系统。

（2）消防器材演示（见图 6-3-15）。

幼儿观看干粉灭火器和高压水枪的灭火演示。

3. 师幼进行逃生疏散演练。

助教：小朋友们，通过刚刚的讲解，我们已经知道了火的危害与消防常识、消防标识和消防器材的使用方法，那么谁能说一下，在发生火灾的时候我们要如何逃生呢？

孩子们：要捂住口鼻，弯腰俯身逃离。

助教：你答对了，真棒！这就是正确的逃生姿势，除此之外在逃生时还要注意有序

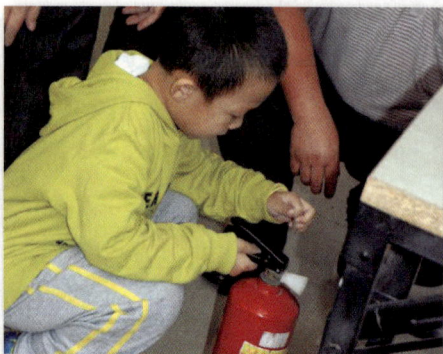

图6-3-14　了解灭火器的结构

图6-3-15　体验防烟面具

地按疏散路线,从"火场"逃离,疏散到空旷处,不要推挤他人以免发生踩踏事故哦。小朋友们都记住了吗?

助教:那我们来实际演练一下吧!

图6-3-16　逃生演练

助教指导教师带领幼儿现场进行逃生疏散演练(见图6-3-16)。

4. 活动总结。

幼儿观看灭火过程,活动结束。助教总结今天的活动,与孩子们道别。

五、活动延伸

1. 引导幼儿向家人分享消防知识要点。

2. 幼儿在之后参与幼儿园组织的消防演习活动时能够按照要点进行操作。

六、活动效果与反思

做好消防安全教育,有利于家园携手共推"生命教育",引导孩子尊重生命、热爱生命、珍惜生命。本次活动通过实地考查、用眼看、用手摸的方式,让孩子们认识消防器材,了解器材功用,学习基本的防火知识和逃生方法,理解防火安全的重要性。不仅拓展了孩子们的视野,同时提高了孩子们的安全意识和自我保护能力。这种直接的消防设备、器材展示和视频讲解方式,让孩子们身临其境去听、去看、去感受、去思考,体验式教学得到了孩子们的喜爱。

(吴冰冰)

大班社会活动：走近海关

一、家长信息

广州海关工作人员。

二、活动目标

1. 认识中国海关的关徽，初步了解中国海关工作人员的职责和出入境的安全要求。

2. 激发对海关知识的兴趣，萌发热爱海关、守护国门的愿望和意识。

3. 愿意与他人围绕话题进行讨论，能有序、清楚地讲述自己的经历和见解。

三、活动准备

（一）物质准备

1. 中国海关关徽图片、出入境申报通道标志。

2. 自制适合大班孩子阅读的出入境安全要求图示。

3. 导游小旗、扮演海关工作人员的工作挂牌、旅客标识。

4. 将幼儿座位摆放成环形，方便进行出入境游戏。

（二）经验准备

活动正式开展前，幼儿在家庭中与父母谈谈出入境的经历，能有序介绍自己出入境的过程。

（三）其他准备

教师提前联系来园参加活动的海关工作人员，并详细沟通活动流程及配合事项。

四、活动过程

（一）聆听中国海关的故事，了解海关工作人员的职责

引导语：

1. 你去过海关吗？你见到的海关是怎样的？

2. 为什么要有海关？海关的标志有什么意义？（见图 6-3-17）

3. 海关的工作人员有哪些工作？他们的工作重要吗？为什么？

（二）交流：什么是出入境？出入境的规则要求

引导语：

1. 什么样的情况下需要出入境？你是怎么知道的？

2. 你知道哪些出入境的正确方式？

3. 怎样做遵纪守法、维护国家安全的合格小公民？

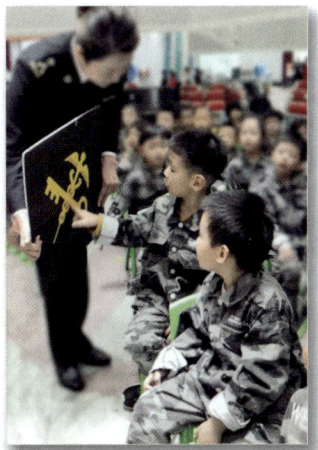

图 6-3-17　认识海关关徽

（三）游戏：旅客通关——平安出入境，快乐游世界

1. 组织幼儿自由选择海关工作人员和旅客的角色。

引导语：

图 6-3-18 旅客通关游戏

（1）针对海关工作人员扮演者的引导语：海关正在招募工作人员，参加招聘的小朋友请接受海关知识通关赛。

（2）针对旅客扮演者的提问：你想去哪个国家旅游？出入境的时候，在行李、行为方面要注意什么？

2. 邀请真正的海关工作人员与幼儿一起进行旅客通关游戏，巩固对出入境知识的理解，学以致用（见图 6-3-18）。

（四）海关叔叔阿姨，我想对你说

引导语：

（1）你还有哪些想要了解的海关知识呢？我们一起来采访海关的工作人员吧。

（2）海关工作人员是我们的国门卫士，我们每个人都是守好国门的一分子，你想对海关工作人员说些什么呢？

五、活动延伸

（一）区域活动

1. 材料建议：语言区投放关于海关的绘本和海关知识播报台，美工区投放纸、笔，角色区提供海关制服及相关活动道具。

2. 玩法建议：在语言区幼儿可以阅读关于海关的书籍，向大家报道海关知识及新闻、故事；在美工区可以绘制自己的出入境计划、行为规范；在角色区可以扮演海关工作人员，进行相关游戏。

（二）社区活动

幼儿可以到社区采访不同年龄段、不同行业的人对海关的了解，宣传海关知识。

六、活动效果与反思

本次活动利用大班中在海关工作的家长资源，邀请海关工作人员来园进行"走近海关"的家长助教活动。活动前，我们通过微信、电话等方式，与海关方面的活动负责人及团队进行了多次详细的沟通协商，结合海关资源，针对幼儿园大班孩子的年龄特点、兴趣和发展现状共同设计了主题课程和家长助教活动方案，同心同力，精心规划和布置场地，为大班孩子带来海关的相关知识。

活动前期准备工作充分，孩子们在与海关工作人员零距离的交流活动中，聆听了中国海关百年历史变迁，在游戏情境中认识了中国海关标志，明晰了中国海关工作职责和文明出入境的正确方式。寓教于乐的活动轻松自然、行之有效，激发了孩子们对

海关知识的兴趣,都立志做遵纪守法和维护国家安全的合格小公民。我们希望今后能更多地整合优质资源,在活动内容、形式、场地上进行更多的创新和尝试,从室内到室外,从园内到社区,进而走向社会,让知识深入到生活实践中,让爱祖国、爱国防、爱海关的情感植入到孩子们的内心深处,共同助力孩子们成为有素质、讲文明的社会主义接班人。

（叶　林）

第七章

园社协同共育案例

园社协同共育活动是教师组织幼儿,走进社区,将社区资源纳入幼儿园教育教学中的一项教育活动,是一种"走出去"的教育方式。园社协同共育活动旨在打破幼儿园教育资源的限制,走出幼儿教育的孤岛。社区资源的范围具有广泛性和多样性的特点,包括物质资源、人力资源、文化资源、组织资源等。园社协同共育活动的突出特点是真实性、灵活性和丰富性,幼儿能够到社区的自然场所、基础场地、文化场馆等地方,走进真实的情景,进行真实的体验和操作,通过"看一看、闻一闻、听一听、做一做、用一用"这样的"5D"学习模式,积淀生活经历和生活经验。幼儿到社区中的活动,多是班级层面的课程活动,既可以是由教师组织主导的活动,也可以是由家长组织带领的活动。教师带领幼儿到社区中组织的活动是经过精心策划的,建立在对资源的有效挖掘和价值分析上,以幼儿的学习经验为基础。

园社协同共育活动是培养"完整儿童"的有力支持与实际践行,涉及幼儿发展的五大领域,从资源的整合利用、活动的组织实施高效和系统的角度出发,健康领域活动的组织稍难开展,科学、社会和艺术三个领域更为突出和典型,语言领域因其特殊性能渗透在这三个领域之中,故本章重点从这三个领域提供活动示范案例。

第一节 科学探究

好奇、好问、好探究是幼儿时期的突出特点。探究是幼儿科学学习的重要途径,也是幼儿科学学习的核心目标。自然和生活是幼儿科学探究内容的主要来源。幼儿经常会被发芽的小树、路边的花朵、爬行的虫子吸引注意力,会对自己接触和观察的事物与现象刨根问底,喜欢摆弄和操作,尝试通过探究找到问题的答案。本节提供的活动案例包含对动植物、自然现象、现代科技等的探究,充分体现了科学与幼儿生活的关系。

☀ 小·班:寻虫记

一、设计意图

孩子们对昆虫天生有好感,会自然萌生观察、研究与互动的欲望。幼儿园开展的"虫虫总动员"科技节系列活动极大地激发了孩子们对"虫"的兴趣,与"虫"互动的热情……孩子们一次次地发问"虫虫吃什么? 虫虫的家在哪里? 虫虫有脚吗? 虫虫会死吗?"为了满足孩子们对"虫"的好奇和探索欲望,本次活动应运而生。

二、活动目标

1. 愿意在社区中寻找与观察,认识常见的昆虫。

2. 能与同伴分享自己在社区中找到的昆虫,初步了解常见昆虫的特点。

3. 愿意亲近大自然,大胆探索昆虫的奥秘,感受与同伴一起找昆虫的乐趣。

三、社区资源

场地资源:社区公园、草地。

四、活动准备

（一）环境准备

提前考察选择安全、昆虫多样的社区场地。

（二）经验准备

认识常见的昆虫,如蚂蚁、蝗虫、蝴蝶、蚊子。

（三）物资准备

放大镜、捕捉网、昆虫捕捉器、昆虫观察器、镊子。

五、活动过程

（一）谈话激趣

师:小朋友们,你认识哪些昆虫?

师:你在哪里看到过昆虫? 它是什么样的呢?

师:我们需要用什么工具捕捉昆虫? 你知道捕捉工具的使用方法和作用吗?

（二）制作计划表

1. 教师提供材料支持幼儿的计划,如画笔、贴纸等。

2. 幼儿自由组合,用绘画和粘贴的形式共同设计与制作"找虫虫"社区计划表。

（三）社区探索

1. 教师带领幼儿到达寻虫场所。

2. 幼儿自由分组开启寻虫之旅,如在草地大树旁边找小蚂蚁、在灌木丛中寻找小蝴蝶、蜻蜓、小甲虫(见图7-1-1)。

（四）分享交流

1. 幼儿介绍自己找到的昆虫名称及外形特征。

2. 幼儿以小组的形式简单分享找昆虫的感受。

六、活动延伸

1. 将找到的昆虫投放到班级科学区,饲养小昆虫。

2. 举行活动照片展览(见图7-1-2)。

3. 放飞蝴蝶、蜻蜓等益虫。

图7-1-1 寻找与观察蚂蚁

图 7-1-2　主题墙创设

（聂　楠）

☀ 小·班：我和春天有个约会

一、设计意图

春天，是个万物生长的季节，为激发孩子们对自然的探索与热爱，我们开展了关于春天的主题活动。孩子们对春天有了一定的认知，但知识是零散的、片面的。如何让孩子能充分地感受春天到来，满足孩子的好奇心，走进自然、亲近大自然是最好的选择。

《幼儿园教师发展与指导纲要（试行）》中指出：要引导幼儿接触自然环境，使之感受自然界的美与奥妙，激发幼儿的好奇心和探究兴趣。教师应该经常带幼儿接触大自然，为幼儿提供一定的探究工具和机会，用自己的好奇心和探究积极性感染和带动幼儿，和幼儿一起发现并分享周围新奇、有趣的事物或现象，一起寻找问题的答案。

华师附幼坐落于华南师大校园内，拥有丰富的校园自然资源。校园内环境优美，随处可见各种花草树木、大草坪、大公园，班级有生物科学学院的家长资源，能为班级活动提供资源和专业支持，为幼儿的学习提供有利支持。

二、活动目标

1. 走进社区，通过游戏、体验、手工等形式进行"找春天"的活动，初步感受春天的到来。
2. 能在各种活动中尝试观察发现春天的到来。如：花草树木、蚂蚁、蝴蝶的变化……
3. 体验与同伴一起寻找、游戏、合作的乐趣。

三、社区资源

场地资源：社区草地、树林。

四、活动准备

（一）物资准备

1. 春天动物植物镂空图案卡、放大镜、昆虫捕捉器。
2. 寻找春天里的花任务卡。
3. 手环、头饰半成品、透明胶、风筝等。
4. 外出材料包：帽子、水壶、野餐垫等。

（二）经验准备

1. 幼儿对春天有初步的了解，看过有关春天的图书、视频，听过有关春天的故事，和爸爸妈妈有过春天里玩耍的体验等。

2. 外出进社区需要注意的安全问题和礼仪问题。

五、活动过程

活动的路径分为三个层次，一是游戏体验、亲近春天，二是观察发现、认识春天，三是感受创造、表现春天。

（一）系列活动一：春天在哪里

1. 孩子们用教师提供的燕子、蝴蝶、树木等不同图案的镂空卡来寻找春天的景色。

2. 调动孩子们的听觉，引导孩子听听大自然的声音，播放背景音乐《春天在哪里》。

（二）系列活动二：春游

在社区草地上自由探索，捡花花草草，与同伴分享玩具、水果。放风筝、玩风车……孩子们在大自然中学习，玩中学，学中玩（见图7-1-3）。

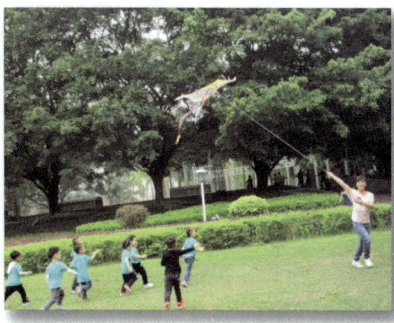

图7-1-3　追逐风筝

（三）系列活动三：寻找春天的小动物

带领幼儿到社区草地上用放大镜观察春天里的

小昆虫、小蚂蚁……过程中孩子们会好奇发问：小蚂蚁要去哪里呢？它有家吗？下雨了它怎么办……

（四）系列活动四：寻找春天里的花

1. 以图片的形式制作简单、有趣的任务卡。

2. 孩子们通过观察、比较、验证的方法到社区寻找几种常见的花。

（五）系列活动五：春之手环、头饰

1. 孩子们拿篮子到社区捡落花落叶、野花野草。

2. 孩子们回园后通过粘贴、捆扎等方式制作与装饰自己的手环和头饰（见图7-1-4）。

3. 孩子们戴上自己制作的手环、头饰进行时装秀的表演。

（六）系列活动六：我给大树穿花衣

1. 幼儿进行分组。

图7-1-4　制作花环

图7-1-5　给大树穿"花衣"

2. 用白纸拓印大树树干的纹路。

3. 用捡到的落花、落叶通过粘贴的方式装饰大树（见图 7 - 1 - 5）。

4. 说一说自己创作的感想。

六、活动延伸

1. 共同丰富自然角的生物类型。如不同的动物：小乌龟、小金鱼、蚕宝宝、蝴蝶、小蝌蚪等；不同的植物：茉莉花、绣球花、兰花、生菜、葱、姜、蒜等。

2. 增添工具供孩子们观察、照顾和记录。如放大镜、记录表、尺子、水盆以及洒水壶。

（聂　楠）

中班：华师秋菊，华师情

一、设计意图

作为华师人，对一年一度的菊花展并不陌生。每年的十二月初，大型菊花展是校园里一道亮丽的风景线。展出作品主要有"大立菊""蝴蝶型""菊树""悬崖菊"以及"花篮"五种造型，这些造型独特的菊花作品全都出自华师园林中心师傅们的巧手。华师菊展的历史可以追溯到 1984 年，至今已经举办三十余年。

孩子天生就喜欢大自然、喜欢美丽的事物，为了让孩子们更深刻地感受秋天的到来，近距离欣赏秋天菊花的美丽，结合主题活动"多彩秋天"和班级家长在华师园林科工作的优势条件，我们决定带领孩子走进华师园林科，深入了解菊花扎作的制作过程，并由此体会华师人与菊花之间的特殊羁绊。

二、活动目标

1. 与自然亲密接触中，提高对科学探索的兴趣和敏感度。

2. 能够深入由家长、社区打造的科学探索和自然启蒙"基地"进行观察和欣赏，尝试用自己的方式对观察结果进行记录与追踪。

3. 了解认识菊花扎作的背景与制作过程，感受华师菊展这一校园传统文化。

三、社区资源

场地资源：社区园林科、菊花展地。

人力资源：园林师傅。

文化资源：菊花艺术节。

四、活动准备

（一）教学材料准备

幼儿使用的记录纸和笔，菊花扎作照片，彩色笔、写生画板、颜料、毛根、吸管、毛线、铁丝等。

（二）社区活动装备准备

幼儿小背包（水壶、汗巾、环保袋、帽子、雨具），保育篮（纸巾、外出备用药物、防蚊水）。

（三）环境准备

户外正在开放的菊花。

（四）其他准备

提前与家长沟通确定活动的主要形式,落实场地的安排,确保场地的安全性及教育性。

五、活动过程

（一）活动一：浓浓育苗情

1. 活动目标。

（1）在定期的观察、走访中,了解菊花的培育过程及各阶段的生长变化。

（2）学会用图画、符号等形式记录菊花的生长变化。

（3）能持续地对植物进行追踪、观察,养成良好的学习习惯。

2. 活动方式。

（1）幼儿观摩育苗过程,在园林工人的指导下,每位幼儿完成两棵菊花的育苗,并在自己的"苗苗"盆上做好记号。

（2）带领幼儿不定期走访,跟踪"菊花苗"的生长,以图文的形式做好观察记录。

（3）引导幼儿制作《菊花成长册》。

（二）活动二：扎作小能手

1. 活动目标。

（1）欣赏不同类型菊花扎作的照片,感受自然的美。

（2）能用绘画等方式制出班级菊花扎作的设计图。

（3）观察、了解菊花扎作的制作过程与方法,感受传统手工艺术的魅力。

2. 活动方式。

（1）幼儿收集文化公园菊花展、中山菊花展、华师菊展等照片,布置"菊花扎作展"。

（2）教师带幼儿赴园林科观摩、欣赏园林师傅的菊花扎作活动,了解菊花扎作的过程与方法,感受传统手工艺的魅力（见图7-1-6）。

（3）教师通过绘画、立体造型等方式,引导幼儿利用各种颜料、毛根、吸管、毛线、铁丝等材料设计班级菊花造型。

（4）带幼儿赴园林科与园林师傅一起完成班级菊花扎作。

图7-1-6 幼儿欣赏菊花艺术造型

（三）活动三：醉人菊花展

1. 活动目标。

（1）能发现、感受、欣赏菊花的美。

（2）感知菊花盆景从育苗、制作到展示的变化过程,感受植物成长变化的美妙。

（3）知道菊花展来之不易,懂得尊重园林工人的劳动成果,萌发保护植物的情感。

2. 活动方式。

（1）幼儿用自己的语言、动作等表现出盛放菊花的特征,如颜色、形状、形态。

（2）幼儿选取自己最喜欢的菊花盆景造型，向同伴、老师进行介绍，并说出喜欢的原因以及拍摄菊花盆景的照片。

（3）幼儿现场写生。

（4）教师引导幼儿制作菊花展照片集。

（四）活动四：菊花艺术节

1. 活动目标。

（1）初步感知菊文化的内涵，了解华南师大菊花展的特色校园文化。

（2）能用多种工具、材料或不同的表现手法表达对菊花探秘之旅的感受和想法。

（3）能用艺术的形式再现菊花的生命历程。

（4）敢于大胆地介绍自己的作品。

2. 活动方式。

（1）创作：在区域游戏中，幼儿通过绘画、照片、摄影、立体造型、戏剧等形式进行自由创作或小组创作，表达自己和同伴在菊花探秘之旅中的收获、感受和想法（见图7-1-7）。

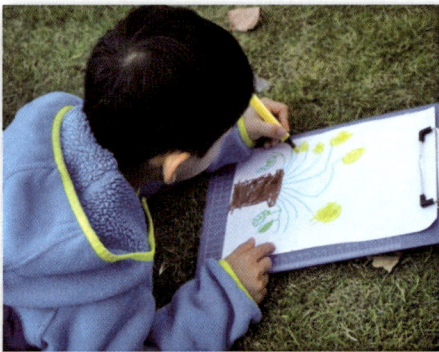

图7-1-7 幼儿绘画菊花

（2）展示：安排为期一周的菊花艺术节，分场地进行摄影、绘画、造型、戏剧等专场，展示幼儿的创作成果，支持幼儿大胆介绍自己的作品。

六、活动延伸

1. 从育苗活动到菊花艺术节，幼儿经历了菊花从育苗到盛放、枯萎的生命历程。学习用多种不同的方式展现菊花的美。

2. 教师可以发起了解菊花功用的新活动，帮助幼儿进一步积累有关菊花的知识。

（莫妮怡）

☀ 中班：美丽的木棉花

一、设计意图

《指南》在科学领域提出"在探究中认识周围事物和现象"的要求，4～5岁的幼儿已经能感知和发现不同季节的特点，体验季节对动植物和人的影响。

在四季气候不是特别鲜明的广州市，不同植物的生长变化成为了季节转变的重要信号，广州市市花——木棉花便是其中一种信号，预示着广州春天的到来。在华师社区里，木棉花越开越艳，一树橘红的同时也是满地花落。在阳光明媚的日子里，总能看到不少孩子在木棉树下嬉戏探索，这引发了教师的思考：儿童天性崇尚自然，那么生活在社区中的孩子们能感受到这个春天信号吗？上学期孩子们已经探索了美丽的异木棉，而对于同属一科的木棉，孩子们又了解多少？于是，借着木棉花开的季节，我们设计了科学活动"美丽的木棉花",与孩子们一起开启探索木棉花的旅程。

中班幼儿已具备一定的生活经验,在家庭生活及幼儿园学习中,对自己所处的社区有了一定的了解,并对社区的自然环境有着浓烈的探索欲望。他们好奇、好问,并在探索实践中开始接触多种感知和发现事物特点的方法。语言表达能力和与人交往的能力逐步提高,能较好地表达自己的想法与需求。基于幼儿以上特点以及从感知体验到形成科学认知的学习路径,我们将在活动中引入观察、访谈科学的探索方法,帮助幼儿进一步提升探索能力。

二、活动目标

1. 通过观察及对比,了解木棉花的外形特点。
2. 能用调查访谈的方法,初步认识木棉花与人们生活的关系。
3. 体验社区春天的美以及大自然的馈赠,进一步萌发热爱社区、热爱大自然的情感。

三、社区资源

场地资源:木棉花基地。

人力资源:社区居民。

四、活动准备

(一)教学材料准备

教师使用的对比记录表、彩笔,幼儿使用的访谈记录纸和笔。

(二)社区活动装备准备

幼儿小背包(水壶、汗巾、环保袋、帽子),野餐垫,保育篮(纸巾、相关药物)。

(三)场地准备

提前选取、考察好场地,确保场地的安全性及教育性。

(四)其他准备

1. 幼儿人数 15 人,保教人员 2 人。
2. 当天午餐,为本班幼儿提供由木棉花煮的汤。

五、活动过程

(一)第一阶段:介绍导入

师:春天到了,华师校园里有一种花开放了,大家猜是什么?(木棉花)

师:木棉花是我们广州市的市花,每到春天,木棉花就会慢慢开放,代表着温暖的春天来了,寒冷的冬天走了。今天我们就一起来观察和认识这种具有季节代表性的花。

(二)第二阶段:自由探索——木棉花的外在特点

1. 幼儿化身小小观察员,认真地观察木棉花的特点。可以找一找,看一看:

(1)木棉花是什么颜色的?

(2)木棉花有多少瓣花瓣?

(3)木棉花的花蕊有什么特点?

(4)木棉花的花托是怎样的?

(5)除此之外,还有什么特别的发现?

2. 幼儿带着问题自由观察,教师进行观察指导,鼓励幼儿有更多自主发现。

（三）第三阶段：集体分享——归纳观察结果

1. 围坐在野餐垫上。

2. 出示对比记录表，引导幼儿通过对比木棉花和异木棉花的不同，从颜色、花瓣数量、花蕊及花托进一步了解木棉花的外形特点。

3. 教师在对比记录表上记下幼儿的观察结果。

（四）第四阶段：调查访谈——了解木棉花与人们生活的关系

1. 提出要求。

（1）师：木棉花可以用来做什么呢？

（2）调查：幼儿两个人一组，问一问周边的人（叔叔阿姨/爷爷奶奶），他们会用木棉花来做什么？木棉花有什么用处？看看和大家的想法是不是一样的？可以把了解到的结果画在记录纸上。

2. 访谈结束后，围坐在野餐垫上，请每一组幼儿分享自己的访谈结果。

3. 教师小结：木棉花不仅漂亮，可以观赏，还可以作为一种药材。广州春天比较潮湿，用木棉花煮汤可以祛湿。木棉花真的是又好看又有用。

（五）第五阶段：活动结束，埋下伏笔

1. 整理个人随身物品。

2. 埋下伏笔：今天午餐为大家准备了一份小惊喜，猜猜是什么？

六、活动延伸

1. 观看视频：播放关于木棉花祛湿的纪录片，并为幼儿介绍午餐的木棉花汤，进一步体验大自然的馈赠。

2. 亲子任务：制作木棉树四季变化观察手册，图文并茂地记录每一个季节里木棉树的变化，通过观察记录，形成个人对木棉树生长变化规律的认识，发现其中的奥妙。

（李冬梅）

中班：走进地科院

一、设计意图

户外自主活动中，孩子们偶然发现两块石头，一直在探索，敲敲打打让石头发出响声，此举动引发了其他小朋友的好奇，纷纷发出疑问："这个石头是从哪里来的？这个石头是什么做的？我们可以用这个石头来做什么，玩什么游戏呢？"活动结束后，孩子们依然在探索石头的话题，还带了不同的石头回幼儿园分享。为了满足孩子们的好奇心，我与地理科学学院的家长联系，借助该学院的场馆资源开展探索石头的活动。由于研究石头的岩石矿物质标本室与天文台相近，地理科学学院的相关负责人提出可以同时开放天文台供孩子参观体验，进一步丰富孩子们对地理科学的认知，为此，我将探秘岩石与天文启蒙相结合，设计了"走进地科院"的活动。

二、活动目标

1. 从外形、重量、声音等方面认识各种各样的岩石标本。

2. 能通过反光板观看太阳，寻找太阳黑子，初步了解太阳黑子形成的原理。

3. 大胆表达自己的发现,萌发热爱地理天文的情感。

三、社区资源

场地资源:地理科学学院岩石矿物质标本室、天文台。

人力资源:地理科学学院博士、硕士研究生。

四、活动准备

(一)经验准备

1. 幼儿在生活中见过几种常见的石头,如鹅卵石、大理石、小沙石。

2. 幼儿听说过太阳黑子,知道用天文望远镜观察太阳的注意事项。

(二)其他准备

1. 提前与家长和研究生沟通、确定活动形式,做好场地准备。

2. 提前将幼儿分成两组,并准备观察工具:放大镜和望远镜。

五、活动过程

(一)参观了解

1. 第一组幼儿参观岩石矿物质标本室,了解不同区域的石头。

2. 第二组幼儿参观天文台,认识天文望远镜。

(二)体验探索

【第一组】自由探索各种各样的岩石标本,揭开岩石的秘密(见图7-1-8,图7-1-9,图7-1-10)。

1. 通过看一看、摸一摸,比较不同岩石的异同。

2. 搬一搬、称一称,看看哪一块石头比较重。

3. 敲一敲、听一听不同的石头发出的声音。

4. 用放大镜观察化石,寻找化石里的生物。

5. 讨论:石头在生活中有什么作用? 我们在哪里看到过石头?

6. 小结:石头在我们的生活中无处不在,可以用来铺路、建筑、雕塑,可以做玻璃、宝石饰品,还可以健身、美容。矿物质比较高的石头,还可以提炼里面的成分做其他物品,如打火机、爽身粉等。

图7-1-8 孩子们观察石头

图7-1-9 孩子们聆听讲解

图7-1-10 孩子们仔细感受石头

【第二组】利用天文望远镜寻找太阳黑子(见图7-1-11)。

1. 跟幼儿一起回顾使用天文望远镜观测的注意事项。

师：小朋友,这个天文望远镜能够观看到天空的太阳和云朵,但是太阳的光线非常刺眼,如果我们直接用眼睛观看太阳,就会被强热强光灼伤。我们只能用一块反光板,把天文望远镜看到的太阳反射到板上。

2. 由研究生带领幼儿轮流观看反光板上的太阳,寻找太阳黑子。

3. 幼儿说一说太阳黑子是什么样的?

4. 讨论：太阳黑子是怎么形成的?

太阳黑子实际上是太阳表面的风暴,是一个巨大的漩涡状气流。它的温度有大约4 500℃,因为比周围的温度低,所以看起来像是黑色的斑点。

图7-1-11　寻找太阳黑子

(三) 第一组和第二组幼儿交换场地,探索体验

(四) 回顾分享

用绘画的方式记录今天走进地理科学学院的收获。

六、活动延伸

1. 分享：石头在生活中的作用。

2. 幼儿收集石头并在科学区展示,深入探索石头的秘密。

3. 可以组织幼儿进行夜间观察活动,用天文望远镜观看月亮、流星等。

(黄圆圆)

☀ 大班：探秘中药之行

一、设计意图

中药作为我们中华民族的瑰宝和骄傲,极具探索价值和教育意义。植物是中药的重要来源之一,而植物又与我们的生活息息相关。幼儿对生活中可食用的植物极感兴趣,常会讨论"凉茶可以降火,因为它是用金银花做的""为什么汤里放紫苏"等,这些小秘密引发了孩子们进一步探索的欲望。借班级家长在华南植物园工作这一得天独厚的条件,我们开展了带孩子到华南植物园中药植物馆的实地探索之旅。

二、活动目标

1. 了解中医学的博大精深以及药用植物与我们生活息息相关的科普知识,了解中药在生活中的妙用。

2. 走进地处岭南腹地有着丰富药用植物资源的华南植物园,在亲子游戏与体验制作中感受自然探索的乐趣。

3. 在发现与探索中感受中草药的神奇之处,为中华民族的智慧而自豪。

三、社区资源

场地资源:华南植物园中药园。

人力资源:中药研究员。

四、活动准备

(一)系列活动一准备

1. 负责家长:华南植物园研究员,请她帮忙联系相关工作人员。

2. 确认参观活动方案。

3.《中药探秘行》研学手册。

(二)系列活动二准备

1. 物质准备。

(1)闻香材料:薄荷、艾叶、紫苏、鱼腥草、葱、大蒜、韭菜等。

(2)活动物品:眼罩四个,紫苏、薄荷苗及种子若干。

(3)驱蚊挂包中药材、不织布手工袋作品包每人一份。

(4)艾叶、米粉、糯米粉、蒸锅等必备工具。

2. 环境创设。

(1)在课室布置一个品尝区,提供:五花茶、百香果茶、陈皮柠檬冰糖水。

(2)在活动区布置"中药大发现",由幼儿每人自带一样与中药相关的物品或图册。食品类:枸杞、红枣、金银花;调料类:薄荷、紫苏、胡椒;生活类:决明子枕头、芦荟、洋甘菊护手霜等。

五、活动过程

系列活动一:中药探秘之行——走进华南植物园中药园

(一)团队建设

1. 介绍导赏团队、探秘流程与注意事项。

2. 中药大战病毒游戏。

家长和幼儿围成圈,孩子和家长扮演"病毒"的角色,教师分别说一些蔬菜与中药材的名称,当说到药材的名称时,"病毒"就要马上跳起来,看谁反应快。

3. 幼儿组队。

根据活动当天的人数,分成3～4个小组,由幼儿、家长商量选出队名与队长,要求队名与植物有关。

（二）户外中药植物知识讲解

1. 王老吉凉茶配方"三花三草一叶"。

（1）了解"三花三草一叶"中的"一叶"破布子的故事，知道名称的由来与作用。

（2）了解中药基本药理知识。中药并不是简单的药用植物的单味应用，讲究的是"君臣佐使的配伍"，药物之间的彼此关联以及或加乘或补益也是中药药理里的精髓。

2. 药园里的岭南药用植物。

教师在自然环境中引导幼儿观察，并请导赏员对照植物进行讲解。在听完导赏员的讲解后，幼儿在药园中找到它们，并在研学手册里用图标表示自己对它的作用和特点的认识。

（1）生活的好伙伴：白胡椒和黑胡椒。

助教：中药材除了可以作为药物来治病，还有什么情况下也会用到？（调料、茶饮）

（2）凉茶、饮料中的中草药：金银花。

引导幼儿了解广东的地质特征与喝凉茶之间的关系。岭南是一块古而有之的风水宝地，虽然气候潮湿炎热，但大自然也赐予了很多良药来保卫岭南人的身体健康。

（3）四大南药。

助教：南药即中国长江以南地区所产的槟榔、益智仁、砂仁、巴戟天四味中药，是保卫岭南人身体健康的良药之一。

（4）十大广药。

助教：每个地区都有自己的道地药材，会比异地的同种药材具有更好的质量。重点讲解：新会陈皮、化州橘红、肇庆佛手的妙用。

知识链接：广藿香原主产于广州市天河区石牌一带，即幼儿园周边一带，因发展需要，现已迁址于广东其他地区，保持其地道性。

（5）华佗的麻沸散——曼陀罗。

讲述神医华佗用曼陀罗治病救人的故事。

（6）有毒植物：夹竹桃、见血封喉咙、糖胶树。

助教：植物的毒性与浓度和剂量有关联，现代科学和工业也有化解毒性的方式，要合理应用以避免其带来的风险。

（三）自然体验游戏：丛林探秘

1. 了解游戏规则。

以小组为单位，每一位"植物科学家"都要根据任务卡上的图卡提示，在体验区范围内通过手机 APP"形色"拍照识别植物，找出至少 1 种中药材和植物，并说出其特点。

2. 认真观察研学手册上提供的指定植物的花、叶和果实，并把它们归集起来进行比拼（见图 7－1－12）。

（四）户内讲解

1. 中药故事：神农尝百草。

助教讲述神农氏传奇而勇敢的故事：居住在炎热南方的神农氏，因勤劳勇敢，敢为人先，以身试药，造福后人而被大家称为神农。

2. 中药宗师：李时珍。

助教讲述李时珍的故事：李时珍从小对中医治病感兴趣，以科学的态度对待疾病，并将

（a）　　　　　　　　（b）　　　　　　　　（c）

图 7－1－12 《探秘中药》研学手册

研究的数据记载在《本草纲目》一书中,为后人提供了宝贵的经验。

系列活动二:探秘中药之行——中药进课堂

（一）闻香识药

1. 看一看:它们也是中药吗。

助教引导幼儿认识带特殊气味的中药材:薄荷、艾叶、紫苏、鱼腥草、葱、大蒜、韭菜等。

2. 闻一闻:它们的味道真特别。

幼儿分组轮流闻一闻特殊气味中药材的味道。

3. 听一听:中药妙处多。

幼儿向同伴展示自己收集到的关于中药的物品名称及其作用。

4. 玩一玩:闻香识药。

玩法:幼儿分成4组,闻香的幼儿戴上眼罩,通过闻味道、摸形状的方式,找出教师指定的药材。

（二）中药小当家

1. 驱蚊挂包香又香。

（1）认识驱闻包材料。

要点:适合儿童使用的驱蚊包材料中,含有8种材料,有我们常见的艾叶、薄荷、金银花等。

（2）学习制作驱蚊包的步骤与方法。

要点:用酒精胶、不织布制作一个不封口的小布包,将驱蚊中药放入后封口粘挂绳即可。

2. 艾叶米果甜又甜。

（1）认识材料。

要点:艾叶中含有丰富的矿物质、蛋白质以及维生素,用来加工成食物能够非常好地补充人体所需的维生素、蛋白质等营养物质,提高机体免疫力。

（2）学习制作方法。

要点:将艾叶在开水中焯过,用榨汁机碾碎后与适量米粉、面粉混合成团。幼儿用分成小团的艾叶面饼,包上喜欢的馅料后蒸熟。

（3）幼儿分组进行：艾叶米果和驱蚊挂包的制作。

（三）结束活动：回味中药

1. 介绍品尝区的各类饮品及其作用。

助教：五花茶虽然是一种传统饮品,但是它没有固定的配方,在南方流行的五花茶,多是用金银花、菊花、槐花、木棉花与鸡蛋花等材料配制而成,有些地区这五花不齐全时,还会用辛夷花、款冬花或者水翁花来代替。

2. 幼儿根据喜好,选择饮品。

六、活动延伸

1. 研学活动分享：我的成长记录。

2. 活动成果展：华南植物园中药探秘之行。

（邹　晶）

☀ 大班：蚯蚓的秘密

一、设计意图

大班下学期的幼儿思维活跃,好奇心强,对新鲜事物有着强烈的探究愿望。雨后清晨,有许多蚯蚓都从草丛中爬到了人行道上。回到教室,孩子们都已经聊开啦！有的说："今天路上有很多蚯蚓,我很怕!"有的说："许许多多的蚯蚓在蠕动,好恶心呀!"也有的说："蚯蚓没有脚,是怎么爬到人行道上的?"我发现,平时不爱说话的子鸣这次却像解说员一样承担起了介绍蚯蚓的任务,原来子鸣的爸爸在华南师大生科院的苗圃实验基地工作,借此机会,在征求子鸣爸爸的意见后,我们设计开展了此次活动。

《指南》中对幼儿"亲近自然,喜欢探究"的部分进行了详细的阐述,在城市生活中的孩子最缺乏的就是与大自然直接接触的机会。此次活动将给孩子打开一扇探索大自然的窗户,孩子们可以通过与蚯蚓的"亲密接触",调动全身的各种感官去认识蚯蚓,感知蚯蚓的外形特征,发现蚯蚓的秘密,主动探索蚯蚓的生活习性和其他相关知识。这不仅能让孩子在全身感知协调的基础上获得直接的知识与经验,也为他们亲近大自然、探索大自然、了解人与自然的关系奠定基础。

二、活动目标

1. 充分调动身体的各种感觉器官,感知蚯蚓的外形特征。

2. 在活动中细致观察、善于发现、乐于表达,了解蚯蚓的生活习性。

3. 喜欢参与科学探究活动,活动后能与同伴合作收拾好活动材料。

三、社区资源

场地资源：华南师大生科院苗圃实验基地。

四、活动准备

（一）教师准备

1. 提前到家长工作的地方进行踩点,看看哪些地方适合孩子分组进行探索活动。

2. 将幼儿的计划(幼儿将自己最想了解蚯蚓哪方面的内容用绘画形式表达)进行汇总与分类,与家长沟通当天的主要活动内容和形式。

(二)教学材料准备

1. 操作材料:铲子、垫板、放大镜、手电、纸盒、量尺、玻璃、粗糙的纸、透明矿泉水瓶、透明储物盒等。

2. 设备:一体机、PPT课件。

五、活动过程

(一)蚯蚓的秘密——谈话

1. 引导幼儿拿着自己的计划与同伴交流,拥有相同想法的结成小组,为接下来的合作观察探究做铺垫。

师:你们见过蚯蚓吗? 在你的印象中,蚯蚓是什么样子的? 你想了解蚯蚓哪方面的秘密?

2. 介绍子鸣爸爸(徐叔叔)及本次活动内容,共同前往生科院苗圃实验基地开展活动。

(二)蚯蚓的秘密——参观

1. 参观生科院苗圃实验基地,为接下来的探究活动做好准备。

师:你们知道苗圃实验基地主要是做什么的吗? 为什么这里会养许多的蚯蚓? 让徐叔叔带着我们一起去看看吧。

2. 引导幼儿用语言描述自己看到的景象和此刻的心情。

师:饲养蚯蚓的基地跟你想象的一样吗? 这里除了饲养蚯蚓以外,你还看到了什么?

(三)蚯蚓的秘密——探索

小组自主探究,实验并记录。分组探索有利于孩子更好地发现、观察及表达自己的见解,做完本组的探究活动后可以选择去其他小组接着进行活动。

1. 探索活动一:蚯蚓的家在哪里?

师:你觉得蚯蚓喜欢住在什么地方? 它喜欢什么环境? 是干干的还是潮湿的? 它为什么总是躲在泥土里? 它喜欢光吗?

(1)活动材料:铲子、透明储物盒、手电、纸盒。

(2)活动场地:湿润的泥土、生科院的蚯蚓试验田、干爽的泥地、砂石地等不同的地面。

(3)活动方式:幼儿自行选择场地,用铲子进行挖掘,看看在什么地方能够发现蚯蚓的身影。

2. 探索活动二:蚯蚓是怎样"走路"的?

师:请你看一看、摸一摸,说一说蚯蚓的样子。用放大镜观察一下蚯蚓是怎样走路的。让我们一起来学学蚯蚓走路的动作吧!

(1)活动材料:垫板、透明矿泉水瓶、装有蚯蚓的透明盒子、放大镜等。

(2)活动场地:蚯蚓试验田旁。

(3)活动方式:幼儿尝试用手或勺子等工具将蚯蚓从透明盒子里请出来,放在垫板上进行观察。幼儿想办法将蚯蚓放入透明的矿泉水瓶里,借助矿泉水瓶观察蚯蚓的外部特征。

3. 探索活动三:蚯蚓赛跑。

师：蚯蚓在泥地上会爬，那它在玻璃、纸上会爬吗？在哪里爬得快？

（1）活动材料：玻璃板、粗糙的纸、湿润的泥地、水泥地。

（2）活动场地：试验田旁稍微空旷的场地。

（3）活动方式：幼儿将蚯蚓放在不同的材料上观察蚯蚓的爬行情况，将各种材料平铺在一起，观察蚯蚓在不同材料上的爬行速度。

4. 探索活动四：蚯蚓喜欢吃什么？

师：蚯蚓喜欢吃怎样的食物？它是怎样排泄的？

（1）活动材料：放大镜、叶子、水果等。

（2）活动场地：蚯蚓试验田。

（3）活动方式：投放相关食物，在工作人员的带领下观察蚯蚓选择怎样的食物及如何进食。

（四）蚯蚓的秘密——分享

1. 幼儿以小组形式向大家分享小组的观察结果，幼儿自行推选汇报的组员，其他组员可以补充。

2. 第一组：蚯蚓的家。

师：你们在哪里找到了蚯蚓？蚯蚓喜欢在什么地方居住？

教师小结：蚯蚓喜欢生活在阴暗潮湿的泥土中。蚯蚓没有眼睛，但是它可以感受光。

3. 第二组：蚯蚓的形态特点。

师：你们在邀请蚯蚓的过程中发生了什么事情？你是怎样处理的？你观察到蚯蚓有怎样的特点？蚯蚓是怎样走路的？

教师小结：蚯蚓是环节动物，头部有环带，身体细细长长的，摸上去湿湿滑滑、软软的，蚯蚓靠身体肌肉的伸缩蠕动爬行。

4. 第三组：蚯蚓赛跑。

师：蚯蚓可以在哪里爬？哪种材质的路爬得快？

教师小结：蚯蚓依靠腹部的刚毛，可以在不同的地面爬行，在粗糙湿润的泥地上爬行得最快。

5. 第四组：蚯蚓的食物

师：蚯蚓喜欢怎样的食物？它是怎样排泄的？

教师小结：蚯蚓以腐烂的落叶、枯草、蔬菜碎屑、禽畜粪、瓜果皮以及居民点的生活垃圾为食，尤其喜欢腐烂的水果。

师：刚才在邀请蚯蚓的过程中有条蚯蚓断成2节了，它会死吗？我们一会放在盒子里，带回班里一起来观察吧！

（五）蚯蚓的秘密——拓展

1. 观看PPT中有关蚯蚓常识的视频。

师：刚才我们跟蚯蚓来了个亲密接触，现在，让我们一起看看蚯蚓还有什么秘密吧！

2. 互动游戏——通关大考验（见图7-1-13）。

师："蚯蚓的秘密"通关大考验，你能通几关？一起来试试吧！

（a）　　　　　　　　　　　（b）

图 7-1-13　玩游戏加深印象

六、活动延伸

1. 根据孩子的兴趣,邀请子鸣爸爸开展相关家长助教活动。

2. 创设主题墙,让幼儿形成更系统的关于蚯蚓的认知。

3. 将装有蚯蚓的透明储物盒及相关工具放在自然角,供幼儿自由观察与探索。

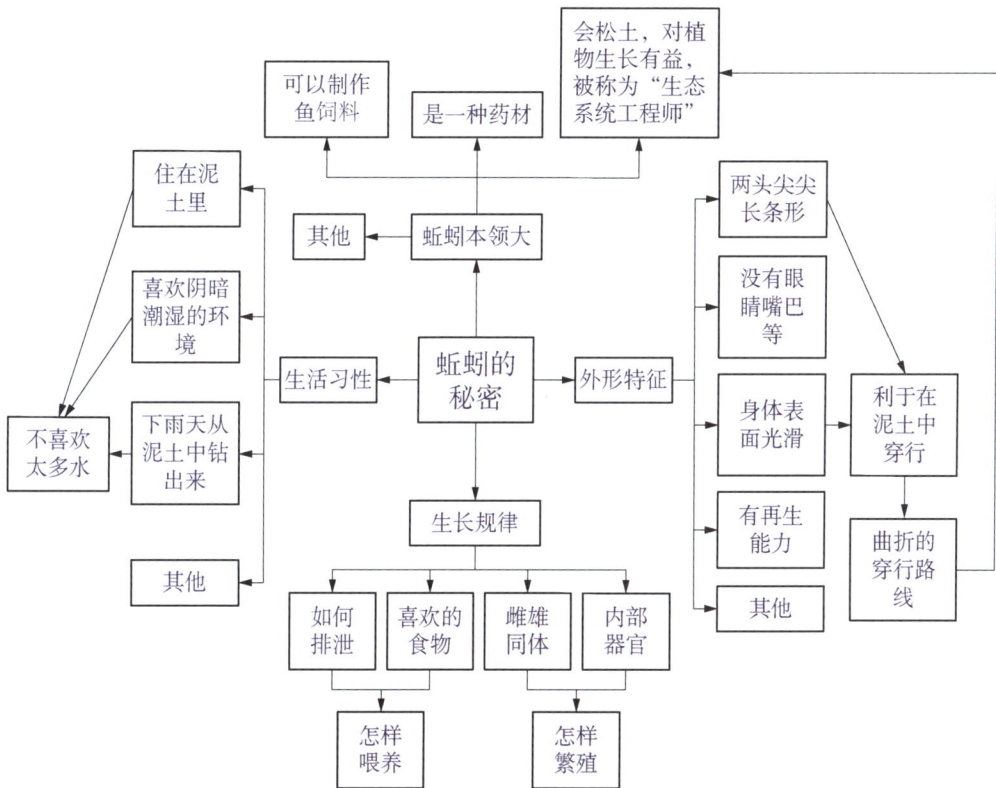

图 7-1-14　思维导图

（施晓莉）

🐞 大班：探秘昆虫研究所

一、设计意图

昆虫在我们的生活中随处可见,孩子对各种昆虫有着天生的好奇心和探究欲。但在大多数孩子的认知范畴里,昆虫是有毒的、会咬人,出于对自己和身边人的保护,他们会毫不犹豫地杀死昆虫。然而,出于对生命的敬畏和尊重,了解昆虫与人们生活的密切关系是值得我们进一步探究的课题。生活中,孩子们时常会问:蟑螂为什么是打不死的"小强",蚕宝宝为什么会变成飞蛾等,带着这些疑问我们踏上了"探秘昆虫"的神秘之旅。

二、活动目标

1. 参观昆虫培育实验室,了解昆虫与生活的密切关系。

2. 通过显微镜观察蟑螂的解剖学构造。

3. 体验发现的喜悦,感受科研工作者严谨的求学态度。

三、社区资源

场地资源:昆虫研究所蟑螂房、养蚕房和实验室。

人力资源:昆虫研究所博士。

四、活动准备

(一)环境准备

1. 活动手册(人手一份):四害图片、蟑螂制药的图片、蚕丝制品图片(生活领域、医疗领域、工业领域)。

2. 提前为研究所的博士制作小礼物(手工、绘画作品等)。

(二)其他准备

1. 提前踩点,与昆虫研究所负责人做好详细沟通。

2. 招募三位家长摄影义工。

五、活动过程

(一)快乐出发

1. 强调外出安全注意事项及参观实验室的基本要求和文明礼仪。

2. 出发前整理物品,包括衣服、鞋子穿戴整齐,小背包的物品齐全。

3. 清点人数,结伴出发。

(二)参观与猜测

1. 引导幼儿通过观察、闻一闻等方式猜测不同的昆虫饲养房,体验趣味性和成就感(见图7-1-15)。

2. 科研工作者通过活动手册依次向幼儿介绍四害图片、蟑螂制药的图片、蚕丝制品图片(生活领域、医疗领域、工业领域)。

教师提问:

(1)你看到蟑螂一般会采取什么做法?

(2)蟑螂这么脏、这么臭,我们为什么要养蟑螂?

(3)蟑螂有什么药用价值?

（4）家蚕的外形是怎么样的？

（5）蚕有什么作用？

（6）蚕宝宝吃什么？

图 7-1-15　参观蟑螂饲养房

（三）识虫乐

1. 认识蟑螂家族：德国小蠊、美洲大蠊等（见图 7-1-16，图 7-1-17）。

2. 鼓励幼儿在实验室人员的指导下佩戴专业手套在饲养箱里抓取蟑螂，并放到指定容器中（透明观察盒）。

图 7-1-16　认识蟑螂

图 7-1-17　观察蟑螂

（四）观察乐：显微镜下的"小强"

1. 通过显微镜观察蟑螂的体态特征，辨认雌雄（见图 7-1-18，图 7-1-19）。

2. 观察蟑螂的解剖学构造，了解蟑螂为什么是"打不死的小强"。

针对孩子们最为关心的话题"蟑螂为什么是打不死的小强"，科研工作者通过解剖蟑螂，向孩子们做了详细介绍：蟑螂被踩死后还能复活，如果用脚踩死一只蟑螂，它的卵会孵化出千千万万只小蟑螂，这是因为蟑螂妈妈会随身携带卵，而且蟑螂的卵鞘特别坚硬，就算踩死了蟑螂，它依旧能坚强地孵化出小蟑螂。蟑螂的繁殖能力特别强，交配一次，终身产卵。

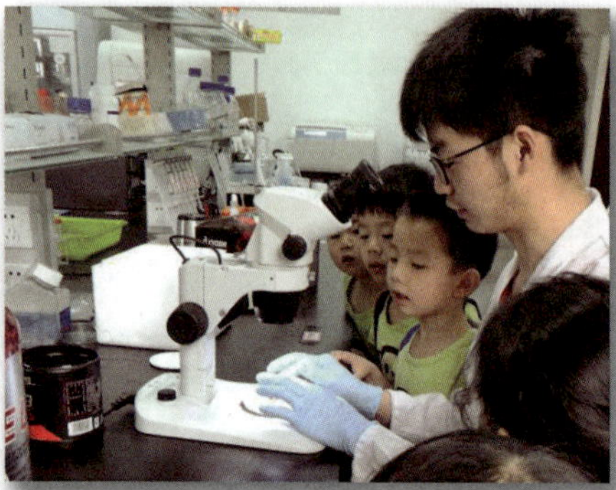

图 7-1-18　显微镜下的蟑螂

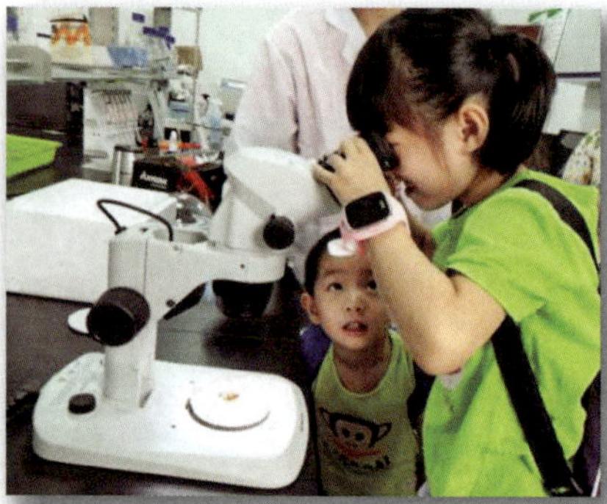

图 7-1-19　观察蟑螂

（五）分享乐：问题抢答

请幼儿先看看自己的学习资料，并积极参加问题抢答。

1. 会传播各类传染性疾病的四种有害生物是哪四种？（蚊子、苍蝇、老鼠、蟑螂）

2. 蟑螂为什么是打不死的小强？

3. 蟑螂有什么作用？

4. 家蚕有几种体态？哪几种？蚕丝有哪些用处？（生活领域：蚕丝被、衣料等；医疗领域：医用缝合线、接骨材料、人工韧带等；工业领域：隐形眼镜片等。）

（六）浓浓谢意

孩子们向研究所人员表达浓浓谢意，为他们送上自己绘画的昆虫作品。

六、活动延伸

1. 分享观察与记录表，说一说我的发现。

2. 绘画活动"打不死的小强""可爱的蚕宝宝"。

（崔　玲）

大班：我与 PIONEER 机器人战队甜蜜相约

一、设计意图

本班部分孩子对机器人非常感兴趣，经常在建构区里用积木进行机器人、机器人基地、机器人武器的拼搭，甚至有时候会分成几个小分队在进行战斗。PIONEER 机器人战队是在华南师范大学信息光电子科技学院的支持下建立起来的机器人团队，在刚结束的"RoboMaster2019 第十八届全国大学生机器人大赛南部分区赛"中获得两个一等奖、一个三等奖的好成绩。据了解，班级里有在华南师范大学信息光电子科技学院工作的家长，借此机会，我们与 PIONEER 机器人战队取得联系，希望能够与 PIONEER 战队制造的机器人进行亲密互动,满足孩子们对机器人探索的欲望,感受操作机器人的快乐,萌发幼儿心中热爱科技的种子。

二、活动目标

1. 通过介绍、观看演示和操作,萌发对战机机器人的喜爱,感受科技研发的乐趣。
2. 初步了解 RoboMaster 机甲机器人的种类、结构和工作原理。
3. 尝试控制机器人进行前进、平移及转弯。

三、社区资源

场地资源:信息光电子科技学院。

人力资源:信息光电子科技学院学生。

四、活动准备

1. 提前与 PIONEER 机器人战队成员进行沟通,了解活动的流程及任务分工。
2. PIONEER 机器人战队研发的机器人:1 台英雄机器人、1 台哨兵机器人、1 台工程机器人、2 台步兵机器人。
3. 活动 PPT:"科技筑梦·童心飞扬"。
4. 第十八届全国大学生 RoboMaster 机器人大赛南部赛区比赛的现场视频。
5. 比赛的照片、奖杯、奖牌。
6. 活动地点:华南师范大学信息光电子科技学院一楼——战队训练场地。

五、活动过程

(一)了解 PIONEER 机器人战队

1. 激发对机器人的兴趣。

师:孩子们,你们喜欢机器人吗?今天,我们要和机器人一起玩游戏。

师:在信息光电子科技学院里有一支 PIONEER 机器人战队,战队由几名大学生组成,他们研发了 5 个机甲机器人,参加比赛获得了两个一等奖,并晋级全国机器人大赛总决赛,我们一起掌声欢迎他们吧!

2. 介绍信息光电子科技学院的 PIONEER 机器人战队。

(1)PIONEER 机器人战队的大学生轮流自我介绍。

(2)展示 PIONEER 机器人战队现场参赛的视频。

大学生:这是我们制作的机甲机器人参加比赛的视频,主要有三个赛事,分别是步兵对抗赛、英雄远程射击赛、机甲大师对抗赛。

(3)展示获奖的奖牌、奖杯。

师:哥哥们制作的机器人真厉害!我们一起来看看他们比赛获得的奖牌、奖杯,请他们和我们详细介绍一下吧!

(二)通过 PPT 认识机甲机器人

1. 初步了解各类机甲机器人的结构。

师:(1)你认识哪类机器人?它们的结构都是怎样的?

(2)你们认识机甲机器人吗?

2. 说说对机甲机器人的认识。

师:(1)这些机甲机器人的造型是怎样的?

（2）为什么都像车呢？

（3）介绍机甲机器人的命名原因。

3. 了解各种机甲机器人的实战功能。

大学生：每种机甲机器人都有各自不同的实战功能，如：发射弹丸、攻击敌方机器人、摧毁敌方基地等。

4. 感受英雄机器人的工作原理（重点）。

大学生：英雄机器人是比赛中的攻击手，它单次发射造成的伤害是步兵的 10 倍，但其弹丸数量在场上属于稀缺资源，射击精确度是考量其攻击力的重要指标。我们一起来了解它的弹丸发射的工作原理吧！

师：（1）你们猜它可以发射多远？

（2）英雄机器人如果运用到战场，它可以做什么工作？

大学生：英雄机器人有发射弹丸的功能，所以，在战场上战斗时，它负责远距离的射击，用炮弹击中目标物（见图 7-1-20）。

5. 分享机器人的设计过程。

师：哥哥们制作一个机器人，从设计、收集材料、制作、编程都付出了自己的心血，我们一起来听听他们制作机器人的心路历程吧！

（三）我和机器人做朋友

1. 机甲机器人出场。

2. 幼儿分成 5 个小组轮流近距离地观看机器人，哥哥们进一步介绍其结构。

3. 幼儿轮流用遥控器操作机器人，在哥哥们的指导下初步学会控制机器人前进、平移、转弯（见图 7-1-21）。

图 7-1-20　观看英雄机器人的炮弹

图 7-1-21　遥控机甲机器人

（1）如何控制机器人前进的速度？

大学生：当我们用力快速地往前推动把手，机器人就会快速前进，如果我们慢慢地推进，机器人就会慢速前进。

（2）如何控制机器人进行平移？

大学生：平移，就是车身横向水平线的移动，左右摇动把手，机器人就能平移。

（3）如何控制机器人进行转弯？

大学生：控制这个圆圈的把柄，往左右转圈就可以转弯了。

（四）机器人展示本领

1. 幼儿站在安全位置观看哥哥们展示机器人的本领。

师：现在，我们来看看机器人它们是怎样进行战斗的。

2. 大学生们控制机器人，展示机器人战队之间的竞速、追踪、定向对战和射击弹丸等实战功能。

（1）第一轮机器人展示的是竞速比赛，比谁跑得最快。

（2）第二轮机器人展示的是追踪比赛，发出红外线的机器人追踪它的敌人在哪里，而另外几个机器人进行躲避隐藏。

（3）第三轮机器人展示的是定向对战和射击弹丸比赛，它们发射弹丸进行定向对战和瞄准射击，看谁能够击中目标。

（五）感谢 PIONEER 机器人战队

教师鼓励幼儿用自己的方式感谢大学生。

六、活动延伸

1. 幼儿可以学习简单的编程，用电脑设计机器人的攻击路线。

2. 幼儿可以绘画"我心中的机器人"并积极分享和表达。

（吴冰冰）

第二节　社会体验

体验是幼儿社会领域学习的重要方式和有效途径，为认知发展和态度形成奠定基础。体验是幼儿作为主体，在亲身经历的过程中产生对事物和他人的真切感受，这种感受是直接的、深刻的、无法替代的、具备个人特征的。本节提供的活动案例包括职业认知、关爱他人、关注社区、关心国家等，充分展现交往和适应是发展的基本途径。

小·班：寻找孔子像

一、设计意图

华师附幼位于华南师范大学校内，校内社区资源丰富，有超市、医院、各类学院……还有各具学府特色的标志性建筑，如第一课室大楼、孔子像、陶行知像等。其中位于校园中心的孔子像（孔子及弟子三人组成的雕像）是华南师大的代表性雕像，不仅是华南师大校徽的诠释，还隐喻着"艰苦奋斗、严谨治学、求实创新、为人师表"的华南师大精神。

国庆假期归来第一天的晨谈环节，大家分享了自己国庆假期的活动照片。轮到尚尚分享的时候,他提起他和班上的其他几个孩子一起在孔子像附近玩耍。这时有其他的孩子在问:"孔子像是什么?它在哪里啊?"听到问题后的尚尚就说:"如果从我的家出发我就能带你找到它,可是现在我也不知道。"听完尚尚的回答,孩子们开始窃窃私语,讨论自己有没有见过孔子像,它具体在哪里。你一言我一语,孩子们对寻找孔子像充满着兴趣。根据孩子的兴趣,结合社区资源,我们决定开启寻找孔子像的"面圣"之路。

二、活动目标

1. 能与同伴共同讨论、计划和完善路线,根据预定路线寻找孔子像。

2. 遇到问题能大胆尝试想办法解决,如询问路人或保安。

3. 喜欢聆听孔子的故事,初步感受大学文化的熏陶。

三、社区资源

场地资源:社区文化广场——孔子像雕塑。

人力资源:社区居民。

四、活动准备

(一)物资准备

1. 孔子像附近标志性建筑的照片(各两份)。

2. 大白纸 4 张,彩色水彩笔每组 3 支,黑色勾线笔 2 支,双面胶、剪刀。

(二)经验准备

1. 基本了解华南师大附近的标志性建筑。

2. 有认真观察周围事物的经验。

五、活动过程

(一)小组合作规划路线

1. 以小组的形式做计划。

2. 教师介绍今天的任务——寻找孔子像,聆听孔子的故事。

3. 幼儿共同讨论路线,教师协助绘制和完善路线图。

(二)共同约定活动规则

1. 组内推选一位组长,保管路线图以及水彩笔(用背包装好)。

2. 约定外出活动规则。

(1)每当找到照片上的一个地方,用彩色笔圈起来并合照。

(2)小组中的每一个人需要一起到达目的地。

3. 教师清点人数后出发。

(三)一起踏上"面圣"之路

1. 行进路上教师引导孩子们通过看路线图到达目的地(见图 7-2-1)。

2. 教师引导孩子们看地图,找路线(见图 7-2-2)。

3. 遇到问题引导孩子们自己想办法解决。

引导语:接下来该怎么走? 怎么确定是这条路? 可以怎么问路?

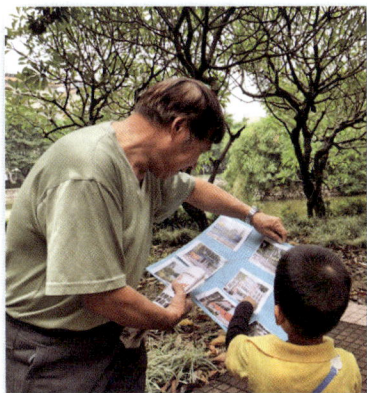

（a）　　　　　　　　　　　　　　　（b）

图 7－2－1　孩子们询问路人

图 7－2－2　孩子们看地图

（四）聆听孔子的故事

1. 教师讲解，幼儿了解孔子像雕塑，初步感受"三人行，必有我师焉"的精神。

2. 幼儿仔细聆听孔子的故事。

3. 幼儿与同伴庆祝完成任务，合影留念。

（五）经验分享（见图 7－2－3）

1. 两组幼儿对比活动使用的时间和路程。

2. 分享话题：

（1）在寻找路上你们遇到什么问题？用什么办法解决的？

（2）关于孔子你听到了什么故事？

（a）　　　　　　　　　　　　　　　　（b）

图 7 - 2 - 3　经验分享

六、活动延伸

1. 幼儿尝试认识社区地标性建筑，与家人一起进行路线制定和参观。

2. 幼儿在家中与家人分享社区活动的趣事和在社区中聆听的故事。

（邓美丽）

☀ 小·班：保安叔叔，您辛苦了！

一、设计意图

在孩子们生活的小区，保安亭随处可见，巡逻的保安叔叔引起了孩子们的兴趣。保安亭里面放了什么东西？保安叔叔的任务是什么？保安叔叔如何保护大家？保安叔叔平时会用到哪些装备、用具？这些装备有什么作用？……

《指南》的社会领域中指出"幼儿园在组织活动时，可以经常打破班级的界限，让幼儿有更多机会参加不同群体的活动"。因此，我们决定走出幼儿园开展活动。在前期了解幼儿园门口保安叔叔的工作职责与工作内容之后，我们决定带领孩子们进入社区，引导孩子大方、主动地与社区中的保安叔叔互动，在交流中提高孩子对保安叔叔工作性质与工作任务的认识。

二、活动目标

1. 知道幼儿园附近保安亭的位置及作用，初步认识常见的防卫用具。

2. 了解保安叔叔的工作任务，能与保安叔叔问好，能用自己的方式感谢保安叔叔。

3. 知道保安叔叔工作的重要性，初步萌发感恩之情。

三、社区资源

场地资源：社区保安亭。

人力资源：社区后勤保障工作人员。

四、活动准备

（一）教学材料准备

记录表、幼儿使用的访谈记录纸和笔、幼儿手工制作的勋章、送给保安叔叔的矿泉水。

（二）社区活动装备准备

幼儿小背包（里面装有水壶、汗巾、帽子），保育篮（纸巾、相关药物）。

（三）场地准备

提前与幼儿园的保安叔叔做好沟通；提前对幼儿园附近几个保安亭的位置进行踩点，确保场地的安全性及教育性。

五、活动过程

（一）第一阶段：回顾谈话导入

师：（1）幼儿园里的保安亭和保安叔叔的作用是什么？

（2）幼儿园的保安叔叔平时都做什么？

（3）他们穿什么服装？有什么工具？

（二）第二阶段：说说你见过的保安亭

师：（1）除了幼儿园，你还在哪里看到过保安叔叔呢？

（2）你在幼儿园附近哪个位置见到保安亭？

（三）第三阶段：了解保安亭作用和保安叔叔的职责

师：我们都知道在小学后门和网球场前面各有一个保安亭，我们一起去采访他们吧。

采访流程：

1. 能够主动与保安叔叔问好。

2. 向保安叔叔大胆介绍自己。

3. 请保安叔叔介绍他的衣服和防卫工具。

4. 向保安叔叔询问是否可以参观保安亭。

5. 了解保安亭设置在这里的原因。

6. 向保安叔叔说感谢，给他送贴纸、勋章和水（见图7-2-4）。

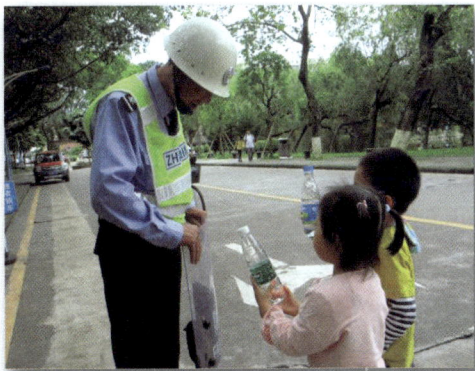

图7-2-4 为保安叔叔送水

六、活动延伸

1. 亲子记录：和爸爸妈妈一起找找家附近的保安亭，用表格或者绘画的形式记录下来。

2. 角色游戏"我是小小保安员"。

（聂　楠）

资源

社区活动记录表：寻找幼儿园附近的保安亭

班级：　　班　　　　　姓名：　　　　　　日期：

1. 在幼儿园附近，你找到几个保安亭呢？请你用画○的方法圈出你找到的保安亭数量，并说说这次活动中你一共找到了几个保安亭，分别在哪里。

2. 保安叔叔有哪些装备？你看到了哪些、认识了哪些？请将看到的、认识的圈出来，并说一说这些装备分别有什么作用。

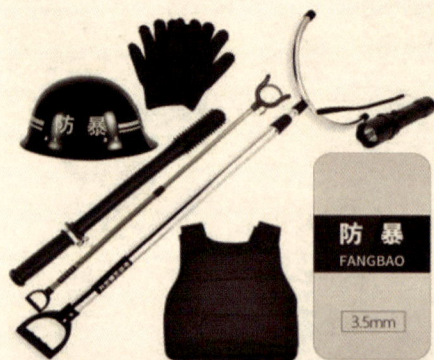

实用钢叉+防暴头盔+胶棒+防刺服
+防割手套+防暴盾+战术手电+脚叉

中班：爱相约·心相随

一、设计意图

尊老爱幼是中华民族的传统美德。有资料显示,德国汉堡的一家养老院里,住着200多位老人,他们的邻居是80个6岁以下的孩子,老人会和孩子们一起生活、游戏。在日本,不少幼儿园都与附近的养老院建立了固定互访制度,老人可以定期去幼儿园,幼儿园也会组织孩子们到养老院跟老人们联欢。

这引发了我的思考,如果定期让班上的孩子与华南师大托老中心的老人们一起活动,他们之间会有怎样的互动? 互动过后,孩子们会得到怎样的启发? 因此,我设计了"爱相约,心相随"探访华南师大托老中心的活动。希望通过与老人的互动,传承"尊老爱幼"的传统美德,让幼儿成为善良、会感恩、有责任、有爱心的社会小公民。

二、活动目标

1. 能够大方自信地与不同个性的老人交往。
2. 亲身感受一代代华师人的人文精神传承,从而获得良好的人文熏陶。
3. 学会尊重老人,做个文明有礼的小公民。

三、社区资源

场所资源：敬老院。

人力资源：社区义工团队、华南师大退休教职工。

四、活动准备

（一）物质准备

1. 幼儿：集体穿班服,带小书包(备有汗巾、小水壶、小礼物)。
2. 教师：保育篮(备有纸巾、垃圾袋、外出备用药品)。
3. 幼儿节目所需的音乐、音箱、话筒等。

（二）场地准备

提前与托老中心负责人联系,落实到访时间及活动流程,确保活动顺利进行。

（三）其他准备

1. 慰问品(水果、鲜花等)。
2. 安全准备：活动前与幼儿重温外出安全规则。
3. 招募家长义工队,为出行取得强有力的安全保障。

五、活动过程

（一）日常活动(两周一次)

1. 看一看、唱一唱。

(1) 幼儿参观托老中心。

(2) 幼儿和老人一起唱过去的童谣。

2. 听一听、说一说。

(1) 幼儿分组,2~3个孩子和一个老人一组。

(2) 老人们给孩子们展示旧相册,在翻阅相册的过程中,给孩子们讲述他们年轻时的故事。

（3）孩子与老人们自由交流喜欢的话题。

3. 做一做、玩一玩。

（1）集体活动。全班幼儿集体到托老中心与老人们做游戏。

（2）小组活动。幼儿自发活动,利用周末或空余时间看望老人家,陪他们聊天、做游戏（折纸、下棋、剪纸）等。

（3）活动分享。孩子们进行分享、交流、总结,教师协助把每次活动后孩子想对老人家说的话及时记录下来,反馈给他们。

4. 走一走、认一认。

（1）组织幼儿参观老人们在华南师大曾经工作过的地方。

（2）听老人们讲以前在华南师大的工作趣事。

（3）对比华南师大的新旧照片,感受学校的变化。

（二）佳期共庆

1. 活动"我给寿星过生日"（见图 7 - 2 - 5）。

（1）统计同季度生日的老人、孩子名单,组织活动一起庆祝。

（2）让孩子与老人共同准备过生日的蛋糕,一起布置环境。

（3）孩子们为寿星唱生日歌、送祝福。

（4）孩子与老人合照,共同品尝蛋糕。

2. "欢度佳节"。

幼儿园与义工团队以结对子的形式合作开展活动。

（1）前期筹备。

幼儿园与义工团队一起做计划,明确彼此的任务,做好筹备工作。

（2）"走出去"。

① 中秋节。组织孩子们与义工团队一起去托老中心布置环境,与爷爷奶奶一起品尝月饼、一起做纸灯笼装饰环境等。

② 教师节。孩子们与退休老教师一起欢度教师节;为爷爷奶奶唱歌、跳舞,送上自己制

图 7 - 2 - 5　孩子们与老人家拥抱

图 7 - 2 - 6　孩子们给退休教师过教师节

作的小礼物(见图7-2-6)。

(3)"请进来"。

利用节日,邀请爷爷、奶奶到幼儿园做客,如老人与孩子一起包饺子、做汤圆,品尝劳动成果,共同庆祝冬至。

六、活动延伸

1. 画一画,说一说:幼儿以绘画的形式记录自己在社区活动中的收获。如:我最开心的事、我最难忘的事。以图文的形式与同伴、老师、家人分享。

2. 送爱心、送关怀:利用节假日,家长与幼儿一起走访附近的养老中心,参与小义工活动。

3. 我是懂事好宝宝:在生活中能关心家中长辈,为他们做力所能及的事情,如给爷爷、奶奶捶捶背等,把尊敬老人的行为落实在行动中。

(莫妮怡)

☀ 中班:环保小·达人

一、设计意图

为深入贯彻习近平总书记关于做好垃圾分类工作的重要指示精神,社区推行了"定时定点"分类投放垃圾的措施。在政策及上级部门的指引下,幼儿园也积极响应号召,在园所开展垃圾分类。当"垃圾分类"走进千家万户,孩子们对"垃圾分类"充满好奇:"为什么要垃圾分类?""这是什么垃圾?""垃圾去哪里了?"……幼儿是祖国的花朵和未来,树立他们的环保意识,养成垃圾分类的好习惯,有利于以小手拉大手,推动家庭、社区垃圾分类,因此我设计了本次"环保小达人"活动。

二、活动目标

1. 知道垃圾分类的知识,能区分常见垃圾的种类。

2. 了解一些废物利用的方法,体验变废为宝的快乐。

3. 养成垃圾分类的好习惯,注意节约资源,建立初步的环保意识。

三、社区资源

人力资源:社区居委会工作人员,华南师大化学与环境学院教师。

四、活动准备

(一)环境准备

教师提前在阅读区投放一些垃圾分类的图书,布置"环保小达人"环境主题墙。带领幼儿观看垃圾污染的相关视频,进行垃圾分类小游戏闯关体验。

(二)物质材料准备

防晒服、小水壶、遮阳帽、相机、采访记录单、环保宣传画展板。

(三)社区联系准备

教师提前与社区爱卫办取得联系,为幼儿社区采访做准备。提前与居委会取得联系,为幼儿环保时装秀做准备。提前和化学与环境学院联系,预约专家讲座和采访。

五、活动过程

（一）体验生活—观看视频—引发思考：为什么要垃圾分类

1. 社区和幼儿园都在推行垃圾分类，垃圾分类成了幼儿近期热点讨论的话题。通过在幼儿园和家里体验分类投放垃圾，幼儿开始以小主人的身份参与到生活实践中。

2. 组织幼儿观看垃圾成堆的照片和视频《听海哭的声音！》，让幼儿切实感受到生活垃圾造成的环境污染，引发幼儿讨论垃圾分类的原因，明确垃圾分类的意义。

（二）小组合作交流，掌握垃圾分类知识

1. 分组进行讨论："生活中常见的垃圾有哪些？"用画图的方式记录下来。

2. 知道家庭生活垃圾分为可回收物、餐厨垃圾、有害垃圾、其他垃圾四类，教师利用PPT展现四类常见的垃圾，让幼儿了解垃圾分类小常识。

3. 教师引导幼儿将小组画下来的垃圾进行分类，记录有争议的部分。

4. 在社区定点投放垃圾时间，将幼儿组成记者小分队，采访并记录居民投放的垃圾和类别。

（三）家庭携手共创，变废为宝初体验

1. 教师为幼儿播放《奇妙的商店》小故事视频，萌发幼儿废物利用的意识。

2. 亲子体验：幼儿与家长利用废旧材料共同创作环保服装，初步体验变废为宝的乐趣。

3. 幼儿园携手居委会，共同举办社区环保时装秀。

（四）邀请专家讲座，深入了解垃圾分类

1. 邀请专家来幼儿园讲座，让幼儿了解垃圾分类的处理方法。

2. 幼儿分组准备采访的问题，请专家释疑，解决争议问题。

3. 幼儿小组合作，利用废旧材料制作礼物，赠送给专家。

（五）分享与实践

1. 谈话活动："我是环保小达人"，幼儿谈谈自己能为垃圾分类做出的贡献。

2. 幼儿园与居委会联合创办幼儿环保绘画展，宣传垃圾分类的相关知识。

3. 社区实践活动：组织到校园草地捡拾垃圾，并进行分类投放。

六、活动延伸

1. 鼓励幼儿在生活中践行垃圾分类。

2. 引导幼儿收集、利用废旧材料进行大胆创作。

（朱细宝）

☀ 中班：与餐厅的邂逅之旅

一、设计意图

本班级的特色区域是"佩奇餐厅"，孩子们对班级特色区域都表现出极大的热情，能够积极、主动地参与到活动当中，在游戏中积累愉悦的游戏体验和操作体验。

但是由于孩子们对餐厅的认知仅仅停留在表面，他们的生活经验和社会规则意识较为薄弱,所以在进行班级特色角色游戏"佩奇餐厅"时,部分幼儿会缺乏角色意识,对服务员和厨师的角色产生混乱,或者无目的地重复操作材料。

《指南》中指出,要充分利用生活机会和角色游戏,帮助幼儿了解与自己关系密切的社会服务机构及其工作,体会这些机构给大家提供的便利和服务,懂得尊重工作人员的劳动,珍惜劳动成果。根据《指南》要求,结合本班孩子各方面特点以及区域游戏活动开展的情况,我设计了本次活动,以提高孩子们对餐厅的生活经验和游戏水平,让孩子能够对现实生活中的餐厅及其相关内容有一个更深刻的认识。

二、活动目标

1. 了解餐厅中服务员、厨师和顾客的特点及其相关工具,增加生活经验。

2. 通过观察、思考、模仿、体验等多样化的形式,初步掌握餐厅礼仪。

3. 感受餐厅工作带给大家的便利,尊重餐厅工作人员的劳动成果。

三、社区资源

场地资源:华南师范大学陶园餐厅。

人力资源:餐厅工作人员。

四、活动准备

(一)资源准备

1. 充分利用家庭资源,公布主题活动方案,家长根据自身的资源和优势报名参与家长助教活动并提供相应的资源支持,形成家园合作的氛围。

2. 积极开发华南师大社区优质资源,提前与大学饭堂的负责人沟通联系好参观事宜,便于餐厅给孩子们提供更全面、规范、有针对性的展示和体验。

(二)经验、环境准备

1. 幼儿已有餐厅游戏的经验。

2. 教师根据活动开展进度创设相应的环境,潜移默化中帮助幼儿进一步熟悉相关内容。

(三)物质准备

1. 开展餐厅游戏的相关材料、家庭亲子单、餐厅活动 PPT、相关视频。

2. 社区活动物品:药、餐厅环境图片、纸巾、相机等。

五、活动过程

(一)你是谁? ——区分餐厅中的不同角色,了解其关系

1. 教师通过情景表演导入,引出餐厅中的基本角色(顾客、服务员、厨师):你知道他们都是谁吗? 他们都做了哪些事情呢?

2. 观察情景内容,了解、区分不同角色可能会做的事情,从而引发讨论,在观察、学习、讨论中认识餐厅中三个不同角色的基本工作内容:你知道他们都有哪些厉害的本领吗? 他们是怎么做的呢?

(二)这是什么? ——了解不同角色会用到的工具材料

1. 由"角色"引出"工具"。

(1)服务员:工作服(红)、点餐牌、收银机、二维码等。厨师:工作服(白)、厨具、食材、菜单等。顾客:钱、手机等。

（2）师：服务员、厨师和顾客都有他们自己的"宝物"，你知道他们的宝物是什么吗？这些"宝物"是怎么用的呢？

2. 充分调动感官，通过听声音、摸物品、看实物、实际操作等感受不同的工具材料。

3. 自主操作工具材料，充分满足好奇。

（三）探秘社区——实际探寻，与现实生活进行匹配

1. 幼儿化身调查员，一起到社区去寻找工具材料的出处。

2. 通过在餐厅体验就餐，满足幼儿对餐厅的好奇心。

3. 提出餐后讨论，一起来思考：你觉得怎样的顾客、厨师和服务员是最受欢迎的呢？

（四）判断小能手——对角色行为进行判断

1. 通过角色扮演的方式创设顾客、厨师和服务员交往的情景，引导幼儿思考和判断：故事中发生了什么？你觉得这样做怎么样？

2. 教师引导幼儿尝试思考：如果你遇到了这件事情，你会怎么做？为接下来的生活体验营活动做好基础的准备。

3. 情景活动单：请幼儿自主选择不同的活动单图片，依据不同人物的交往情景，说说自己的判断和理由。

（五）餐厅生活亲子体验营——获得真实体验

1. 整合家庭、社区资源，与餐厅沟通好体验营活动的相关内容。

2. 一个家庭组成一个小队，自主选择厨师、服务员或顾客角色，以"大带小"的方式，实地引导孩子体验实际生活。

3. 体验分享，引导幼儿总结经验：你们做了什么事情？你们遇到了哪些问题？当遇到这些问题的时候你们是怎么解决的？

六、活动延伸

1. 引导孩子通过绘画、建构等方式把自己喜欢的餐厅表现出来，共同讨论后一起将大家的奇思妙想结合起来，应用到班级的角色区"佩奇餐厅"中去。

2. 在角色区中设立"优秀员工""最受欢迎的顾客"等荣誉称号，每月进行评选，激发幼儿游戏兴趣。

（张彩霞）

大班：可怕的"白色污染"

一、设计意图

现代社会中快餐业、包装业的发展，极大地方便了人们的生活。但人们在享受便利生活的同时，也给环境带来了严重的破坏，"白色污染"已成为继大气污染、水污染之后的第三大社会公害。在华南师大绿色文明社团的提议下，三个校区将实行减少"白色污染"的公益计划，饭堂、超市都不再无偿提供一次性饭盒和塑料袋。

这个提议引发了我的思考。"白色污染"中的垃圾是孩子们日常生活中接触最多且用得最多的一次性垃圾，身为教师我们应该帮助幼儿认识"白色污染"，知道"白色污染"的危

害。使幼儿懂得：只有减少垃圾，变废为宝，才能净化环境，拥有美好的生活。因此，我设计了本次活动，希望通过环保教育，教会孩子逐步养成良好的生活习惯，激发幼儿争做环保小主人的强烈欲望。

二、活动目标

1. 了解"白色污染"是什么，知道"白色污染"是威胁生态环境的一个重要因素。

2. 能用调查访谈的方法，了解社区群众对"白色污染"的认识。

3. 积极参与环保活动，争当环保小卫士，并体验为环保做贡献所带来的乐趣。

三、社区资源

场地资源：社区超市、菜市场。

人力资源：社区居民。

四、活动准备

（一）教学材料准备

塑料袋、泡沫饭盒，环保购物袋若干，"白色污染"公益片视频。

（二）社区活动准备

幼儿使用的访谈记录纸和笔，环保宣传单和环保小册子，"请尽量少用塑料袋"的标志牌。

五、活动过程

（一）第一阶段：话题讨论——生活经验谈话，引出活动

1. 出示塑料袋、泡沫饭盒，引导幼儿重新认识它们。

师：（1）你们认识这些东西吗？人们在什么时候会使用它们呢？

（2）人们为什么都喜欢用这些物品？

2. 讨论塑料袋给人们生活带来的好处有哪些，肯定塑料袋给人们生活带来许多方便。

（二）第二阶段：观看视频，引发思考

1. 通过组织观看"白色污染"公益短片视频，了解塑料袋和泡沫用品到底会产生哪些危害。

小结：塑料制品混在土壤中会影响植物吸收养分和水分；动物误食会死亡；需用100～200年才能降解，会长期占用土地；人们如果长期使用一次性泡沫餐具，会影响人体健康，如果焚烧这些垃圾，会污染空气。由于这些塑料袋、泡沫制品大部分是白色的，因此人们把它们造成的污染称为"白色污染"。

2. 寻找减少"白色污染"的方法。

（1）幼儿讨论在日常生活中如何减少"白色污染"，鼓励幼儿开动脑筋，交流自己想出的解决方法，如购物时自带纸袋，制造出能分解的塑料袋等。

（2）教师小结：为了减少"白色污染"，科学家们开发了对环境污染少的、可降解的塑料制品，商家也开始减少这些物品的使用量。小朋友们应该从现在做起，不乱扔塑料袋、泡沫用品，减少"白色污染"，人人都做一个保护环境的环保小卫士。

3. 动手设计创意环保袋。

幼儿挑选合适的废旧布或纸壳，自己动手创作环保袋。

（三）第三阶段：争当环保小卫士

1. 走出社区，对社区群众进行调查访谈。

（1）调查：幼儿2~3人一组，向周边的人（叔叔、阿姨、爷爷、奶奶）进行访谈，了解他们是否知道什么是"白色污染"，他们是否会用塑料袋和泡沫用品，他们是否知道"白色污染"的危害。

（2）幼儿把访谈的结果画在记录纸上。

2. 访谈结束后，请幼儿分享自己的访谈结果。

3. 引导幼儿争当环保小卫士，向大家宣传环保知识并提倡少用塑料袋。

（1）幼儿走向社区派发自制环保袋、宣传单（见图7-2-7），如走进菜市场、超市向正在购物的叔叔阿姨、爷爷奶奶宣传环保知识。

（2）鼓励幼儿以身作则，尽量少用塑料袋。

六、活动延伸

1. 以庆"六一"环保时装秀为催化剂，将生活中的废旧物品改造成漂亮的时装和独具特色的道具。

2. 在美工区中继续设计环保袋。

3. 利用家长资源、社区资源，争当环保小卫士，继续向更多的人宣传"白色污染"的危害并提倡少用塑料袋。

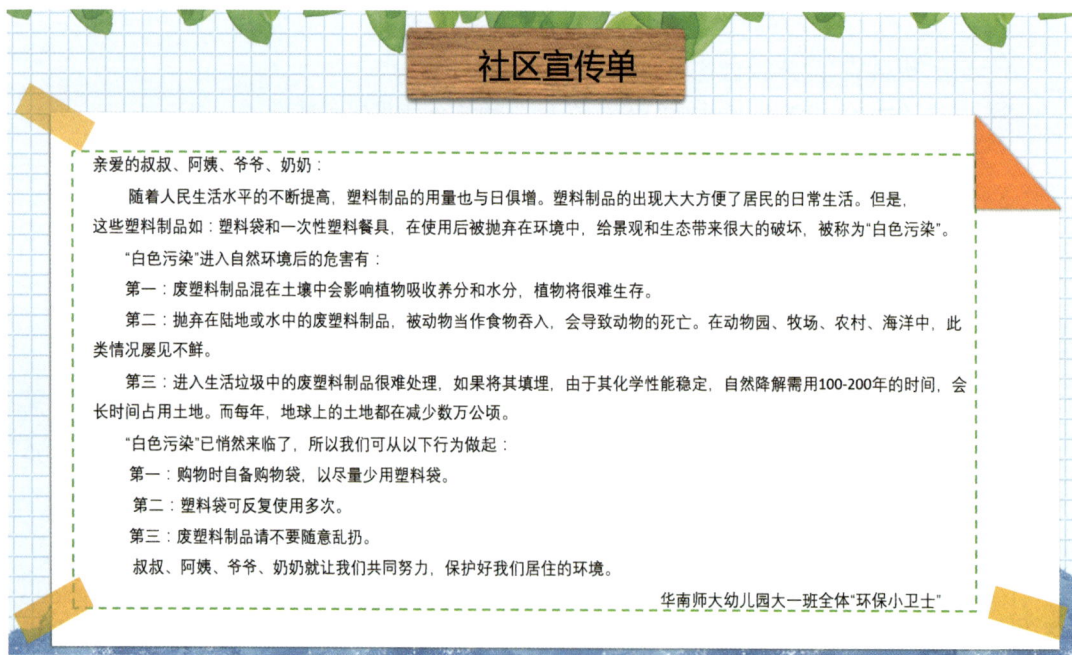

社区宣传单

亲爱的叔叔、阿姨、爷爷、奶奶：

随着人民生活水平的不断提高，塑料制品的用量也与日俱增。塑料制品的出现大大方便了居民的日常生活。但是，这些塑料制品如：塑料袋和一次性塑料餐具，在使用后被抛弃在环境中，给景观和生态带来很大的破坏，被称为"白色污染"。

"白色污染"进入自然环境后的危害有：

第一：废塑料制品混在土壤中会影响植物吸收养分和水分，植物将很难生存。

第二：抛弃在陆地或水中的废塑料制品，被动物当作食物吞入，会导致动物的死亡。在动物园、牧场、农村、海洋中，此类情况屡见不鲜。

第三：进入生活垃圾中的废塑料制品很难处理，如果将其填埋，由于其化学性能稳定，自然降解需用100-200年的时间，会长时间占用土地。而每年，地球上的土地都在减少数万公顷。

"白色污染"已悄然来临了，所以我们可以从以下行为做起：

第一：购物时自备购物袋，以尽量少用塑料袋。

第二：塑料袋可反复使用多次。

第三：废塑料制品请不要随意乱扔。

叔叔、阿姨、爷爷、奶奶就让我们共同努力，保护好我们居住的环境。

华南师大幼儿园大一班全体"环保小卫士"

图7-2-7 社区宣传单样例

（孙燕芳）

☀ 大班：我是升旗手

一、设计意图

升旗仪式是对幼儿进行爱国主义教育的重要途径之一。本次活动邀请华南师范大学国旗护卫队走进幼儿园,借助升旗仪式,对幼儿进行爱国主义情感教育和文明礼仪教育,进一步深化幼儿的爱国主义情感,强化幼儿的亲社会行为。

二、活动目标

1. 积极地向国旗护卫队学习升旗的基本动作规范。

2. 了解完整的升旗仪式流程,知道升旗仪式的环节与要求。

3. 向往当升旗手,大胆地与国旗护卫队成员互动交流,萌发崇敬国旗、热爱祖国的情感。

三、社区资源

人力资源：华南师范大学国旗护卫队。

文化资源：社区每周一的升旗仪式。

四、活动准备

国旗、升旗音乐、录音机、电池、小音响、录像机等。

五、活动过程

(一)观摩学习

1. 教师带领幼儿到社区参加升旗仪式。

2. 国旗护卫队成员向幼儿讲述升旗的意义。

3. 幼儿与国旗护卫队成员深入交流,并发出入园邀请。

(二)整装待发

国旗护卫队成员来到班级活动的指定地点,8位升旗手代表按要求在指定位置站好,其他幼儿列队在升旗主干道观摩学习如何升旗。

(三)聆听讲解

国旗护卫队成员讲解升旗仪式中的基本动作与规范。

集体学习基本的动作规则：正步走、齐步走、扛旗。

引导语：你们想当升旗手吗？升旗手需要做什么？升旗手会做些什么动作？是怎么做的？

(四)学习升旗

学习升旗之前,教师给孩子们提出问题和注意点,让孩子们带着问题边思考边学习,同时请8位幼儿做升旗手集中学习出旗。

引导语：出旗时,有几位小朋友扛旗,他们分别拿着旗的什么位置？拿旗时,手心向上还是向下？怎么样才能够把旗抓得更牢固？出旗时,怎么样才能够做到步调一致？在哪个位置停下来？在哪个位置走上台阶？

(五)观摩升旗

教师给孩子们提出问题和注意点,让孩子们带着问题观摩升旗仪式。

引导语：升旗时，在音乐的哪个节奏甩旗？什么时候开始升旗？升旗时怎样才能做到与音乐相匹配？

（六）互动交流

观摩完升旗仪式之后孩子们与国旗护卫队成员们进行互动和交流，进一步了解和学习升旗的技能。

提问：要怎么样才能做到所有人步伐整齐？护卫队平时都需要练习吗？要练习多久？

（七）成果展示

8位升旗手展示学习成果。

六、活动延伸

1. 幼儿拟定采访提纲，对国旗护卫队的训练时间、难度、困难、要求等内容进行采访。

2. 幼儿聆听与记录国旗护卫队的故事。

（邹　晶）

☀ 大班：我是小兵

一、设计意图

少年强则中国强，国防教育、爱国主义教育对每个孩子的成长都具有举足轻重的意义。每年九月的第三个星期六是"全民国防教育日"，也正值华南师范大学九月新生军训期，以此为契机，我设计了大班社区系列活动"我是小兵"。

经过幼儿园小班、中班的学习和生活，大班的孩子们对幼儿园所在地的地理特点、环境特色有了更多直观的了解。随着动手操作能力、思考探究能力、语言表达能力和人际交往能力的不断提高，孩子们与社区环境和军训人群的交往互动变得深入和广泛。针对大班孩子的年龄、兴趣、能力特点，我所设计的社区系列活动"我是小兵"紧紧围绕社区地形地貌特点和新生军训的内容来开展，通过"勘探地形""伪装战术""丛林隐蔽""小兵出击"等一系列层层递进的活动，让小兵在活动中深化对社区的了解和探索兴趣，并通过富有教育内涵的社区活动增进孩子们对所在生活环境的热爱和保护、建设之情，进而加深国防观念，增进对祖国的热爱，常怀报国之志。

二、活动目标

1. 通过观摩军训和相关实践活动，了解国防的意义，学习隐蔽和修筑工事。

2. 学习团结协作，坚持完成小兵团队的计划。

3. 培养不怕困难、勇于挑战的精神，体验作为小兵的自豪感。

三、社区资源

场地资源：社区草地、树林。

文化资源：大学生军训。

四、活动过程

（一）系列活动一：勘探地形

1. 活动目标。

（1）能根据地形特点选择作战区域，并说明理由。

（2）绘制战区地图，能用完整的语言在团队内介绍构思，对外军保密。

（3）能认真倾听他人讲述，体验团队合作的乐趣。

2. 活动准备。

（1）环境准备。活动范围定位在社区的小树林，活动前进行踩点，确保活动区域环境安全。

（2）经验准备。了解地图的作用和意义，能看懂简单的地图标记；观摩过军训大学生的反恐演练，知道与敌方对抗需要利于隐蔽和进攻的地形。

（3）物质材料准备。记录纸、笔、制作军旗的材料。

3. 活动过程。

（1）第一阶段：勘察地形。

① 教师介绍活动范围和任务：今天，我们需要在社区小树林，选择一个场地作为作战区域，之后进行两军对战。

② 幼儿自由组合，分成人数相同的两组，给自己的军队起队名。为方便表述，以下暂称一组为红军，另一组为蓝军。

③ 两军分别推选出一名军长，带领组员在中区进行地形勘察。

（2）第二阶段：确定战区。

① 教师组织两军插上军旗，相对而坐。

② 两军分别介绍自己队伍选择的作战区域和理由，如果两军选择不一致，则通过辩论说服对方。如果两军选择一致，则直接确定该区域为战区。

③ 两军协商确定各自军营的方式，例如抽签、黑白配、协商。

（3）第三阶段：绘制地图。

① 教师介绍绘制要求：地图上要用图案或符号标明隐蔽点和小兵站位。

② 讨论：被对方知道地图会有怎样的后果？怎样做好保密工作？

③ 两军内部交流分工、绘制计划。

④ 两军分别绘制作战地图，并做好保密工作。

⑤ 两军分别在内部进行地图介绍，熟悉站位和任务。

4. 活动延伸：幼儿绘制幼儿园地图，方便在园内开展两军对抗游戏。

（二）系列活动二：伪装战术

1. 活动目标。

（1）结合环境特点制定伪装计划，与同伴合作完成伪装。

（2）能对伪装进行评价和改进。

（3）在互帮互助中增进团队友情。

143

2. 活动准备。

（1）环境准备。社区小树林。

（2）经验准备。观摩反恐演练时，留意他们的伪装方式，知道伪装的重要性与意义。

（3）物质材料准备。

① 蜡笔、画纸、人体彩绘颜料、透明胶、橡皮筋、绳子等材料。

② 装材料的袋子。

③ 记录纸、笔。

3. 活动过程。

（1）第一阶段：制订伪装计划。

① 红军、蓝军分别讨论伪装计划。

② 两军分别在内部介绍计划的优点和制定的理由，并做好保密工作。

（2）第二阶段：搜集伪装材料。

① 两军分别根据自己的伪装计划，确定需要的伪装材料，并用图案或符号进行记录。

② 两军分别进行组内分工，在教室内搜集伪装材料。

③ 带领两军到达战区，两军分别在战区继续搜集需要的伪装材料。

（3）第三阶段：合作伪装。

两军根据自己的伪装计划，相互合作进行伪装。

（4）第四阶段：伪装完善。

① 两军轮流扮演隐藏队和搜寻队，进行找寻和躲藏的游戏。

② 两军内部交流被找到的原因，以及怎样更快地发现隐藏者的方法。

③ 两军分别根据讨论结果完善伪装计划。

4. 活动延伸：幼儿记录伪装秘籍，用符号或图案的方式记录本组发现或尝试过的伪装策略。

（三）系列活动三：丛林隐蔽

1. 活动目标。

（1）学习利用地形地物修筑工事，方便隐蔽和进攻。

（2）绘制防御工事图。

（3）遇到困难不放弃，坚持完成任务。

2. 活动准备。

（1）环境准备。社区草地。

（2）经验准备。通过观摩军训，了解修筑工事的材料和方式方法。

（3）物质材料准备。教室区域投放小帐篷、迷彩网、绿色海绵垫、各种体积的积木等材料，材料袋，记录纸、笔，作战区照片每组一份。

3. 活动过程。

（1）第一阶段：讨论工事修筑方案。

① 红、蓝两军根据作战区照片，讨论工事修筑方案，介绍自己的设计理由。

② 用符号和图案记录工事修筑方案。

（2）第二阶段：搜集修筑材料。

① 红、蓝两军根据工事修筑方案,进行材料搜集的人员分工。

② 两军分别在教室搜寻修筑材料。

（3）第三阶段：修筑工事。

① 教师带领红蓝两军到达作战区。

② 红蓝两军根据工事修筑计划,进行人员分工。

③ 两军分别进行工事修筑,做好保密工作。

（4）第四阶段：工事演练。

① 两军分别在组内进行工事演练,寻找工事中需要改进的方面。

② 完善工事修筑方案。

4. 活动延伸：幼儿学习绘制高山、森林的工事修筑方案,尝试复杂地形的工事修筑。

（四）系列活动四：小兵出击

1. 活动目标。

（1）利用地形及掩体,采用接近、占领等方式靠近对方军队,夺取对方军旗,取得作战胜利。

（2）胜不骄败不馁,沉着、机智对战。

（3）提高团队配合默契度,感受团队力量。

2. 活动准备。

（1）环境准备。社区小树林。

（2）经验准备。通过观摩军训,了解两军对抗的方式。

（3）物质材料准备。修筑隐蔽工事的材料,伪装的材料,废旧报纸制作的手榴弹、废旧材料制作的火箭炮等武器,冲锋号音乐。

3. 活动过程。

（1）第一阶段：战前准备。

① 两军到达作战区,进行人员安排、分工。

② 两军分别对照工事修筑图,进行掩体等工事的修筑,并注意保密。

③ 两军进行小兵伪装。

④ 两军各自选择军旗插放的地点。

（2）第二阶段：战术布局。

① 介绍规则：冲锋号吹响,两军出击,以先夺取对方军旗为胜。

② 两军分别讨论战术,怎样快速夺取对方军旗。

（3）第三阶段：小兵出击。

① 冲锋号吹响,两军出击。

② 两军分别总结胜利或失败的原因。

③ 两军再次交战。

④ 两军分别总结两次交战的战况及原因、经验。

4. 活动延伸：两军分别绘制兵法秘籍，记录作战过程中的经验、收获和感受。

五、活动延伸

1. 幼儿可以了解不同的兵种、服装特点，进行小兵的服装设计。
2. 幼儿尝试依据地形进行灵活作战，熟练隐蔽、防御、修筑、进击等方法。

（叶　林）

☀ 大班：祖国大家庭

一、设计意图

《指南》指出："5～6岁儿童知道自己的民族，知道中国是一个多民族的大家庭，各民族之间要互相尊重，团结友爱。"对华师附幼的孩子来说，"民族"一词既熟悉又陌生，他们有时会在校园看到一些大学生与众不同的穿着打扮，有时去大学饭堂会选择在清真餐厅用餐。孩子们在不经意间已经接触感受了不同的民族文化。但是什么是民族？中国有哪些民族？它们有什么不同？关于民族的具体问题他们还比较模糊，这些问题将会激发他们探究的兴趣。

大班幼儿对周围世界有着积极的求知欲，有一定发现问题及解决问题的能力，合作意识也逐渐增强。结合大班幼儿的发展需要，"祖国大家庭"活动将参考瑞吉欧方案教学，以问题为中心，利用环境引起幼儿的学习动机，通过"关注与发现""观察与探索""建构与表征""经验与提升"四条线索引导幼儿走访华师清真餐厅、探秘各民族风情、体验各民族文化、维系各民族感情等，增强幼儿与环境的互动。另外，华师附幼的家长来自华师各学院，有相关的民族资源如少数民族大学生资源，还可以发挥家长的力量，鼓励家长积极参与活动，邀请少数民族大学生，通过"引进来"及"走出去"的形式不断丰富幼儿的经验。

二、活动目标

1. 知道自己的民族，了解本民族的相关特征。
2. 主动与同伴合作探究各民族文化，体验不同民族的人文风情，感知文化的多样性与差异性。
3. 萌发爱祖国的情感，产生对祖国的归属感及身为中国人的自豪感。

三、社区资源

场地资源：华南师范大学清真餐厅。

人力资源：少数民族大学生。

文化资源：多元民族文化。

四、活动准备

（一）环境准备

民族主题海报墙的总体布局框架。

（二）经验准备

对我国56个民族有些许了解，知道我国汉族人口最多，其他民族人口相对较少，因此其他民族也被称为少数民族。

（三）物质材料准备

走访华南师大清真餐厅的调查记录表、各组搜集资料的调查表、体验民族文化的各种操作材料、音乐《爱我中华》、录像《祖国大家庭欢庆国庆》。

（四）其他准备

提前与华南师大清真餐厅负责人、少数民族的大学生们联系，共同商量、讨论社区调查活动方案以及学生助教活动方案。

五、活动过程

（一）关注与发现

1. 走访清真餐厅。

问题导入：大学为什么会有个清真餐厅？它的服务对象主要是谁？

2. 活动内容。

（1）社区活动：幼儿参观清真餐厅，从美食、环境布置、员工服装等方面记录清真餐厅的基本情况。

（2）谈话分享：幼儿分享调查记录表，讨论清真餐厅与普通饭堂的不同。

（二）观察与探索

1. 探秘各民族风情。

问题导入：中国有哪些民族？每个民族之间有什么不一样？

2. 活动内容。

（1）亲子活动：幼儿了解中国是由56个民族组成的多民族国家，每个民族都有自己的特色风情，并围绕自己比较感兴趣的民族话题跟爸爸妈妈讨论，周末可以在爸爸妈妈的带领下参观附近的民俗文化村，加深对不同民族的认识。

（2）谈话分享：幼儿介绍自己印象最深刻的民族及它的特征，讨论并确定大家比较感兴趣的几个民族进行深层次探究。（参考：汉族、傣族、维吾尔族、蒙古族）

（3）分组调查：幼儿自由选择自己最感兴趣的民族组成小组，以小组的形式分工合作，围绕美食、服饰、住房、风俗习惯、语言文字等方面展开调查，在爸爸妈妈的协助下搜集相关资料，资料可以是图片、服装、图书、录像等。

（4）海报分享：各小组根据搜集的资料，合作设计与该民族相关的特色海报，并向全班讲述海报内容，介绍该民族。

（5）环境创设：幼儿布置海报展示墙，将收集的资料分类整理投放到区域，例如读写区的图书、表演区的音乐服装等。

（三）建构与表征

1. 体验各民族文化。

问题导入：如何表现不同民族的文化？还有什么感兴趣的内容值得探究？

2. 活动内容。

（1）游戏活动：幼儿围绕自己喜欢的话题，如民族美食、服饰、住房等，选择合适的材料及场地，与同伴一起操作体验，可以绘画或手工制作民族服装及饰物，可以阅读分享民族海报，可以表演民族歌舞，可以搭建民族建筑，也可以制作民族美食等。

（2）助教活动：邀请少数民族的大学生们穿上本民族服装走进班级，让幼儿聆听他们对本民族的介绍，并互动体验该民族风采。

（3）特色活动：幼儿可以感受各民族的特色风俗活动，例如参与傣族小组的泼水节、蒙古小组的射击、维吾尔族小组的歌舞宴会、汉族的舞狮等。

（4）自主调研：幼儿自主发现感兴趣的民族话题，与同伴讨论。在教师及家长的协助下，可以以小组形式，通过资料的收集、调查表的统计等寻找答案，生成其他的研究活动。

六、活动延伸

1. 幼儿可以观看 56 个民族欢庆国庆的视频，感受民族大家庭欢聚一堂其乐融融的氛围。

2. 幼儿一起欣赏音乐《爱我中华》，随歌曲拍手自由起舞，感受民族团结的欢乐及祖国母亲的繁荣强大。

3. 幼儿思考如何维系各民族感情，向大家分享自己的办法。

（曾梦霏）

第三节　艺术感知

艺术是幼儿把握世界的重要方式，是幼儿表达思想的重要途径。感受性和表达性是幼儿艺术的重要特点，即艺术以当下的美为刺激，使幼儿依靠感知、发挥想象从而激发情感。幼儿在艺术感知的过程中形成对美的感知、表现与创造。本节提供的活动案例包含自然美、人文美，充分表现美与幼儿的生活息息相关。

小班：七彩宝石亮晶晶

一、设计意图

每次到寻宝区进行户外自主游戏，孩子们总会自发地生成寻找宝石的活动，他们认真专注地在地上或草丛里找到各种不一样的小石子，然后惊喜地跑到我面前得意地展示自己的战利品。孩子们对石头有着天生的喜爱，特别是闪闪亮亮的石头。孩子们会将这些在户外收集到的战利品带回班上放到科学区，进区的时候又吸引了不同的孩子去观察、探索其中的秘密，孩子们都会将这些不起眼的小石子称为他们的"宝石"。有时还听到孩子在讨论"我手上拿的是红宝石""我的是钻石，比红宝石更宝贵""为什么我们的宝石没有闪闪发光呢""真正的宝石从哪里来呀"。除此，有时孩子衣服、鞋子上掉落的饰品都会成为他们的"宝石"，成为他们最好的玩物。基于孩子们对"宝石"的浓厚兴趣，我结合华南师大美术学院近期开展的儿童珠宝首饰展，特意邀请华南师大首饰设计与制作专业的学生助教，与孩子们一起前往美术学院探索宝石的秘密，发现宝石不同的美。

二、活动目标

1. 知道宝石种类的多样性,认识三种常见的珠宝。

2. 感受珠宝设计的美,愿意表述自己的发现。

3. 体验设计、制作珠宝首饰的乐趣,尝试用串珠方式制作珠宝首饰。

4. 能遵守展馆的秩序,做到安静、文明观展。

三、社区资源

人力资源：美术学院首饰设计与制作专业的大学生。

文化资源：儿童珠宝首饰展。

四、活动准备

(一)经验准备

活动前通过讲述和阅读绘本故事《发光的石头之宝石的故事》,幼儿了解宝石是如何形成的。

(二)人员准备

与美术学院老师联系,沟通活动形式,协调安排讲解员以及学生志愿者,明确活动流程及分工。

(三)其他准备

1. 教师活动前与孩子说明观展的要求和规则。

2. 课件《精美的珠宝首饰》。

3. 各类串珠、弹力线、项链龙虾扣、剪刀等。

五、活动过程

(一)通过不同的方式感受和欣赏宝石的美

1. 幼儿观看珠宝介绍的投影,初步认识宝石的蜕变、种类。

(1)简单了解宝石是藏在未经加工雕琢的原石中,需要经过一系列的加工,才能变成闪亮的宝石。

(2)引导幼儿欣赏各种不同的宝石,知道宝石种类的多样性,认识三种常见宝石的名称。

2. 在讲解员和志愿者的带领下,通过看一看、说一说、找一找的游戏,深化幼儿对珠宝的初步认识。

(1)引导幼儿仔细观察珠宝的外观形态,说说宝石的颜色、形状、光泽等。

(2)让幼儿说一说生活中在哪里见到过宝石,它可以用来做什么。让幼儿初步了解和体会珠宝与人们生活的关系。

(3)教师出示珠宝首饰实物及图片,让幼儿进行宝石匹配游戏,说一说自己是通过什么特征成功找到的。

(二)参观珠宝设计制作工作室,了解珠宝首饰的创作过程

1. 教师和幼儿共同约定参观工作室的要求和规则：问好、安静参观、有礼貌地提问、对工作人员表示感谢等。

2. 幼儿分成4组,每一组由1～2个工作室的大学生带领参观,介绍珠宝首饰的制作工序,展示工作室的成品。幼儿可以就参观过程中产生的疑惑进行提问。

3. 分享交流：幼儿说说自己看到了什么，听到了什么介绍，对哪一件珠宝最感兴趣。

（三）制作创意首饰，体验设计、制作珠宝首饰的乐趣

1. 大学生介绍各种制作首饰的材料和工具。

2. 大学生重点介绍弹力线和串珠的使用方法，说明操作的安全注意事项。

3. 鼓励幼儿自主选择想要制作项链、手链的材料，引导幼儿关注珠子的大小、颜色的搭配。

4. 幼儿进行 DIY 制作，助教巡回指导，如帮助打结。

5. 幼儿介绍自己的首饰作品。

六、活动延伸

1. 在读写区投放与珠宝相关的绘本，如《发光的石头》《亮晶晶的宝石》《珠宝鉴赏书籍》等。

2. 在美工区继续投放橡皮泥、串珠等 DIY 材料。

（周洁莹）

🌞 小·班：探秘竹文化

一、设计意图

《指南》在艺术领域提出了"喜欢欣赏多种多样的艺术形式和作品"的要求，3～4 岁的幼儿乐于观看不同类型艺术形式的作品，我们应创造条件让幼儿接触多种艺术形式和作品，让他们获得感受和欣赏的机会。

近期，美术学院的学生进行了"竹文化"的调研，并以竹子为创作材料，以"家"为主题，制作了各种竹子作品，如凉亭、台灯、木马、拉箱、篮子，"青梅竹马""陪伴""乘凉"这些作品名称也别有一番诗情画意。这是一场艺术盛宴，更是一种"美"的艺术熏陶。借此契机，我组织幼儿到华南师大美术学院参观"竹文化"作品展，让幼儿感受不同的艺术创作形式，同时在帮助幼儿了解作品的材料、创作来源和创作故事的过程中，加深他们对"美"的体验和感受。

二、活动目标

1. 认知制作材料，初步了解自己喜欢的作品名称及故事。

2. 在提醒下能够遵守参展的规则和要求，能够认真聆听介绍。

3. 体验不同的艺术表现形式，积累丰富的美术欣赏经验。

三、社区资源

场地资源：美术学院艺术展厅。

人力资源：美术学院教师。

文化资源："北回归线"竹文化与竹艺生态设计作品展。

四、活动准备

（一）教学经验准备

教师提前了解材料的来源及特色作品名称。

（二）物质准备

幼儿小背包（水壶、汗巾），保育篮（纸巾、相关药物）。

（三）场地准备

教师提前考察场地，拟定好出发与返回的路线，评估路线、场馆、作品的安全性及教育性。

（四）其他准备

1. 教师与家长志愿者进行前期沟通，明确活动流程与人员分工。

2. 教师提前安排美院教师、大学生志愿者。

五、活动过程

（一）第一阶段：幼儿参观竹文化作品展

幼儿参观，教师提问（见图7-3-1）。

（a）　　　　　　　　　　　　　　　（b）

图7-3-1　竹文化展品

师：（1）这些作品都是用什么制作的？

　　（2）都分别做了什么东西？

　　（3）你最喜欢哪件作品？它有什么特别的地方吗？

（二）第二阶段：了解创作过程——探秘竹文化

教师带领幼儿深入工作室，幼儿通过提问了解竹文化，感受竹子艺术作品的创作过程。

（1）幼：这些竹子是从哪里来的？

这些竹子都生长在一个特定的地方，我们前期要到竹林里去寻找哪些竹子是适合制作艺术作品的。

（2）幼：竹子是怎么变成一件件漂亮的作品的？

先找到合适的竹子，然后把竹子带回来进行烧制。接着把烧制的竹子劈开、削成片、削成丝,之后根据自己的设计制作成各种艺术作品,并进行多次修改,最后才完成。

（3）幼：它为什么叫这个名字？谁给它取的名字？

每一件作品都有独特的意义,代表着设计者自己的创意和想法,每件作品的名称也是由设计者自己命名的,有一定的意义。

（4）幼儿选出最喜欢的一件作品,并合影留念。

（三）第三阶段：分享互动

1. 回园后幼儿围坐一圈。幼儿借助合影留念的图片,向同伴分享参观的体验,说一说自己最喜欢的作品。

2. 将自己印象最深的作品通过照片粘贴、装饰的方式记录下来。

六、活动延伸

1. 幼儿将自己记录的印象最深的作品带回家与爸爸妈妈分享,说说自己的感受,家长将幼儿的感受记录下来,整理成《欣赏小日记》。

2. 班级组织不同形式的美术活动,如："叶子的奇思妙想""石头变身记"等。

（吴佩璇）

☀ 中班：携手美院,描绘初夏——荷花池写生

一、设计意图

每逢夏季,华师校园里来来往往的人们都会被池塘盛开的荷花所吸引,更有许多摄影爱好者架着器材拍摄这"映日荷花别样红"的秀丽景色。清晨晌午、傍晚时分,都有闲暇的人们在拱桥上、池塘边欣赏着华师特有的一池风光。荷花池距离幼儿园较近,且周边区域能近距离观察到荷花的具体形态,是非常适合幼儿进行观察和写生的场所。

以往开展荷花主题的美术活动中,幼儿局限于教师提供的多媒体图片,在绘画荷花的过程中感到无从下笔或是机械模仿,对自己的绘画作品感受不深。因此,我想采用另外一种形式,携手美术学院为幼儿开展别开生面的美术活动,进一步满足幼儿对荷花的好奇心和探究欲,近距离、亲身感受大自然的美。通过直接感知、亲身体验的写生教学,让幼儿更加贴近自然、热爱自然、热爱生活,在过程中增加对自然美的感受力。

二、活动目标

1. 能与美术学院的大学生一起从不同的取景视点认识荷花的特征和形态结构,感受荷花的美并用绘画的形式进行表现。

2. 了解描绘荷花花瓣纹路、花瓣层次叠放等细节形态的技巧。

3. 感受自己是社区的一员,萌发参与社区活动的主人翁意识。

三、社区资源

场地资源：社区荷花池。

人力资源：美术学院大学生。

文化资源：美术学院毕业画展。

四、活动准备

（一）前期准备

1. 教师准备。

（1）提前踩点选择合适、安全的写生地点。

（2）招募15位美术学院学生组建"写生小团队"。

（3）招募家长义工团队，为此次出行取得强有力的安全保障。

（4）采取自愿形式，将幼儿分成水粉组、蜡笔组。

2. 幼儿准备。

参观过美术学院毕业展，提前了解美术学院大学生的专业。

（二）物质准备

幼儿人手一份绘画工具包（蜡笔、水粉、画纸等）、写生板、自制取景框。

五、活动过程

（一）描绘初夏——讨论

1. 引导幼儿分享自己印象中荷花的样子，激发实际观察的兴趣。

师：（1）你们见过荷花吗？在你们的印象中，荷花是什么样子的？

　　（2）荷花生长在哪里？

2. 向幼儿介绍并熟悉美术学院的哥哥姐姐，携手前往华师赏荷。

（二）描绘初夏——赏荷

1. 幼儿以小组的形式跟随大学生一同欣赏夏日荷花的美景，并感受大学生如何从艺术写生的角度赏景、取景、画景。

2. 师生共赏荷花，引导幼儿用语言描述自己看到的景色和此刻的心情（图7-3-2）。

（a）　　　　　　　　　　　　　　　　　　（b）

图7-3-2　荷花池景

3. 认识取景框，知道取景框的使用方法。

师：这么美的景色，我们都画下来吧！可是一张画纸画不下这么多的荷花、荷叶还有大大的池塘，该怎么办呢？我们请哥哥姐姐帮忙解答一下吧！

大学生：我们外出写生的时候，会先用眼睛观察这里最美的、自己最喜欢的地方是哪里,然后再用一个自制的取景框来对比景色与画纸的比例,这样就可以保证图画比例适合。

大学生:我们会带上取景框和小朋友一起去寻找最美、最喜欢的地方。

4. 初步了解取景视点,并能用远景、中景、近景来分享自己的取景原因。

大学生:我们用取景框的时候,看远一点的景叫"远景",就好像看整个荷花池一样;选择自己眼前的这一片景色,就叫"中景";如果选择自己眼前这一朵荷花或者荷叶,那叫"近景"。

大学生:你们打算选择哪一个景呢?为什么选择它?

5. 幼儿用取景框取景,并大胆地与老师、同伴、哥哥姐姐分享自己发现的荷花池景色。

(三)描绘初夏——画荷

1. 小组(水粉组、蜡笔组)选择好画荷点,由美术学院的大学生哥哥姐姐根据绘画形式讲解写生的技巧和方法,并描绘出一幅作品供幼儿参考。

(1)水粉组。

大学生:我们今天要用水粉颜料来画画,你知道水粉颜料是什么吗?水粉颜料的使用方法是将水和颜料混合在一起再画画的,加水的时候不能太多,要少量多次慢慢地添加。

大学生:今天学习一种水粉画的技巧——平涂法,我们先用一支细的水粉笔画,将自己取好的景勾画出来,再把相应的颜色画在轮廓线内。

(2)蜡笔组。

大学生:我们是用蜡笔来画荷花,我们可以先用一种颜色来勾画出线条。

大学生:蜡笔画最重要的是涂色,我们可以先画边缘部位,要细心不要把颜色涂到线的外面去,而且用力要均匀,顺着一个方向涂,颜色要在纸面上涂满,不能留出一道道白的痕迹。

2. 幼儿用取景框选择好景色后,开始绘画,大学生进行指导。

(四)描绘初夏——分享

1. 提前画好的幼儿,可以与自己绘画的景拍一张照片。

2. 与老师、同伴、哥哥姐姐分享自己的作品,并命名作品。

六、活动延伸

1. 将幼儿的作品裱框展示,幼儿与家长、同伴分享作画趣事。

2. 每位幼儿制作一张荷花贺卡,送给大学生哥哥姐姐,表达谢意。

(陈诗敏)

☀ 中班：小熊请客

一、设计意图

艺术是人类感受美、表现美和创造美的重要形式,也是表达自己对周围世界的认识和情绪态度的独特方式,《指南》提出要创造机会和条件让幼儿接触多种艺术形式和作品,营造安全的心理氛围,让幼儿敢于并乐于表达。

儿童音乐剧是综合声乐、舞蹈、角色扮演、节拍律动、语言表达等元素的多元化艺术。它的选材来自孩子们的生活,更加贴近孩子们所认知的世界,以音乐剧的方式表现出孩子天真活泼的一面,让幼儿在"玩中学,学中玩"。我以音乐剧为媒介,创造机会和条件,支持幼儿自发的艺术表现和创造,让幼儿感受多种多样的艺术形式。根据这一特点我结合华南师大音乐学院的家长资源,联合华南师范大学团委开展一系列的音乐社区活动,与幼儿共同分享艺术活动的乐趣。

二、活动目标

1. 丰富音乐知识,开阔艺术视野,理解音乐的内涵。

2. 乐意参与音乐剧表演,能够在舞台上自信大胆地展示自己,享受表演时刻。

3. 愿意与同伴一起根据故事情节编排舞蹈动作,并且大胆地向他人展示。

三、社区资源

人力资源:音乐学院团委人员、音乐学院大学生。

四、活动准备

(一)物质准备

表演服装道具、《小熊请客》音乐剧视频、其他相关儿童剧的视频、《小熊请客》学习册、邀请家长参加活动的通知。

(二)环境准备

在表演区增加与此次音乐剧相关的服装、乐器、道具、音乐等材料,以及表演当天所使用到的大音乐厅。

(三)社区联系

1. 提前与家长联系好本次活动的主要参与人员。

2. 与音乐学院团委的组长联系好每次去实践的成员,并且提前一天准备好需要带到班上的乐器与道具。

3. 协商好参观音乐礼堂的时间与地点。

五、活动过程

(一)第一阶段:听——欣赏与感受

1. 认识乐器。

(1)幼儿说说自己喜欢的乐器。

(2)大学生通过课件与乐器,介绍各种乐器的名称及演奏特点。

2. 感受乐音:用不同的乐器演奏出幼儿熟悉的乐曲《小星星》。

(1)弦乐器:小提琴、吉他、二胡。

(2)木管乐器:长笛、短笛、黑管。

(3)铜管乐器:小号。

(4)打击乐器:三角铁、碰铃、双响筒、木鱼铃鼓、沙球。

3. 幼儿欣赏后说说自己的感受。

4. 游戏:蒙眼猜猜猜。

按照乐器的类型分成四组,幼儿蒙上双眼,大学生使用乐器发出声音,让幼儿猜猜是什么乐器。

5. 分组指导幼儿尝试"玩玩"乐器,近距离感受乐器发声。

6. 游戏延伸。

在表演区投放一些小巧、便携的乐器,让幼儿在区域游戏中使用。再投放知识学习册《乐器大家族》。

（二）第二阶段：赏——欣赏音乐剧

1. 引出讨论：什么是音乐剧?

大学生运用 PPT、真人表演来讲解音乐剧的结构。

2. 欣赏表演：大学生团队表演成品音乐剧,让幼儿了解音乐剧,知道音乐剧的表现形式。

3. 发出邀请：邀请大家参加音乐剧的表演。

4. 角色分享：幼儿对音乐剧中的角色表达自己内心想法。

（三）第三阶段：编——创编音乐剧

1. 续编故事。

提供人手一份《小熊请客》的剧目小册子(图文),幼儿阅读。

2. 提供服装、道具、乐器,大学生与幼儿分成四组,创编后续故事并用自己喜欢的形式进行分享,如：表演、讲述、舞蹈等。

3. 分享小组创编的音乐剧。

4. 选择《小熊请客》音乐剧的角色扮演。

5. 亲子活动：家委组织周末前往大剧院观看舞台剧《三只小猪》。

（四）第四阶段：玩——玩中学、学中玩(小组教学)

1. 根据幼儿选择的角色,大学生每周进班进行小组教学。

2. 讨论角色：幼儿大胆分享自己对角色的见解与想法。

3. 剧情学习：了解歌唱并融入故事情景中。

4. 学习乐器在剧情主旋律中的使用：倾听不同背景音乐来进行伴奏,分辨不同音色、速度、力度,区分不同的音乐类型。

5. 游戏延伸。

（1）在表演区中投放小熊、狐狸等动物的相关道具与乐器,让幼儿在区域中大胆表演给同伴欣赏。

（2）在表演区里提供《小熊请客》中主旋律的声势律动图谱,让幼儿使用乐器进行表演。

（五）第五阶段：演——表演与展示

1. 准备"父亲节——感恩汇演活动"。

（1）幼儿设计邀请函,邀请爸爸参加汇演活动,表达对爸爸的感谢之情。

（2）师生讨论汇演活动的流程与安排,设计亲子游戏、"超人爸爸"奖牌。

2. 开展"父亲节——感恩汇演活动"。

（1）亲子游戏：感受父亲的力量,增进亲子感情。

①游戏：考拉抱大树。②游戏：大手牵小手。

（2）颁发"超人爸爸"的奖牌。

（3）师生进行《小熊请客》汇演(见图 7 - 3 - 3)。

图 7-3-3　幼儿表演

六、活动延伸

1. 幼儿讨论"感恩"话题,感谢大学生们的精心帮助与指导,自制礼物赠送给大学生。
2. 与老师、同伴、家人分享表演《小熊请客》过程中遇到的趣事、困难以及解决的方法。

（陈诗敏）

☀ 中班：DIY蝴蝶标本

一、设计意图

晨间游戏时,我们在寻宝区发现一只蓝黑色的蝴蝶尸体,孩子们建议把它捡回教室,我和孩子讨论后决定：将蝴蝶做成标本放在科学区欣赏和观察。孩子们常常自主地观察蝴蝶标本,还会围绕蝴蝶做相关的活动,画蝴蝶、扮演蝴蝶仙子、收集一些蝴蝶的书籍等。受到幼儿浓厚的兴趣感染,我联系了生命科学学院的家长商量开展蝴蝶标本的活动,希望通过活动让孩子们在专业老师引领下,进一步了解蝴蝶的主要种类,知道蝴蝶标本的制作过程,亲手DIY制作美丽的蝴蝶标本,激发幼儿对大自然和昆虫的探秘兴趣,培养幼儿亲近大自然、热爱大自然动植物的情感。

二、活动目标

1. 在看一看、摸一摸、贴一贴中感受蝴蝶的美,萌发对蝴蝶的热爱。
2. 用线条画的方式表现蝴蝶的身体结构。
3. 通过观察和比较,了解蝴蝶翅膀的色彩和特征。

三、社区资源

场地资源：生命科学学院标本馆动物类群展示厅、动物学实验室。
人力资源：生命科学学院博士。

四、活动准备

1. 提前跟生命科学学院的家长、学生助教进行沟通,商讨活动流程、任务分工、材料准备、安全措施。

2. 生命科学学院：蝴蝶之家展示厅，凤蝶科和闪蝶科的蝴蝶标本展览台，蝴蝶翅膀标本人手一份，华师异木棉明信片，蝶蛹若干，黑色油性笔，过塑膜，过塑机。

3. 活动PPT：美丽的凤蝶和闪蝶。

4. 视频：《蝴蝶的秘密》。

五、活动过程

（一）观赏蝴蝶

图7-3-4 观看蝴蝶标本

1. 幼儿自由观看蝴蝶之家的展示厅，初步感知蝴蝶的形态和生活习性。

师：这是生科院的蝴蝶之家展示厅，里面展现的是蝴蝶生活的场景，我们一起观察一下吧！

（1）玻璃柜里的蝴蝶是生活在哪里的？

（2）它们分别在干什么？

2. 幼儿近距离观看蝴蝶标本展览台，进一步感知蝴蝶的美和特征（见图7-3-4）。

师：这些是蝴蝶标本盒，它展示了蝴蝶的正面形态。

（1）你喜欢哪一只蝴蝶，为什么？

（2）你看到蝴蝶的色彩是怎样的？

（3）它们的翅膀有什么特征？

（二）认识蝴蝶

1. 教师播放PPT，引导幼儿认识蝴蝶种类：凤蝶科和闪蝶科。

师：这两只蝴蝶有什么相同和不同之处？

2. 了解蝴蝶的身体结构（见图7-3-5）。

师：（1）蝴蝶的触角长在哪里？头部的下面是蝴蝶身体的哪个部位？

（2）蝴蝶有多少对足？

3. 区分蝴蝶前翅和后翅。

师：（1）前翅和后翅有什么不同？

（2）前翅和后翅的数量、大小、形状、位置又是怎样的？

（三）制作蝴蝶标本

1. 教师引导幼儿在明信片上粘贴蝴蝶标本的翅膀。

图7-3-5 了解蝴蝶身体结构

师：翅膀的正面和反面有什么不同？粘贴的时候我们要先粘贴后翅，再粘贴前翅，这样就能够更好地展示出蝴蝶翅膀的美。

2. 幼儿绘画蝴蝶的触角、头、胸、腹、三对足。

师：（1）我们把蝴蝶的身体结构画出来，应该先画哪再画哪？

（2）蝴蝶的三对足要画在身体哪个部位？

3. 我与蝴蝶合影。幼儿手持自己做的标本合影留念。

六、活动延伸

1. 分享活动：幼儿把 DIY 蝴蝶标本的明信片带回家与家人分享。

2. 蝶蛹饲养：生科院赠送每名幼儿一颗蝶蛹带回家饲养，让幼儿用绘画的方式记录和观察蝶蛹变化。

3. 亲子活动：白云山蝴蝶谷之旅。

（吴冰冰）

☀ 大班：环保时装我做主

一、设计意图

《指南》在艺术领域中提出幼儿"喜欢进行艺术活动并大胆表现"的要求，大班的幼儿已经能够运用多种工具、材料或不同的表现手法表达自己的感受和创意，具有初步的艺术表现力和创造力。

"环保时装秀"是华师附幼大班传统的庆"六一"主题活动。今年，班上的幼儿自己提出要以"远古时代"为主题进行班级"环保时装秀"的展示。为了更好地支持幼儿的创意和设想，给予他们展示的平台，我利用本班美术学院工业设计及产品设计专业的家长资源、美术学院大学生团队以及图书馆文博馆等社区资源，设计了"庆'六一'·远古时代环保时装秀"之"大手牵小手"系列活动，帮助幼儿进一步提升艺术表现力和创造力。

二、活动目标

1. 提高社会交往能力，学习与不同的人群交往、沟通与合作。

2. 通过设计、制作、展示等形式去感受美、表现美，体验艺术创作的过程，获得美学熏陶，收获自信心与成就感。

3. 增强环保意识，并懂得在生活中学会感恩。

三、社区资源

场地资源：美术学院工业产品设计实验室、图书馆文博馆。

人力资源：美术学院产品设计系教师及大学生。

四、活动准备

（一）资源准备

提前与美术学院教师、华南师大图书馆、大学生群体沟通活动形式。

（二）教学材料准备

用于制作环保服装的各种材料：如布料、胶袋、羽毛、毛线、树叶等。

（三）场地准备

布置富有欢庆气氛的舞台环境。

（四）其他准备

1. 邀请家长观看时装表演。

2. 幼儿环保时装展示海报。

五、活动过程

(一)第一阶段：感受与欣赏——"穿越远古时代"系列活动

1. 参观了解。

(1)幼儿参观美院工业产品设计实验室,了解服装设计流程,认识结对大学生。

(2)师生共同欣赏不同形式、不同文化视野下的反映"远古时代"的艺术作品。

(3)教师引导幼儿到图书馆借阅关于远古时代的图书。

(4)教师带幼儿到文博馆参观,欣赏和了解相关时代的生产用具、钱币、饰品等文物。

2. 家园互动。

(1)家长带幼儿观看能够反映远古时代的影视作品。

(2)带幼儿周末参观省博物馆。

(3)带幼儿欣赏各类时装秀、T台秀。

3. 游戏感知。

(1)区域游戏——进行一些与远古时代生产、生活相关的角色扮演游戏。

(2)户外游戏——进行相关的户外游戏。

(二)第二阶段：表现与创造——"大手牵小手"系列活动

1. 选择角色。

幼儿自由选择"远古时代"的部落,进行角色分组：狩猎部落、种植部落、纺织部落、牧民部落。

2. 设计"我的环保服装、饰品"。

幼儿设计手稿,美院教师与大学生进行分组指导。

3. 量体裁衣。

师生共同准备服装、饰品材料,大学生与幼儿商量,列清单,分工合作。

4. "我的服装我做主"。

大学生将幼儿的设计稿制作成成品服装,前期幼儿与大学生分工合作,后期由大学生继续完善(见图7-3-6至图7-3-9)。

图7-3-6　幼儿服饰手稿1

图7-3-7　幼儿服饰成品1

图 7-3-8 幼儿服饰手稿 2

图 7-3-9 幼儿服饰成品 2

5. 海报展示。

（1）教师将幼儿的设计稿与服装成品照片制作成时装秀"我的时装我做主"海报。

（2）教师将大学生及幼儿的合作过程制成海报"大手牵小手，环保大变身"，展示大学生及幼儿的风采。

6. 环保时装秀。

（1）大学生和幼儿大手牵小手进行 T 台走秀，展示设计的服装，并进行走秀 PK。

（2）幼儿以班级为单位，进行小组时装表演（见图 7-3-10，图 7-3-11）。

图 7-3-10 幼儿走秀

图 7-3-11 幼儿时装表演

六、活动延伸

1. 幼儿园可以进行环保时装展览，将幼儿的环保时装、饰品进行展示。

2. 组织义卖：大学生与幼儿带着自己的环保时装、饰品到社区进行义卖。

3. 回馈社会：幼儿与大学生一起讨论如何使用义卖的收入，将义卖款项捐赠给贫困山区的幼儿。

4. 组织幼儿给大学生赠送自制的小礼物，感谢他们的指导与帮助。

（吴佩璇）

☀ 大班：携手音乐学院，感受毕业季——小·小·音乐会

一、设计意图

每年6～7月毕业季，华南师大手球馆无比热闹，各种形式的毕业汇演精彩纷呈，音乐学院的舞蹈毕业专场、交响乐演出、合唱比赛……各种题材、各种表现形式的优秀音乐作品不仅能够使幼儿开阔眼界、丰富音乐经验，提高听觉的敏感性并养成良好的倾听习惯，还能在音乐的欣赏过程中培养幼儿对音乐稳定而持久的兴趣。

在幼儿园开展的各种音乐活动中，因幼儿园环境及老师本身的局限性，对于各种优秀音乐作品的欣赏更多通过图片、小视频等多媒体资料开展，感知体验的方式不够深，这也导致幼儿的表现与创造力不足。

携手音乐学院与大班幼儿开展小小音乐会，通过欣赏音乐学院哥哥姐姐的演出，跟哥哥姐姐一起学跳舞、唱歌，不仅有助于幼儿接触更多优秀音乐作品，还有助于幼儿初步音乐鉴赏力的形成与发展，埋下艺术的种子。

二、活动目标

1. 学做一名举止文明的小观众，在观看演出过程中不随便说话、离开位置，在整首乐曲结束时能鼓掌表示对演出者的谢意。

2. 愿意欣赏不同表现形式的音乐会（如器乐演奏、歌唱、舞蹈等）。

3. 初步感知本次器乐演奏中几种乐器的外形特征和音色特点。

4. 主动与音乐学院的哥哥姐姐进行互动，感受音乐带来的愉悦。

三、社区资源

人力资源：音乐学院教师及大学生。

四、活动准备

（一）教师

1. 与在音乐学院工作的家长商量，确定音乐会的具体时间、流程及演出曲目。

2. 招募家长义工团队以提供强有力的安全保障。

3. 设计与制作海报、邀请函、节目单、音乐票等。

（二）家长

1. 确定演出曲目、招募毕业生、排练演出节目并敲定来园时间。

2. 提供海报所需图片。

（三）幼儿

1. 了解观看音乐会的礼仪、基本规则与要求。

2. 家长协助幼儿准备好观看音乐会的服装（稍微正式的着装）。

3. 学唱歌曲《我和我的祖国》。

五、活动过程

（一）文明小观众，大家都喜欢

1. 幼儿提前20分钟手持入场券进入音乐厅，按位置就坐。

2. 引导幼儿分享自己参加音乐会的经验，为接下来的观看音乐会做好铺垫。

师：（1）爸爸妈妈带你们去音乐厅看过音乐会吗？

（2）看音乐会在服装上有什么要求？

（3）观看音乐会过程中有什么要求？

3. 介绍音乐学院的哥哥姐姐。

（二）器乐"讲"童话——《彼得与狼》

1. 引入交响乐篇目。

主持人：你们听过《彼得与狼》的童话故事吗？现在让我们一起听听乐器是怎样讲述这个故事的。

2. 代表各种音乐形象的乐器轮番出场演奏 1 小段乐曲,帮助幼儿了解及区分乐器的外形特征和音色。

主持人：让我们一起听听,这乐器是怎样表现角色形象的。

（1）小鸟形象：出示长笛,介绍乐器名称,吹出快速、频繁、旋转般的旋律。

主持人：这种乐器是长笛,它代表着什么动物？你猜它在干什么？

（2）鸭子：出示双簧管,吹出带变化音的徐缓主题旋律。

主持人：这种乐器是双簧管,它代表着什么动物？你猜它在干什么？

（3）猫：出示单簧管,吹出轻快活泼的跳跃性音调。

主持人：这种乐器是单簧管,它代表着什么动物？你猜它在干什么？

（4）大灰狼：出示圆号,吹奏出阴暗感觉的音色及音调。

主持人：这种乐器是圆号,它代表着什么动物？你猜它在干什么？

（5）老爷爷：出示大管,徐缓地吹奏出较长的叙事音调。

主持人：这种乐器是大管,它代表着什么人物？你猜它在干什么？

（6）猎人开枪：定音鼓急速密集地滚奏旋律。

主持人：这种乐器是定音鼓,代表着猎人正在使用枪,你猜在干什么？

（7）彼得形象：弦乐奏出明快、进行性的音乐旋律。

主持人：我们的小主人公出场了,轻松明快的音乐就像彼得一样活泼。

3. 完整欣赏交响乐童话《彼得与狼》。

4. 讨论《彼得与狼》故事内容。

师：（1）彼得与狼间发生了什么故事？

（2）音乐是如何展现的？

（三）歌曲"唱"生活——即兴伴奏

幼儿自愿歌唱,请大学生哥哥姐姐用不同的乐器即兴伴奏,进一步体会不同乐器的特点与魅力。

（四）同唱一首歌

以共唱歌曲《我和我的祖国》作为尾声。

六、活动延伸

1. 音乐区：将相关乐曲投放到区域当中,如《彼得与狼》的音频、服装等道具,供幼儿与同伴合作进一步感受与表现。

2. 观看专题毕业展：将音乐学院关于各种毕业专场的时间安排发送到家长群中,鼓励家长带孩子共同去欣赏与观看,让孩子接触到更多优秀的音乐作品。

3. 班级亲子音乐会:鼓励有兴趣爱好的家长与孩子在家中开展相关的活动,定期利用周末开展班级亲子音乐会活动,给予孩子表现的机会。

(施晓莉)

大班:你做我画

一、设计意图

校运会是华南师大每年一度的盛会,本次以"八十五载芳华梦,华师学子展雄风"为主题的运动会,班级幼儿也到现场给运动员们加油助威。孩子们普遍表示有照相机就好了,这样就能留下运动健儿的身姿,为了满足孩子们的这一心愿,我设计了合作画活动,希望通过此次活动,让孩子感受运动健儿的矫健身姿,提高幼儿的绘画水平,更重要的是让幼儿体会合作的乐趣。

二、活动目标

1. 学习用流畅的线条描绘同伴创作的造型。
2. 能抓住同伴的典型特征,画出人物的表情和服装特色。
3. 能相互协商合作共同完成一件事,体验集体创作的愉悦。

三、社区资源

场地资源:华南师范大学田径场。

文化资源:大学田径运动会。

四、活动准备

1. 幼儿收集田径运动会的图标和图片。
2. 透明薄膜(长10米、宽1.3米)。
3. 大画纸(2张)。
4. 各色水粉颜料、各号水粉笔。
5. 勾线笔、油画棒。

五、活动过程

(一)第一阶段:话题讨论——华南师范大学田径运动会

话题导入:你们有没有看过田径运动会? 田径运动会都有些什么项目? 你们知道华师最近有一场大学生田径运动会吗?

(二)第二阶段:看田径运动会

1. 教师带幼儿去华师田径场看运动会。

师:小朋友,今天我们要去华师田径场看哥哥姐姐们的运动会,我们要带着两个任务。第一,田径运动会都有些什么项目? 第二,你们最喜欢什么运动项目?

2. 回园分享自己观看田径运动会心得。

(三)第三阶段:我知道的田径运动项目

1. 经验再现,引导幼儿说说自己知道的田径运动项目的名称。

师：你们也想参加田径运动会吗？我想知道你们最喜欢什么田径项目？

2. 观察尝试。

（1）幼儿观赏运动图标，从众多运动图标中找出喜欢看或最想学的项目，了解这些图标都表示该运动的标志性动作。

（2）师生共同关注不同的身体动态——身体的方向、四肢倾斜或弯曲的方向等。

（3）教师鼓励幼儿用连贯的语言，清楚地介绍这些运动员在进行的运动项目。

师：你们能不能把你喜欢的运动用动作表现出来？（模仿田径图标）

师：现在我来采访一下，你的是什么运动造型？

（四）第四阶段：我们来做运动员

师：小朋友的动作真好看，我们把它拍下来吧。（出示相机）噢，老师的相机没电了，怎么办呢？

师：老师这里有一块特大的透明薄膜，可以把小朋友的动作描出来作纪念，那怎样做呢？看，老师很喜欢这个小朋友的动作，我要用笔把它描出来，我请这个小朋友站到薄膜的后面摆一个田径运动造型。

（五）第五阶段：你来做我来画

1. 讲解示范画合作画的方法。

幼儿做好造型后，教师重点讲解头部的画法（突出表情），再构出四肢。

师："画好头部、四肢后我们还要为他穿上漂亮的运动服。"

2. 请小朋友自己找朋友，两人一组。确定两人中先画谁。

3. 集体创作，所有负责造型的幼儿顺着一排贴墙站立，并做出运动姿势。两名教师将长幅透明薄膜拉开，紧贴在做造型的幼儿身后。负责作画的幼儿沿着轮廓勾勒造型。

指导要求：

（1）教师画好轮廓线后，引导画出小朋友的五官和四肢。

（2）幼儿运用已有知识经验创造各种方法画衣服。

（3）幼儿能整理好自己的物品。

（六）第六阶段：分享成功的喜悦

1. 师幼一起欣赏巨大的合作画，分享成功的喜悦。

2. 请幼儿说说大家都画了哪些田径运动？是如何判断出来的？

3. 将幼儿合作画悬挂在走廊，供幼儿进一步欣赏。

六、活动延伸

1. 以亲子游戏的形式，幼儿可以和家长一起完成亲子的"你做我画"。

2. 在美工区中继续让幼儿设计背景及服饰。

3. 利用家长资源、社区资源，请体育科学学院的学生对幼儿进行田径常识指导。

（孙燕芳）

☀ 大班：万物有灵，四季有时

一、设计意图

教育家陈鹤琴先生曾提出："大自然、大社会，都是活教材，是知识的主要源泉。"了解自然、适应自然、与自然和谐共处是人生不可回避的重要一课。孩子的童年只有一次，无论我们用怎样先进的教育理念支撑我们的教育改革，我们都应该把孩子幸福快乐的童年生活放在首位；无论我们采取怎样适宜的教学方法提高课堂教学质量，我们都不应该忽略大自然赐予孩子们的"蓝天下的课堂"。

作为一所高校附属幼儿园，华师附幼位于环境优美的大学校园内，高校社区为我们带来了丰富的自然资源、文化资源和人力资源。为了让孩子能够发现身边美好的事物，发现华师校园中花草树木的变化，亲近大自然，我利用华师得天独厚的自然资源和学院资源，以华师四季里的特色植物为素材，设计了系列社区活动。

二、活动目标

1. 对自然艺术产生强烈的探索欲望，亲近自然，发现、感受和体验生活中的美。
2. 学习和掌握记录美的不同方式，愿意表现美和创作美。
3. 积极主动地关注社区环境的变化，萌发社会公民意识与情感。

三、社区资源

自然资源：大叶榕、荷花、菊花、美丽异木棉。

文化资源：菊花艺术节。

人力资源：美术学院大学生、参与亲子活动的家长。

四、活动准备

1. 提前规划出行路线及参观路线。
2. 相机、自制取景框、绘画工具及材料、植物的图片等。
3. 提前与家长、大学生沟通好活动内容。

五、活动过程

（一）春天——看大叶榕换新装

系列活动一：落叶新玩法

1. 自主地制定出行计划，计划具有目的和针对性。
2. 充分发挥想象力，创编大叶榕落叶的各种玩法。
3. 谦让和保护同伴，能与同伴利用落叶合作游戏。

关键提问：你在校园里的什么地方发现了大叶榕？哪里的落叶最多？落叶可以怎么玩？

系列活动二：树叶大变身

1. 幼儿通过捡拾、观察、辨认和比较树叶之间的不同，发展观察、比较、分析等综合能力，丰富对叶柄、叶脉及叶子正反面等方面的认知。
2. 根据树叶的形状进行想象，用拼贴的方式制作出一种形似的动物或其他事物。
3. 学习正确的粘贴方法。

4. 与同伴交流自己作品的制作方法。

关键提问：你找到了什么样的树叶？这些叶子一样吗？有哪些形状？你觉得手上的叶子像什么？如果把不同形状的叶子组合在一起会变成什么呢？

系列活动三：春天的剪影

1. 幼儿欣赏各种镂空的剪纸图片，掌握镂空剪纸的技能（见图7-3-12，图7-3-13）。

图7-3-12　孩子作品剪影1

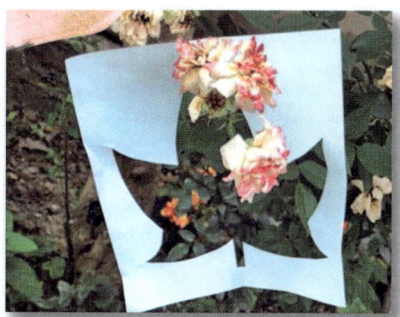

图7-3-13　孩子作品剪影2

2. 幼儿尝试将镂空的剪纸融入色彩缤纷的自然中，让镂空的图案与自然景物叠加，感受春天的美。

3. 引导孩子发挥想象力，感受艺术与自然的碰撞。

关键提问：你喜欢什么图案？你能在白纸中剪出喜欢的图案吗？你把这张已剪好的镂空的纸放到大自然中试试看，会出现什么效果呢？

（二）夏天——荷花玉露最无瑕

系列活动一：欣赏美术学院大学生荷畔写生

1. 幼儿观察大学生写生时取景的角度，学习写生构图和不同表现方式。

2. 幼儿与同伴分享交流自己喜欢的作品，提高审美能力。

关键提问：你看到大学生哥哥姐姐是怎么写生的吗？哥哥姐姐画的荷花一样吗？不一样的地方在哪里？他们用到了哪些绘画工具和材料？你喜欢哪一幅作品？

系列活动二：体验荷畔写生

1. 幼儿感受荷花的美，了解荷花生长的特点，知道荷花的外形特征。

2. 幼儿细致观察荷花以及周围的环境，学习不同的表现方式。

3. 幼儿与同伴分享交流自己喜欢的作品，体会写生活动的快乐。

关键提问：你观察到的荷花是长什么样子的？哪一朵荷花让你印象最深？你觉得荷花池里最美、最喜欢的地方是哪里？你用了什么办法取景？你选择用什么方式描绘荷花呢？为什么？

（三）秋天——约会秋韵菊展

系列活动一：赏菊初体验

1. 幼儿了解华师菊展的历史和菊展获得的荣耀。

2. 幼儿感受菊花不同的色彩、形态，发现和欣赏生活中的美。

3. 幼儿尝试掌握观赏菊花的技巧,学习从花朵数量、脚叶、叶色与花色、造型等方面进行赏菊。

关键提问:你看到了多少种菊花?是什么颜色的?花瓣是怎样的?像什么?你觉得不同的菊花里哪几种颜色的菊花放在一起会比较好看?

系列活动二:巧手秀慧心——扎菊、插花

1. 幼儿观察、了解菊花扎作的制作过程与方法,感受传统手工艺的魅力。

2. 引导幼儿从复杂的扎菊制作联想到日常的插花艺术,通过修剪、造型,提高对美的鉴赏能力。

3. 教师引导幼儿感受插花艺术的色彩对比、高低错落对比、大小对比的美,掌握简单的插花技巧。

关键提问:菊花扎作需要什么工具和材料?所有的花大小和高低一样吗?扎菊跟我们日常的插花是不是有点相似?插花需要哪些工具和材料?你会选择哪些花朵进行组合、造型?

系列活动三:画出秋菊的美

1. 幼儿初步了解中国画传统写意花卉的技巧特点,学会欣赏中国画作品,并从中领会画的意境。

2. 引导幼儿感受菊花的香与美,学习中国画写意菊花的简单画法。

3. 幼儿正确使用工具材料来进行美术活动。

关键提问:菊花有哪些形状?像什么?有哪些颜色?它们是由哪几个部分构成的?(菊叶、菊枝、菊花)不同类型的花菊叶、菊花、菊枝间有什么不同?菊花在整张纸的哪个位置?换个位置你觉得可以吗?为什么?

(四)冬天——最美异木棉

图7-2-14 孩子拍摄异木棉

系列活动一:定格异木棉

1. 幼儿感受和欣赏异木棉的美,愿意用不同的方式表现异木棉的美态。

2. 引导幼儿学习简单的摄影技巧,尝试用手机、相机等工具拍摄记录异木棉绽放的美景,体验成功的自豪感(见图7-2-14)。

3. 幼儿和家长感受亲子活动的快乐。

关键提问:你邀请了谁来参加摄影活动?带来了什么摄影工具?你们计划去哪个地方拍摄异木棉?为什么?

系列活动二:花瓣拓印

1. 引导幼儿积极尝试用花瓣和叶子进行组合创作拓印画,在捣一捣、敲一敲中发现植物的颜色痕迹,并进行创意拓印。

2. 幼儿感受拓印乐趣和美感,在浸染、欣赏作品中,体验成功的快乐。

关键提问:这些花叶可以组合成什么?有什么办法让花叶上的颜色和形状留在纸上或纱布上吗?你会使用什么工具和材料来进行拓印?

系列活动三:"花汁"乐趣多

1. 幼儿使用不同的工具和材料捣烂、挤压花瓣取出花汁。

2. 幼儿利用花汁颜料进行多种创作活动。

3. 引导幼儿体验与人合作、创造、分享的乐趣。

关键提问:异木棉花瓣掉落下来很快就会凋谢,怎么样才能留住花瓣漂亮时候的颜色呢? 用什么工具能把花瓣挤压出汁? 压出来的花汁可以用来做什么呢?

六、活动延伸

1. 教师与幼儿一起布置,开展摄影展、绘画展、作品展。

2. 幼儿制作四季植物手册。

(周洁莹)

第八章

综合协同共育案例

综合协同共育活动是教师、家长与社区三者携手合作,共同为幼儿的发展而设计与开展的系列教育活动,是一种"引进来"和"走出去"兼容的教育方式。综合协同共育旨在打造良好的教育生态系统,联合各教育主体的教育力量,构建适宜幼儿发展的"整体环境"。综合协同共育活动是以幼儿的学习经验为基础,从幼儿发展需要出发寻找适合的切入点,以社区基地为核心资源,打破幼儿教育的壁垒,将资源进行整合利用的教育活动。

综合协同共育活动是在年级和全园层面开展的活动,既有教师主导的活动,又有家长组织的活动,既有年级间的共性活动,又有班级间的特色活动。综合协同共育活动为幼儿提供立体、多样的学习环境与学习方式,具有以下显著特点:整合性和领域性兼存、共同性与特色性兼容、多样性与灵活性兼备、趣味性与适宜性兼顾。综合协同共育活动作为系列活动,以"核心主题——板块活动——具体活动"为基本思路,进行层层规划、设计与建构,以"幼儿、教师、家长、社区"多主体为评价对象阐明系列活动的实施效果。其中,板块活动中具有普适性的是主题展览、场地探秘、班级活动、特色游戏,具有特色性的是亲子论坛。本章以两个系列活动为例展示综合协同共育活动的开展情况。

第一节 "虫虫总动员"系列活动

一、设计意图

儿童是自然中的儿童,天生就对自然有热爱之情。昆虫是自然界中的"小精灵",这些在草丛、花簇、泥土里活动的"小精灵"总能吸引着孩子的注意力,让孩子为其追逐,为其发问,有的甚至为其感到恐惧。在生活中,幼儿对"虫"有一定认知,但是这些认知是相对零散、主观的。

近日,华南师范大学生命科学学院举办了"美丽中国生态行之昆虫总动员"活动。活动中的"昆虫摄影作品展"展览了100幅优秀的昆虫生态摄影作品。那些小小生灵的可爱模样清晰可见,豆娘的凝视、展翅起飞的瞬间、破卵而出的时刻……让人不得不感叹大自然的神奇。另外,珍藏多年的昆虫标本、活体展览、科研成果展示、创意讲学、趣味体验等都深深吸引着人们特别是幼儿的眼球。于是,针对不同年龄段的幼儿发展特点及学习经验,幼儿园与生命科学学院、昆虫研究所共同策划了"虫虫总动员"这一系列活动。

二、 活动目标

1. 通过摄影作品、标本、活体展览了解各种各样昆虫的特征及形态。
2. 通过视听、制作、体验等活动,初步了解昆虫的相关知识与成长过程。
3. 感受大自然的神奇,对大自然有进一步的探索欲望。

171

三、 资源整合

华师附幼倡导家、园、社区协同共育的理念,三者有机联动,共同为幼儿创设和谐友爱的教育生态系统。因此,本项目围绕"虫虫总动员"这一主题,以科学为核心,注重多领域的融合,以适合幼儿直接感知、亲自体验、实际操作的探索方式,将自然资源、场馆资源、人力资源进行评估、筛选和整合,形成了资源多样、场景多元、内容丰富的系列活动,为幼儿打造立体的昆虫探索学习网络。

(一) 自然资源

社区中的草地、小树林、花园。教师可以带领幼儿在社区中进行自然探索,找寻昆虫的足迹。

(二) 场馆资源

生命科学学院的标本馆、昆虫科学与技术研究所、养蚕基地。教师可以带领幼儿走进实验基地,探秘场馆、基地、养殖房里的昆虫。

(三) 人力资源

大学生志愿者、昆虫学博士、科创教育团队、家长助教团队。华师附幼以"请进来"的方式将所有的人力资源融入活动中,让他们担任论坛讲师、负责游戏组织、互动分享、讲述昆虫故事等,同时让幼儿了解多样化的昆虫世界,揭秘昆虫。

(四) 物质资源

活体昆虫、蝴蝶标本、蝴蝶立体画框、放大镜、镊子、捕虫网、昆虫盒子。幼儿园可以将这些物质资源"移居"到华师附幼,让幼儿在幼儿园观察、使用。

四、 活动设计

本次活动以"昆虫"为切入点,设计了丰富多彩、科学严谨、富有童趣的六大板块活动(见图8-1-1),幼儿可以直接感知、亲身体验、动手操作,深入了解"昆虫"。板块一:昆虫展览,板块二:探秘生科,板块三:亲子论坛,板块四:科创趣玩,板块五:自然考察,板块六:班级小乐。

具体版块内容如下:

(一) 板块一:昆虫展览

昆虫知识展——探索"什么是昆虫",认识昆虫的分类、形态结构特征、有趣的昆虫变态,初步掌握昆虫纲与近缘纲的区别,了解昆虫纲、甲壳纲、蛛形纲、唇足纲、重足纲的代表种类。

活体昆虫展——展示椿、天牛、蝗虫、蝉、蝴蝶、蜻蜓等昆虫。

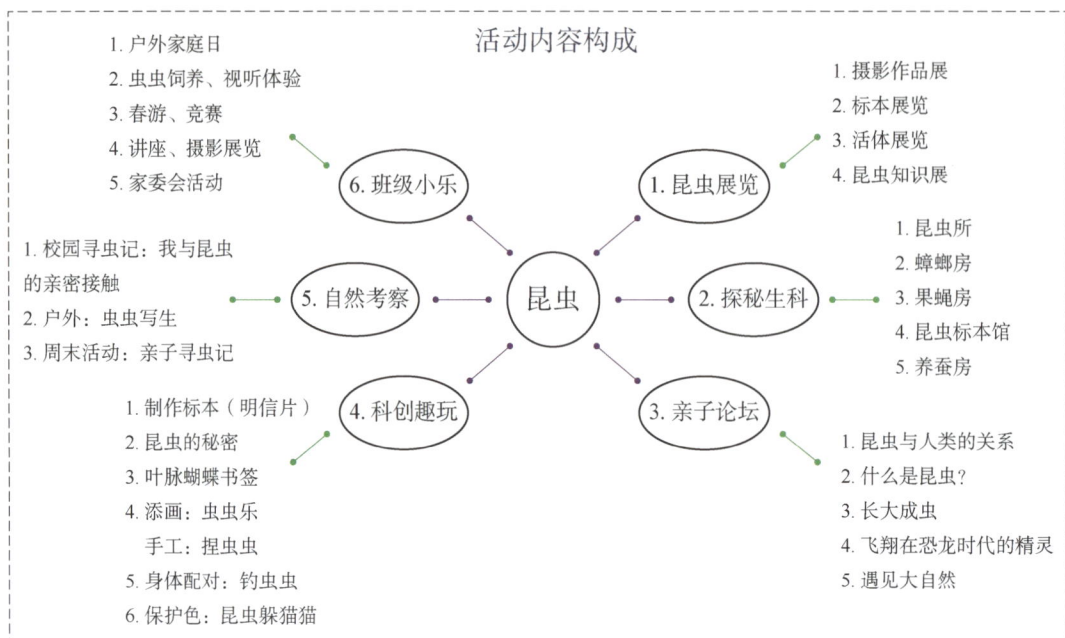

图 8-1-1　围绕"昆虫"设计的活动板块

蝴蝶标本展——展示玉带凤蝶、枯叶蝶、光明女神蝶、碧凤蝶、爱神凤蝶、绿鸟翼凤蝶、金凤蝶等(见图 8-1-2)。

昆虫摄影展——展示名家摄影作品和亲子摄影作品。

图 8-1-2　观察蝴蝶标本

(二)板块二：探秘生科

昆虫研究所——走进公共实验室、蟑螂饲养房、果蝇房、养蚕房。幼儿可以使用儿童专用观察设备,观察蟑螂、果蝇的形态(见图 8-1-3);了解养蚕环境的特点以及蚕宝宝的护理方法。

生命科学学院——开放昆虫标本馆、标本长廊,丰富幼儿对昆虫的认知。

图 8-1-3 观察显微镜下的昆虫

（三）板块三：亲子论坛

1. 主题 1：昆虫与人类的关系（见图 8-1-4）。

主讲嘉宾：昆虫分子生物学博士都二霞。

主要内容为阐述昆虫的形态，昆虫来到地球的时间，昆虫的一生是怎么度过的以及昆虫与人类的关系。

2. 主题 2：什么是昆虫（见图 8-1-5）。

主讲嘉宾：昆虫进化学博士崔莹莹。

主要内容为介绍昆虫外形的特点，展现昆虫种类的多样性，以及分享常见昆虫的辨别方法。

图 8-1-4 亲子论坛 1

图 8-1-5 亲子论坛 2

3. 主题 3：长大成"虫"（见图 8-1-6）。

主讲嘉宾：昆虫遗传与发育博士刘素宁。

主要阐述昆虫是世界上数量最多的动物群体，介绍昆虫生长发育的类型；讲述果蝇的一生以及它是怎么从卵长大成"虫"。

4. 主题 4：飞翔在恐龙时代的精灵（见图 8-1-7）。

主讲嘉宾：昆虫进化学博士崔莹莹。

主要介绍昆虫的历史、常见的昆虫化石、几亿年前昆虫的拟态,展现不同昆虫觅食和通讯的方法,以及分享博士团队研究昆虫化石的故事。

图 8-1-6　亲子论坛 3

图 8-1-7　亲子论坛 4

5. 主题 5:遇见大自然——蝴蝶飞飞(见图 8-1-8)。

主讲嘉宾:科创教育创始人曾杨伟。

主要分享蝴蝶的种类、生长的环境和生态链,分析蝴蝶与蛾的区别,讨论蝴蝶与人类的关系。

图 8-1-8　亲子论坛 5

(四)板块四:科创趣玩

科创趣玩包含了 6 项趣味性和操作性强的游戏项目:

1. 制作蝴蝶标本。选择制作标本的材料,学习制作标本的方法,让幼儿在动手操作的过程中熟悉蝴蝶的样态,发现蝴蝶的色彩美和对称美(见图 8-1-9)。

2. 视听体验——昆虫的秘密。我们挑选了《翩翩起舞》《吐司织网》《相互依存》《灌丛下的生命》《大型昆虫社会》和《轻舞飞扬》等昆虫纪录片,让幼儿感受昆虫世界,了解昆虫的真实生活以及与自然的生态关系(见图 8-1-10)。

3. 叶脉书签。将玉兰叶子和蝴蝶作为主要的材料,幼儿发挥创意,制作属于自己的叶脉书签(见图 8-1-11)。

4. 添画虫虫乐。幼儿以小组合作的方式,在同一张大画纸上添画昆虫,可以自由选择自己喜欢的绘画工具绘画各种昆虫(见图8-1-12)。

图8-1-9 制作标本

图8-1-10 视听昆虫的秘密

图8-1-11 制作叶脉书签

图8-1-12 画虫虫

5. 身体配对:钓虫虫。根据昆虫图片里的一半身体,在游戏板上寻找昆虫的另一半身体的图片,将配对成功的昆虫图片粘贴在游戏板上。

6. 保护色:昆虫躲猫猫。幼儿仔细观察图片,了解各类昆虫的"保护色"、拟态及伪装的绝技,找出昆虫,用大头笔(可擦拭)圈出所找到的昆虫(见图8-1-13)。

图8-1-13 昆虫躲猫猫

（五）板块五：自然考察

在社区草地、湿地公园等地方，由昆虫专家、家长带领幼儿寻找昆虫，了解昆虫的生活习性，主要开展的活动有"校园寻虫记""我和昆虫的亲密接触""虫虫写生""寻找昆虫的家"和"亲子虫虫摄影"（见图8－1－14）。

图8－1－14　寻虫记

（六）板块六：班级小乐

班级开展了丰富的活动，如户外家庭日、虫虫饲养、班级春游、班级昆虫知识竞赛、家长助教活动、夜观昆虫（家委会组织）等（见图8－1－15）。

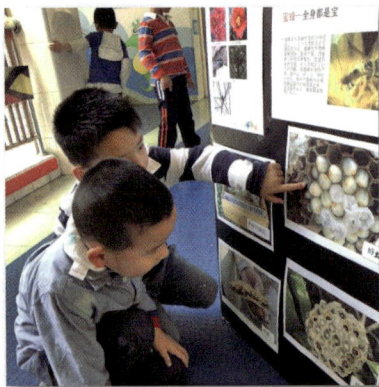

图8－1－15　养虫虫

五、活动蕴含的五大领域学习经验

幼儿的学习经验并不是相互割裂、互不关联的，而是互为影响、共同发展的。昆虫这一活动因多类资源、多样方式而蕴含了五大领域的多元经验，具体如表8－1－1所示。

表8-1-1 活动发展的学习经验

领域	学习经验
健康	1. 体验自由、自主的探索氛围,获得良好的情绪体验 2. 在户外探索中,提升适应能力与动作的协调度和灵敏性 3. 能够准备、整理到社区活动的必备物品,具有良好的生活习惯 4. 体会徒步等户外活动的价值 5. 能够具备一定的环境的适应能力 6. 具备公共场所基本的安全知识和自我保护能力
语言	1. 乐于讲述,并能清楚表达关于昆虫的所见所闻 2. 能够专注倾听并能听懂关于昆虫的知识和故事 3. 具有书面表达的欲望,能够用一定的符号表达昆虫的故事
社会	1. 愿意与人分享关于昆虫的发现,提升与人交往的能力 2. 关注和热爱所生活的社区,感恩社区提供的学习、探索空间
科学	1. 以探秘昆虫为载体,进一步萌发亲近自然的情感 2. 通过探索活动和系列亲子论坛,丰富对昆虫的认识,激发探究的兴趣 3. 能够运用一定的工具,记录和表征探究中的发现,发展探究的能力
艺术	1. 感受昆虫的美,热爱自然中美好的事物 2. 能够运用不同的媒介,将捕捉到的昆虫的美表现和创造出来

六、活动探究工具

(一)观察记录纸

1.“显微镜下的昆虫”记录纸——主要是大班幼儿使用,对比、记录在肉眼和显微镜下看到的昆虫的不同之处(见表8-1-2)。

表8-1-2 “显微镜下的昆虫”记录表

班级	幼儿姓名	
观察的昆虫		
眼睛看到的昆虫		显微镜下的昆虫

2. "虫虫小调研"记录纸——主要是大班幼儿使用,记录社区中人们对昆虫的认知和态度。

3. "寻找昆虫的家"记录纸——记录昆虫生活的环境。

4. "虫虫画册"——各年级幼儿记录自己所见到的昆虫。

（二）亲子记录表

1. "蚕宝宝饲养记录"——记录在家庭中饲养蚕宝宝的点滴故事(见表8-1-3)。

表8-1-3 蚕宝宝饲养日记(小班)

日期	换桑叶	清理便便	我的发现	照顾人

2. "昆虫摄影作品卡"——家长和幼儿共同记录所拍摄到的昆虫,包括昆虫的相关信息、拍摄地址、给昆虫摄影作品命名等。

七、 活动效果

（一）幼儿发展

幼儿天性自然,喜欢探索大自然的一切。在活动中,幼儿与昆虫零距离接触,从日常生活中单纯地喜欢找昆虫、观察昆虫,到系统地认识昆虫的演变、种类、生活习性、成长变化、与人类的关系。幼儿最直观的变化是无论何时,只要身边出现虫子,他们就会去分析这是不是昆虫,它是什么纲的,探索兴趣浓厚。

（二）家长收获

幼儿探索昆虫的热情深深地感染了家长。家长和幼儿通过网络、书籍文献、纪录片等渠道一起搜集关于昆虫的各种资料,在家庭中形成了研究昆虫的浓郁氛围。家长不仅感受到了幼儿在知识、技能以及情感上的变化,而且自身也在不断地学习,享受和孩子一起探索昆虫世界的快乐。

家长:"在这个项目实施的过程中,孩子会问我毛毛虫是怎么来的? 我在给他们讲毛毛虫的故事时,讲到从卵到毛毛虫到蝴蝶这样的一个过程,孩子会一直在追问,一直在发现问题、解决问题。我相信这个'虫虫总动员'只是一个契机,或者是一个起点,这样一个契机和起点可以让我们的孩子了解自然、关注他们身边的事物。"

（三）教师成长

教师通过参加系列活动前的昆虫知识培训讲座、查阅相关的文献以及到自然中进行实地考察,多维度地加深自己对昆虫的了解,知道了昆虫纲和昆虫的特征,昆虫的起源以及昆虫与大自然、人类的关系等等,补充了科学知识,为师幼互动奠定了坚实的专业基础。

（四）社区反馈

在系列活动中,生科院的标本馆、实验园、研究所、研究基地等专业场所纷纷向幼儿园的孩子们开放,越来越多的生科院专家、大学生志愿者参与到幼儿园的共建活动中,为孩子们播下向往科学殿堂的种子,为家长们传递科学正确的昆虫知识和观察策略。同时,幼儿园也为生科院专家教授的教科研提供了落地孵化的平台,让成果更具实践意义;为生科院学生打造了广阔的实践空间,有效实现了优质资源社区共享、合作共赢、共促发展的良好态势。

论坛主讲专家:"孩子给予我们的问题都是开放的、惊奇的,他们会问'蚊子为什么会吸血?''这个小虫子的卵为什么是圆形的,不是其他形状的?''为什么它喜欢在土里生活?'……这些看似简单的问题,经过我们适当的引导及他们经验的积累后,他们就能问得更加科学、更加专业。我们做研究就是解决一个个科学的问题。"

第二节 "小小兵"国防教育系列活动

一、设计意图

2015年9月2日,习近平总书记在颁发"中国人民抗日战争胜利70周年"纪念章仪式上说道:"一个有希望的民族不能没有英雄,一个有前途的国家不能没有先锋。包括抗战英雄在内的一切民族英雄,都是中华民族的脊梁,他们的事迹和精神都是激励我们前行的强大力量。"

"少成若天性,习惯之为常。"少年儿童是祖国的未来,是中华民族的希望。爱国主义思想、社会主义核心价值观的养成尤为重要,因此必须从娃娃抓起、从学校抓起。每年九月份的第三个星期六是国防教育日,每年九月份也是华师新生军训的日子。平时社区活动的耳濡目染,让华师附幼的孩子们对解放军这个崇高而响亮的名字,有着强烈的好奇和崇拜。解放军的英雄事迹、威武形象吸引着孩子们去模仿,他们也想成为一名了不起的解放军战士。

华师武装部与华师附幼合作共建社区国防教育实践基地,开展"小小兵"国防教育主题系列活动,让华师附幼在培养孩子从小关心国防、建设国防,加强英雄观培养等方面,拥有更优质、更宽广的教育平台。

二、活动意义

（一）让孩子心有榜样

榜样的力量是无穷的,我们计划通过"小小兵"这个主题的开展,结合英雄事迹展、英雄人物论坛、英雄故事会等活动,让孩子们更多地了解英雄故事,了解国家的近代史,了解作为一个中国人自强不息、自立自强、爱国拥军的重要意义,同时引导孩子们学习英雄人物、先进人物、美好事物,崇尚英雄,把民族英雄立为心中的标杆,向他们看齐,在学习中养成良好的思想品德。

（二）让孩子志存高远

我们期待这个意义深远、内涵丰富的主题,不仅能充分调动孩子们学习、探究、实践的积极性,成为优秀、快乐、自信的小小兵,更希望孩子能通过参观实践和亲子参与,学会欣赏真善美,让社会主义核心价值观润物细无声地浸润孩子们的心田,生根发芽,进而转化为日常行为,让孩子们能够懂得感恩,树立远大理想,将来做对国家、对社会、对人民有用的人。

（三）让孩子行而有范

我们希望孩子们在与华师军训学生、华师社区里的退伍军人零距离接触过程中,学做合格小小兵,增强纪律意识,体验军人"服从命令听从指挥"的优良作风,提高自我控制能力和与同伴沟通合作的能力,锻炼勇敢、自信、坚持和不怕困难等良好个性品质,懂得从自己做起、从身边做起、从小事做起,一点一滴积累,养成好思想、好品德。

三、 活动目标

（一）培养幼儿的国防意识,崇尚民族英雄,增进拥军爱国之情

1. 了解国旗、兵种、兵器、军种等方面的国防知识,倾听民族英雄的故事,走进近代军事,进而深刻地认识国防的意义。

2. 关注国防,萌发拥军爱国的情感,崇尚英雄,树立正确的英雄观。

3. 磨炼坚强勇敢、积极乐观的意志品质。

4. 锻炼体魄,用实际行动热爱祖国,热爱国防。

（二）以活动为载体,促进教师专业成长

（三）有效整合各方优质资源,密切家、园、社区关系

四、 资源整合

在"小小兵"的活动中,幼儿园携手华师人民武装部,充分整合优化家、园、社区三方资源,共同打造内涵丰富、形式多样的国防教育系列活动。主要整合的资源有以下方面:

（一）社区资源

1. 自然资源。

社区中的草地、树林——作为模拟搭建军营、真人 CS 游戏的场地。

2. 场馆资源。

大学军训训练场、军事展览馆——支持幼儿开展观摩、调查、访谈、参观、体验等国防活动。

3. 人力资源。

由人民武装部国防教育专家、国防教育协会、国旗护卫队组成国防教育知识普及、国防教育体验指导的专家团队。

4. 物质资源。

园内户外军营类所需的物资:迷彩网、迷彩帐篷、仿真武器等;真人 CS 游戏装备;园内国防展所需的展板、军事模型等物资。

（二）家庭资源

1. 家长及其亲朋好友组成的助教团队，如现役军人和退役军人、红色革命前辈、改革建设的工程师等。

2. 为幼儿拓展更多的军事体验基地：武警训练营、坦克营、广州起义烈士陵园、黄埔军校、消防局等。

五、活动设计

围绕国防教育主题，开展了涵盖家庭、幼儿园、社区三个子系统的幼儿国防教育活动，围绕知、情、意、行四个方面的目标，设置了五个板块的活动。板块一：国防军事展，板块二：小兵体验营，板块三：班级活动，板块四：亲子论坛，板块五：探秘军事基地。具体板块内容如下。

（一）板块一：国防军事展

国防知识展——认识国旗，了解国旗图案的含义；初步知道三军仪仗队的工作、三军军旗、军服。了解大学生军训的时间、目的和内容。

武器展——引导幼儿认识目前已对公众公开的中国人民解放军列装部队的各种先进武器，了解冲锋枪、狙击步枪、军用霰弹枪、航空母舰、核潜艇、坦克等外形特点和优势。

亲子论坛展——展示亲子论坛的主要内容，起到预告和回顾的作用（见图8-2-1）。亲子论坛的主要内容有：军人、军衔、军功章；特种兵野外历险记；火箭炮的研发故事；中国近代军史和古代军事。

图8-2-1　孩子向家长介绍展板

小兵作品展——展示幼儿独自设计各式武器，以及绘画的炫酷迷彩和心目中的国防英雄。

（二）板块二：小兵体验营

图8-2-2　真人CS游戏

小兵操——组织幼儿到大学军训训练场，与军训的大学生进行互动，向大学生学习军姿、军体拳、队形队列的基本内容。在园内学习幼儿园和国防教育协会共同编排的小兵操，展示小兵风采。

真人CS游戏——在社区的小树林，幼儿可以练习快速躲闪和瞄准，学习团队合作、互相掩护和配合（见图8-2-2）。

扎营活动——在社区的草地上开展，幼儿可以感受伪装和隐蔽在军事活动中的重要作用，大胆地用涂料伪装自己和同伴；了解扎营的要点，和家长一起学习如何搭建帐篷（见图8-2-3）。

走进军营宿舍——组织幼儿参观军训教官宿舍，感受军营宿舍的整洁、军人生活中的一丝不苟，学习军人叠被子的方法。

（三）板块三：班级活动

小旗手——国旗护卫队走进班级，向幼儿介绍五星红旗的来历及国旗的象征意义。幼儿学习升旗的礼仪，制定旗手公约，学做合格的小旗手。

"我心目中的英雄"系列活动——组织幼儿聆听爱国英雄的故事；寻找身边的英雄，并随机生成了"台风中的英雄"子系列活动；感恩英雄，慰问英雄，瞻仰先烈。

军营小记者——走进大学军训，幼儿以采访的形式记录想要了解的关于军训的内容，采访对象有大学生、教官、辅导员等，萌发对军营生活的向往和对军人的崇敬之情（见图8-2-4）。

图8-2-3 扎营活动

(a)

(b)

图8-2-4 军营小记者

家长助教活动——警察家长介绍警察的类型、警察工作性质和工作中的故事；退役特种兵家长介绍特种兵的作用及军旅生活；退役炮兵家长分享所获的勋章荣誉，并带着孩子制作简易版火箭炮；在海关工作的家长来园助教，帮助孩子了解海关出入境知识，了解中国海关的故事。

区域活动——阅读区，投放与国防相关的绘本、故事书；表演区，为幼儿准备适合其欣赏的红歌；角色区，提供各类小兵服装及相关的装扮材料；美工区，投放能支持创作国防相关作品的材料，如迷彩元素、制造兵器的低结构材料等；科学区，投放国防科技相关的玩具。

（四）板块四：亲子论坛

1. 主题1："军人、军衔、军功章"（见图8-2-5）。

主讲嘉宾：华南师范大学武装部副部长刘广乐。

主要内容为介绍英雄事迹，包括在现代军事上作出伟大贡献的中国领袖以及军衔、军功章的知识。

图 8-2-5 亲子论坛 1

图 8-2-6 亲子论坛 2

2. 主题 2：玩转"火箭炮"（见图 8-2-6）。

主讲嘉宾：原国防科技大学老师、原广州军区工程科研所高级工程师、大班幼儿家长。

主要内容为分享当前我国周边的安全形势和我军军兵种的设置；介绍无控火箭炮；讲解"小小火箭炮"制作的方法。

3. 主题 3：野外历险记（见图 8-2-7）。

主讲嘉宾：退役特种兵、大班幼儿家长。

主要内容为介绍特种兵卓越的军事才能、训练内容、野外生存技能。

图 8-2-7 亲子论坛 3

图 8-2-8 亲子论坛 4

4. 主题 4：中国古代军事（见图 8-2-8）。

主讲嘉宾：华南师范大学国防教育协会理论部部长（大学生）。

主要内容为中国古代军事知识、古代战场上的武器和防御工事、军事文化。

5. 主题 5：中国近代军史（见图 8-2-9）。

主讲嘉宾：华南师范大学国防教育协会实训部副部长（大学生）。

主要内容为国防的概念、中国近代史、解放军现况以及现代国家形势。

图 8-2-9　亲子论坛 5

（五）板块五：探秘国防教育基地

黄埔军校旧址纪念馆——参观纪念碑,聆听黄埔军校的历史和历代革命者的英雄事迹。

广州市十九路军淞沪抗日阵亡将士陵园——参观凯旋门、先烈纪念碑,自制小白花敬献给革命先烈。

黄埔青少年军校——进行军事拓展活动,参观和认识退役坦克、战斗机,乘坐退役坦克(见图 8-2-10,图 8-2-11)。

图 8-2-10　观摩战斗机

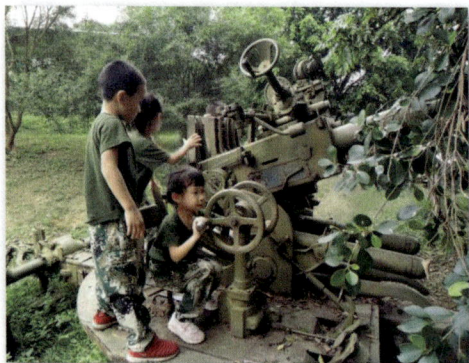

图 8-2-11　体验坦克

广东革命历史博物馆——了解广东近百年来革命历史,聆听爱国英雄、革命志士的英勇事迹(见图 8-2-12)。

消防中队——走进消防中队,认识消防器械,体验器材的使用方法,普及消防知识,了解消防队员的工作和意义(见图 8-2-13)。

六、活动效果

在"小小兵"国防教育系列活动中,不论是孩子、老师、家长,还是社区,都有不同的收

（a）　　　　　　　　　　　　　　　　（b）

图 8-2-12　参观博物馆

图 8-2-13　观看消防演习

获。首先,孩子们的国防意识加深了。通过真实的活动体验,孩子们从自己做起,到真正的生活中去践行,用实际行动热爱祖国、关心国防。其次,师资队伍的专业成长了。教师通过活动的组织与实施,增强了对国防的认识,这也是幼儿园党建工作的重要部分。再者,在这些活动中,幼儿园和孩子、家长一起践行国家倡导的全民国防教育,丰富充实、饱含教育意义的活动也获得了家长群体的高度认可,家、园、社区的联系更加密切。

对幼儿来说,在国防教育系列活动中,他们感受到了今天幸福安宁生活的来之不易,萌发拥军爱国的情感,同时感知到祖国的强大,以及作为中国人的骄傲,并通过履行小旗手职责,培养自强、自律、自信的品质,以实际行动爱国爱家。

对教师来说,在活动过程中,更新了自身国防教育的知识体系,对国旗法、国防科技、英雄故事等方面有了更深刻的认识。教学相长,教师以身作则,积极传播了正能量,升华了爱国情感。

对家长来说,这也是一场国防教育的洗礼,对幼儿阶段进行国防教育也有了新的认识。家长们积极参与幼儿园组织的国防教育活动,并延续到家庭的日常生活中,为全民国防教育做出贡献。

参 考 文 献

著作类

［1］［德］赫尔曼·哈肯.协同学——大自然构成的奥秘[M].凌复华,译.上海:上海译文出版社,2013.

［2］陈琦,刘儒德.当代教育心理学[M].北京:北京师范大学出版社,2007.

［3］周兢.学前儿童语言学习与发展核心经验[M].南京:南京师范大学出版社,2014.

［4］中华人民共和国教育部.幼儿园教育指导纲要(试行)[M].北京:北京师范大学出版社,2001.

论文类

［1］宋睿.家、园、社区合作共育的实践研究[D].南京师范大学,2008.

［2］张小培.农村父母参与幼儿园教育的现状研究——以河南省沁阳市4所幼儿园为例[D].华中师范大学,2014.

［3］苏婷.不同家园合作形式下家长参与的实践研究——以上海市W幼儿园为例[D].上海师范大学,2017.

［4］江晖.家园共育视域下幼儿习惯养成教育现状的研究——以湖北省H市幼儿园为例[D].湖北师范大学,2018.

［5］李培蓉.本土文化视域下幼儿园园本课程建设研究[D].西华师范大学,2018.

［6］刘慧.校本课程开发中家长资源运用的个案研究——以南京L小学为例[D].南京师范大学,2014.

［7］武文斯.幼儿园主题活动中社区资源的选择与利用研究[D].广西师范大学,2015.

［8］陈昭.高校附属幼儿园与家庭、社区协同教育问题研究[D].黑龙江大学,2018.

［9］刘爱云.H省A市幼儿园利用家庭、社区教育资源的研究[D].华东师范大学,2007.

［10］冯淑娟.幼儿园利用社区资源进行社会领域教育的研究[D].华东师范大学,2007.

［11］陶芳.幼儿园家长会的研究[D].华东师范大学,2011.

［12］张翠芹.陈鹤琴的"活教育"思想及其对当今幼儿教育的启示[D].南京师范大学,2007.

期刊类

［1］孙芳龄,雷雪梅,张官学,等,家园共育的实践意义与开展策略[J].学前教育研究,2018(07):70-72.

［2］李晓巍.父母参与的现状及其对幼儿社会能力的预测[J].学前教育研究,2015

（6）：40－47.

［3］高丽萍.浅谈幼儿园家园共育的重要性[J].学周刊,2019(16)：167.

［4］黄少霞.构建幼儿园家庭社区三结合的学前教育网络[J].教育导刊·幼儿教育,2002 （11）：50－52.

［5］吴诗佳.家长的非理性参与对幼儿教师职业认同影响的调查研究[J].新校园,2016 （6）：67.

［6］冯晓霞,王冬梅.让家长成为教师的合作伙伴[J].学前教育,2000(2)：4－5.

［7］孙剑.幼儿园、家庭、社区协同教育模式探究[J].产业与科技论坛,2012,11(02)：137－ 138.

［8］王镭璇.家园共育过程中存在的问题及策略[J].甘肃教育,2019(10)：43.

［9］王秋霞.家、园、社区协同教育的现状、影响因素与发展路径[J].学前教育研究,2014 （05）：64－66.

［10］南国农.成功协同教育的四大支柱[J].开放教育研究,2006(05)：9－10.

［11］李晓巍,刘倩倩,郭媛芳.改革开放40年我国幼儿园、家庭、社区协同共育的发展与展 望[J].学前教育研究,2019(02)：12－20.

［12］韩凤梅.高校附属幼儿园社区资源开发的实践研究[J].幼儿教育（教育科学）,2014 （26）：20－23.

［13］杜媛媛,朱娟娟.基于健康核心本位幼儿园健康教育教学现状探析[J].南昌师范学院 学报,2019,40(02)：91－94.

［14］蔡燕.3—6岁儿童健康领域生活化教育的策略[J].科技信息,2013(26)：320.

［15］贾腊江,张晓斌.健康管理在高校社区中的实践与探索[J].保健医学研究与实践, 2017,14(02)：103－106,112.

［16］刘丽丽,刘汝明.从社区资源走向优质课程——北京市海淀区海淀学区"聚·享"课程 建设[J].基础教育课程,2019(13)：41－46.

［17］刘晶波.不知不觉的偏离：关于当前幼儿园社会教育活动困境的解析[J].幼儿教育, 2013(28)：16－17.

［18］李广兴,宋杨.浅析语言发展理论对学前儿童语言教育的影响[J].才智,2016 （22）：180.

［19］陶芳.国外学前教育机构家长会文献述评[J].当代学前教育,2010(05)：33－35.

［20］顾嘉.对"互联网＋"的思考[J].通信企业管理,2015(06)：12－14.

［21］张岩."互联网＋教育"理念及模式探析[J].中国高教研究,2016(02)：70－73.

［22］王青.以社区为依托,建构家、园、社区共育平台[J].学前教育研究,2005 （10）：65－66.

［23］蒋东格.畅想瑞吉欧社区式管理模式在中国幼儿园的推行[J].亚太教育,2015 （26）：211.

［24］蔡东霞,韩妍容.幼儿园对社区教育资源的开发与利用[J].学前教育研究,2008(11)： 55－56.

［25］孙姝婷.幼儿园利用家庭、社区资源进行科学教育的现状与建议[J].幼儿教育,2009

(09)：28－31,41.

[26] 杨文.社区教育资源开发与儿童成长社区构建[J].学前教育研究,2017(11)：58－60.

[27] 罗英智,李卓.幼儿园、家庭和社区协同教育的现状调查与策略[J].早期教育(教科研版),2013(01)：44－46.

[28] 陈红梅.幼儿园与社区互动行为类型及其推进策略[J].学前教育研究,2013(05)：49－54.

[29] 徐海飞.社区特色助教资源注入幼儿园教育活动的实践研究[J].浙江教育科学,2018(03)：61－62,57.

[30] 沈丽华.幼儿园课程开发中社区资源的整合[J].学前教育研究,2010(05)：60－62.

[31] 王岫.上海市高校附属幼儿园家庭、社区资源占有情况调查[J].幼儿教育(教育科学版),2007(02)：45－47.

[32] 张鸿宇.美国家园合作国家标准评介与借鉴[J].教育探索,2017(04)：104－108.

[33] 孔小琴.高校附属幼儿园家庭、社区资源的价值分析及利用策略[J].山东教育,2007(18)：4－6.

图书在版编目(CIP)数据

幼儿园、家庭、社区协同共育/吴冬梅主编. —上海：复旦大学出版社，2020.12（2022.12 重印）
ISBN 978-7-309-15349-1

Ⅰ.①幼…　Ⅱ.①吴…　Ⅲ.①学前教育-研究　Ⅳ.①G61

中国版本图书馆 CIP 数据核字（2020）第 187686 号

幼儿园、家庭、社区协同共育
吴冬梅　主编
责任编辑/夏梦雪

复旦大学出版社有限公司出版发行
上海市国权路 579 号　邮编：200433
网址：fupnet@ fudanpress.com　http://www.fudanpress.com
门市零售：86-21-65102580　团体订购：86-21-65104505
出版部电话：86-21-65642845
上海丽佳制版印刷有限公司

开本 787 × 1092　1/16　印张 12.5　字数 289 千
2020 年 12 月第 1 版
2022 年 12 月第 1 版第 3 次印刷

ISBN 978-7-309-15349-1/G·2169
定价：50.00 元